打破重来

THE UPSTARTS

How Uber,
Airbnb and the Killer Companies
of the New Silicon Valley Are Changing the World

[美] 布拉德 · 斯通 / 著
刘洋波 / 译

中信出版集团 | 北京

图书在版编目（CIP）数据

打破重来 /（美）布拉德·斯通著；刘洋波译．--
北京：中信出版社，2021.3

书名原文：THE UPSTARTS: How Uber, Airbnb, and the Killer Companies of the New Silicon Valley Are Changing the World

ISBN 978-7-5217-2126-3

Ⅰ．①打… Ⅱ．①布… ②刘… Ⅲ．①网络公司—研究—世界 Ⅳ．① F279.16

中国版本图书馆 CIP 数据核字 (2020) 第 157748 号

打破重来

著　　者：[美] 布拉德·斯通
译　　者：刘洋波
出版发行：中信出版集团股份有限公司
（北京市朝阳区惠新东街甲 4 号富盛大厦 2 座　邮编　100029）
承 印 者：三河市科茂嘉荣印务有限公司

开　　本：880mm×1230mm　1/32　　印　　张：12.5　　字　　数：286 千字
版　　次：2021 年 3 月第 1 版　　印　　次：2021 年 3 月第 1 次印刷
京权图字：01-2020-5881
书　　号：ISBN 978-7-5217-2126-3
定　　价：68.00 元

目 录

前言

这是一个非比寻常的开始。2009 年 1 月 19 日的这个星期，因为巴拉克·侯赛因·奥巴马总统的就职典礼，将近 200 万人涌入华盛顿特区。但这里不只有见证者。在这群勇敢挑战大西洋寒冬的参与者中，来自旧金山的两组年轻企业家，不仅见证了历史，也创造了历史。

一个名叫 Airbedandbreakfast.com 的不知名网站的三位创始人在最后一刻才决定抓住这次机会。布莱恩·切斯基（Brian Chesky）、乔·杰比亚（Joe Gebbia）和内森·布莱卡斯亚克（Nathan Blecharczyk）说服了一个朋友，流媒体视频网站 Justin.tv 的首席执行官迈克尔·赛贝尔（Michael Seibel）和他们一起动身。这几个年轻人既没有买庆典活动的门票，也没有带冬天的衣服，甚至连那一周的时间准备怎么过都没有详细计划，但他们都认为那个绝佳的机会已经到来。他们创立的公司一年多以来发展得举步维艰。而现在，整个世界的目光都聚焦在华盛顿，这正是他们想要利用的绝佳资源。

他们在华盛顿找到了一个租金低廉的落脚点，是位于霍华德大学附近的一栋通风良好的三层楼公寓，就像经济萧条时期的许多其他房屋一样，这栋公寓已被止赎。除了三名创始人让给赛贝尔睡觉的沙发，房间内没有其他任何家具。到了晚上，他们只能和房东，一家当地餐馆的经理在放在硬地板上的气垫床上和衣而卧。

他们的房东实际上也只能算是一个租客，正等待着他不可避免地被从家中驱逐出去的命运。他住在这栋公寓的其中一间地下室，借助AirBed&Breakfast网站出租空置的一楼（包括他自己的卧室、客厅和衣帽间）给其他三个租客。切斯基意识到这是一个宣传网站的好机会，便通过邮件向《早安美国》（*Good Morning America*）的一个工作人员讲述了这个关于出租衣帽间的故事，而节目的制片人立即将其纳入了一个关于就职典礼期间不寻常住所的综述报道。

白天，创始人们和赛贝尔在杜邦广场地铁站散发宣传AirBed&Breakfast的传单。“出租你的空置房间吧！出租你的空置房间吧！”他们向裹得严严实实的行人大声喊着广告词，而大多数人都选择视而不见。晚上，他们找到华盛顿其他在AirBed&Breakfast网站发布租房广告的房东，和他们交流，参加一切他们能挤进去的总统就职典礼主题派对，还要用邮件回复一位租客用户对所租房间表示的不满——这位用户就住在同栋公寓地下室的另一间卧室。这名妇女开着她的大众汽车，带着她的爱犬吉娃娃从亚利桑那到了华盛顿。她显然不喜欢拥挤的住宿环境。那一周，在三名创始人的公用电子邮件账户接二连三收到的信息中，她抱怨道她在地下室闻到了大麻的味道，她放在冰箱里的果汁不翼而飞了，以及她所住的这栋房子根本不符合《美国残疾人法案》的规定，等等。

她还一度威胁那几个年轻人说要报警。而几位创始人就坐在离她头顶几英尺[①]远的地方，竭尽所能地试图平息她的怒气，因为她是他们为数不多的几个真实用户之一。

在奥巴马总统就职典礼当天，为了在国家广场找到一个不错的观看地点，这群人凌晨3点就醒了。他们走了两英里[②]才到达目的地，在沿途的地铁站前的一个小摊棚买了暖和的大衣、帽子和面罩。凌晨4点，他们在对公众开放的广场绿地上找到了一个位置，离新总统宣誓就职的演讲台只有几个足球场的距离。

“我们背靠背坐在广场中央，试着以此保持温暖。”布莱恩·切斯基，白手起家的爱彼迎首席执行官，如今的亿万富翁说，“这是我人生中最寒冷的一个早晨，当太阳出来时，每个人都欢呼雀跃了起来。”

———

加内特·坎普（Garrett Camp）和特拉维斯·卡兰尼克（Travis Kalanick）也参加了庆祝活动，而他们的经历几乎是耻辱的。他们的一位总统就职委员会的朋友，投资人克里斯·萨卡（Chris Sacca）说服其前来参加互动。卡兰尼克，一个土生土长的洛杉矶人，最近将他的创业公司卖给了网络基础设施公司阿卡迈（Akamai）。他向总统就职委员会捐赠了2.5万美元，并与坎普分摊了这次出行的费用。他们当时只有三十岁出头，尽管全球经济不景气，但他们仍对即将到来的技术

① 1英尺≈0.3048米。——编者注

② 1英里≈1.609千米。——编者注

变革充满信心。他们对政治的态度在很大程度上是相互对立的，但他们都不想错过这个历史性的时刻，以及一个近在眼前的开创性聚会。

他们甚至还没有准备好总统就职典礼的观礼服装。就在典礼的前几天，他们才飞到纽约，在一家 Hugo Boss 服装专卖店里采购了晚礼服。为了避免被误认为双胞胎，卡兰尼克系了一个领结，而坎普则佩戴了一条普通的领带。

总统就职典礼的前一晚，他们试图进入一个由《赫芬顿邮报》（*Huffington Post*）主办的派对，却最终被困在新闻博物馆外的长队里。这一天风很大，气温也很低，而他们只有一顶羊毛帽，于是只好每个人轮流戴 10 分钟，同时不断地给其中一位派对组织者发短信，希望对方给予他们进入博物馆的许可。

总统就职典礼当天，坎普和卡兰尼克并没有像爱彼迎的几位创始人一样早早起来，他们醒得很晚。卡兰尼克此前已经在闲置房屋租赁网站 VRBO 上租下了一幢位于洛根道附近的度假别墅，但这个地方离国家广场有好几英里远，而且还打不到车。他们最后不得不在华盛顿宽阔的街道上肩并肩跑了 30 分钟。当他们最终到达观礼处的座位，与萨卡和他的一群硅谷大佬朋友坐在就职典礼台的上方时，他们身上的汗已经冷却了下来，给他们带来了难以忍受的寒意。

“那天快结束的时候，我已经要冻僵了。”卡兰尼克回忆说，“每个人看到我都会忍不住问‘你怎么了？’而我一直在说，‘我快要冻死了’。”坎普补充说：“我在加拿大长大，对寒冷的天气并不陌生，但那天是我这辈子经历过的最冷的一天。”

当时，坎普一直在设法让卡兰尼克对他的一个商业计划燃起热情，这个计划的主要内容是让所有人都能使用他们的智能手机一键呼叫专车。卡兰尼克对这个计划一直有兴趣，但并不是特别有热情。他承认这是一个好点子，但同时也认为这个商业计划涉及的市场不够大。不过，已经有实例表明此类服务的确是有需求的。坎普指出，能够借助智能手机随时召唤出行工具，这在大城市中，特别是在其他交通手段都陷入瘫痪的情境中是至关重要的。

“看见没？”当人们呼喊着奥巴马的名字，整个世界等待着新的第一家庭登场的时候，坎普对卡兰尼克说，“我们真的需要这个。”

早在当时，坎普就已经将他设想中的这项服务取名为“优步”（Uber）了，而这个名字将迅速为整个世界熟知。

那是 8 年前的事。

从那时起，很多事情都发生了改变，甚至连美国总统都变换了人选。而其中，最深刻的改变正是由那天人群中籍籍无名的两组创业者带来的。

他们得到了足够多的帮助。已故的苹果联合创始人史蒂夫·乔布斯在奥巴马就职的 7 个月前推出了首款 iPhone。两个月后，乔布斯宣布由其他公司开发的软件将被许可在 iPhone 上运行，这种软件被称为手机应用程序，或者 App。另一些重大的技术趋势也在同一时间汇合，进入公众视野。于 2004 年哈佛大学的一间寝室中创建的社交网络平台 Facebook 在短时间内人气暴涨，它成功引导互联网用户创建起自己的虚拟身份。搜索巨头谷歌则成功开发出地图工具——谷歌地图，这让其他公司可以很容易地将其整合至它们自己的手机应用和网站服务之中。

电脑和手机也在价格越来越低廉的同时配备上越来越强大的功能。宽带网络的使用率也出现了激增。

所有这些交织在一起的新技术趋势带来了计算机产业自网页浏览器发明以来最大的结构变化。在近 10 年的时间里，现代社会的大多数人开始将他们的生活重心转移至互联网，而其中绝大部分人都是通过一种他们可以拿在手上或塞进兜里的，由塑料、玻璃和硅组成的扁平细长的平板实现这一转变的。

如今业已“封神”的优步和爱彼迎并不是这次技术浪潮的发起者，但与过去 8 年中的任何其他公司相比，它们对这股浪潮的驾驭都要更好，而且受益更多。这两家公司的总部都在旧金山，相距仅一英里。不论是以营业额、市场估值还是以员工人数而言，它们都属于历史上增长最快的那类创业公司。伴随着从创业到蓬勃发展的整个过程，它们共同书写了互联网发展史第三阶段中那些最令人难忘的故事——在后谷歌、后脸书时代，它们实现了从数字领域拓展到实体领域的伟大创新。

尽管这两家企业几乎没有实物资产，但它们仍然达到了这样的高度。爱彼迎完全可以被视为全球最大的酒店集团，虽然事实上它并不拥有任何真正的酒店房间。优步则可以被视为世界上最大的汽车服务公司，尽管它并没有实际雇用过任何专业司机或购置过任何车辆（除了一个试验性的小型无人驾驶汽车车队）。它们是 21 世纪互联网企业的终极形态，不仅带来了全新的机遇，也带来了全新的风险——而无论是提供服务还是使用服务的人都对此知之甚少。

优步，因其所提供的便利的出行服务为世界熟知。这项服务的主要内容是用户通过手机轻松召唤车辆，而优步借助虚拟地图跟踪车辆行程，确保乘客到达目的地，同时，汽车驾驶者的可靠性由乘客按一到五颗星的评分等级进行评价。乘客在支付费用时被免除了现金交易的麻烦以及刷信用卡的耗时。这种在一块液晶屏幕上即可实现的无缝交易正在被广泛接受，这大大激发了硅谷将其应用至类似商业领域的热情，包括外卖配送、快递取件及家政服务等。

爱彼迎则在很大程度上丰富了海外旅游的体验，使游客走出了规范酒店和中心旅游区所划定的范围。它的理念很简单：让所有人能将他们闲置的沙发、卧室公寓或者第二住所出租给旅行者短期使用。这个想法其实算不上新颖［VRBO、沙发客（Couchsurfing）和大型中介平台克雷格列表（Craigslist）是最早启动类似创业计划的公司］，但爱彼迎提供的解决方案就其简洁优雅的形式而言是无与伦比的。通过精心挑选的房屋照片和其他用户对于租住体验的历史评价，房东和旅客得以在见面之前就对彼此有了初步的了解。就像优步一样，爱彼迎也不支持现金交易。当某个住处被用户预订后，爱彼迎会从用户那里收取此次交易的费用，等到用户完成退房，爱彼迎会再将费用中的房租部分汇给房东，同时留下网站服务费部分。

在这 8 年中，这两家公司都将它们的品牌刻入了大众文化。它们的名字一般而言是名词，但偶尔也可以用作动词，出现在退休老人赚取外快，千禧一代寻找真正的旅行体验，以及年轻人对拥有汽车等昂贵的资产不感兴趣等情形中。优步甚至已经成为说唱歌曲中的一个重要词语，以及深夜脱口秀的一个常用笑料。（知名说唱歌手 Drake 就曾在其主打歌 *Energy* 中写过这样的歌词："想给你叫一辆优步，但我已有其他的去处。”《吉米鸡毛秀》的主持人吉米·坎摩尔则曾在节目中说：“大约 1/4 的优步司机都已超过 50 岁，其中很多人甚至比这还大得多。我想这种体验就和让黛西小姐开车送你回家差不多。”）

爱彼迎则已经赢得了奥巴马总统本人的赞赏。“我只想花点儿时间赞美一下布莱恩。”2016 年 3 月 21 日，奥巴马访问古巴，在他与切斯基共同出席的一个新闻发布会上，他这样说道。这是 80 多年来美国总统首次访问古巴。“他是我们最杰出的青年企业家之一，他提出了一个不错的点子，并成功将其付诸行动。”

关于这两家公司的故事有很多方面的不同，但在一些关键点上，它们惊人地相似。两家公司的创始人最初创建公司的动机，并不像谷歌（“将全世界的信息组织起来，使人人皆可访问并从中受益”）或脸书（“让世界更加开放和连通”）那样高瞻远瞩。坎普、卡兰尼克和他们的朋友只是想在旧金山兜兜风。切斯基和他的同伴们则只是想在某个大型会议于其所在城市召开期间想办法赚些外快。

两家公司都为这些老掉牙的想法（共用一辆车出行，出租自家的空置房屋）赋予了新的意义，并且最终据此为整个人类社会开创了一个前所未见的开放性局面。10 年之前，我们中的大多数人都会尽可能地远离陌生人的私家车或某栋空置已久的屋子，害怕自己不幸地成为犯罪事件头条新闻中的受害者；我们会牢记母亲给予我们的关于远离陌生人的严肃忠告。与其说爱彼迎和优步是“共享经济”、“按需经济”或“一键式经济”（这些标签似乎一直无法与这两家公司完全匹配）的孕育者，不如说它们开创了一种新的“信任经济”，致力于在互联网无处不在的时代帮助普通人解决出行问题和住宿问题。

两家公司几乎于同一时间出现这一点也一直是一个人们热衷谈论的话题。在创立第一年的大部分时间里，爱彼迎一直是一个不被看好的小项目。人们不明白为什么一个神智正常的人会想睡在陌生人的床上。而8年之后，投资者们对这家公司的估值达到了300亿美元，超过世界上任何一家连锁酒店。几位曾经在华盛顿那栋破旧公寓楼的硬木地板上和衣而卧的创始人，在8年之后，每个人的身家（至少在纸面上）都达到了30亿美元。

优步的潜力更是被远远低估了，包括被创始人自己。优步的创始人最初把这项服务看作一个很适用于旧金山的有用工具，因为这座城市的出租车行业服务水平极度低下，难以满足一个商业日渐繁荣的大都市的需求。但出乎他们自己的预料，这家创业公司很快就冲出了旧金山，来到了纽约、洛杉矶、芝加哥、伦敦、巴黎、北京，以及几乎所有国家的主要城市。早期试用者们向朋友们大力推荐优步的手机应用程序，于是他们的朋友也很快注册成为会员。由于公司推出了各种价格相对较低的出行服务，包括用普通汽车代替高级汽车的出行服务，以及为单人出行的用户提供拼车出行服务的选项等，许多人便开始越来越依赖它。优步的市场估值在2016年下半年达到了680亿美元，比当时世界上任何一家创业公司都要高。卡兰尼克和坎普的身价也都超过了60亿美元。

两家公司的发展都伴随着无休止的争议。在许多城市，优步直接规避了法律对司机身份的约束，因为根据法律规定，正规的出租车司机需要接受严格的培训，提交身份信息，接受背景调查，并支付昂贵的费用以换取政府颁发的出租车驾驶执照。优步的崛起遭到了出租车公司和相关法律制定者的强烈抵制，这让它成为暴力抗议活动的焦点。柏林出租车司机的抗议活动直接导致高速公路的封闭，巴黎的抗议活动则导致奥利机场附近的道路被封锁，米兰的优步司机甚至遭到了人身攻击，孟买的优步员工也曾深受生命威胁之苦。在发展初期的每个月，优步都不得不面对新的冲突，而且，由于创始人鲁莽的决策、不顾一切求发展的心态，以及老牌出租车公司对优步营业额惊人增速的强烈不满，这种冲突变得越发激烈。优步成为数百起诉讼案件的被告，其中许多案件都聚焦于优步司机的从业合法性和法律保障，因为这些司机只是与公司签过合约的独立合同工，而不是公司的正式雇员。他们虽然可以自行调整工作的时间，但完全享受不到长期的就业保障。

爱彼迎的崛起也充满变数。这家公司在许多城市的扩张发展都遭遇了法律方面的障碍。这些城市包括纽约、巴塞罗那、阿姆斯特丹和东京等，当地的法律严格规定了非法经营旅店的范畴，并且对一年中房主可以出租其房屋的天数进行了限制。相关法律的制定者、维权人士以及酒店联盟批评该公司所提供的服务加剧了城区的住房短缺状况，提高了住房成本，还规避了酒店税。2016 年年末，爱彼迎甚至因法律纠纷起诉了纽约市政府以及它的发源地旧金山的市政府，因为根据当地的法律规定，每当爱彼迎的注册房主在其官方网站发布违反该市短期租赁法的房屋信息时，爱彼迎及相关房东就面临着必须支付数千美元罚款的威胁。

随着时间的推移，这些公司在不断突破障碍的过程中一起树立了一种新的商业规范，并迫使地方政府反思过去的监管制度。出租车牌照，即市政给予出租车司机的运营许可，是20世纪早期的一项发明，旨在防止城市街道因汽车过多而发生拥堵，以及向乘客保证上岗的出租车司机都经过了专业培训和严格审查——他们有能力带你畅行于市区。分区法和酒店宾馆营业条例的推出则旨在确保商业活动远离居民区，且酒店房间符合安全规范。而爱彼迎和优步则在其业务中加入了由互联网零售先驱易趣创造的自我监管体系，即允许用户依据其司机和房东所提供的服务对后者进行评价，以及服务提供者对用户进行反向评价。

与此同时，优步和爱彼迎在某种程度上也成为狂妄、自大的科技精英的形象代表。批评者指责它们破坏了就业的基本规则，加剧了交通拥堵，摧毁了社区的宁静祥和，将无节制的资本主义带入了自由的城市。尽管有些言过其实，但优步和爱彼迎的某些做法确实造成了其并未预料到的不良后果。

而位于这一旋涡中心的，是年轻、富有、颇具魅力的首席执行官们：特拉维斯·卡兰尼克与布莱恩·切斯基。他们是新一代科技企业首席执行官的代表，与上一代笨拙、内向的技术领袖的典型代表——比尔·盖茨、拉里·佩奇和马克·扎克伯格——完全不一样。他们性格外向，会讲故事，能够在人类文明已取得巨大进步的语境下为他们的公司找到准确定位，而且，他们招募的不仅仅是工程师，还有司机、房主、说客甚至法律制定者，所有这些角色都被纳入了他们宏大的事业版图。

两位创始人在将其初创企业发展为全球商业先锋之前都并不为人所知。不过，他们都展现出了非凡的抱负和胆量，在已知自己可能遭遇巨大而耻辱的失败时，仍然愿意豪赌一把。

那么，这一切究竟是怎么发生的呢？他们是如何巧妙地绕开那些导致他人失败的陷阱，超越那些精通政治的传统行业的引领者，并以惊人的速度把公司做大的？他们的成功包含多少运气的成分？他们所创立的公司又是如何在新硅谷生存并发展起来的？

早在 2014 年我就已经断定，用一本书来探讨这些问题的时机成熟了。但我面临的实际问题是：这些创业公司是否愿意配合我完成这一需要深度参与的项目？对于绝大多数的硅谷科技公司而言，高管们的行程和公众形象都会得到严格的保护。而优步和爱彼迎的确已经步入了这一“保持神秘”的发展阶段。

我知道，直接询问是获得答案的唯一途径。

为了履行其以培养热情好客的社区氛围为己任的公司使命，爱彼迎很爽快地邀请我前往公司总部与他们讨论这个项目。在位于旧金山布兰农街 888 号的爱彼迎总部，这座翻建自旧电池工厂的建筑里，我见到了布莱恩·切斯基。总部所在大楼的入口非常雄伟，高达五层的开阔的正厅显得既震撼又浮夸。一堵三层楼高的影墙装饰着各种各样的植物，这些娇贵的植物显然需要频繁的护理。爱彼迎在这座大楼里占据了好几层楼，走廊的墙壁上印刻着励志名言，会议室则布置得就像发布在其网站上的那些位于不同国家的出租房屋。

我在一间名叫“创始人小窝”的会议室里见到了切斯基。这间会议室的木板装饰是这个房间之前的租户——一家纸张分销公司遗留下来的。四把棕色皮革扶手椅包围着一张圆形咖啡桌，下方则是一张东方风格的地毯。这个充斥着 20 世纪 50 年代气息的小房间与其所在的 21 世纪互联网热潮正盛的旧金山相比，多少显得有些时代错位。从窗口望去，街道对面，建筑工人正操作着起重机建造新的高价公寓。

切斯基身高约 5 英尺 9 英寸[①]，身体健康，看起来就经常健身。他说话语速很快，偶尔会出现嘴角痉挛。他讲述了他的公司是如何在历经无数戏剧性的艰难时刻的同时迅速崛起的。

当谈到爱彼迎的初创时期时，他说道："我感觉好像全世界都在反对我们，每个人都在嘲笑我们。"在经历了投资人的广泛拒绝，与强大的欧洲商业对手之间的残酷竞争，以及房屋被蛮横客人破坏事件发生后如洪水猛兽般的负面舆论，爱彼迎最终存活了下来。"没有人相信我们。我们没有安全感，也并不确定自己到底在做什么。"他这样告诉我。

至本书付梓前，爱彼迎的主要反对者已经变成了监管机构和住房问题活动家。他们中的一些人期望借助抵制爱彼迎这个引人注目的对象而获得政治加分；另一些人则实打实地担心爱彼迎对城市居民的住房负担能力带来负面影响。不同于他的朋友，特拉维斯·卡兰尼克，切斯基将自己视为第二类反对者的一个富有同情心的盟友。"我们希望让城市变得丰富多彩。我们不想成为经济适用房的敌人。"他说，"我认为我们是站在一边的。我们让我们的许多用户可以留在自己的家园。

---

① 1 英寸≈2.54 厘米。——编者注

这就是我们建立这家公司的原因。如果当初我不需要用钱来支付房租，我就不会产生建立这家公司的想法。”

关于这本书的写作计划，他表示很感兴趣。在接下来的一年中，我与切斯基、他的合伙人以及爱彼迎的多位高管频繁交流。公司的公关人员为我提供了很多帮助，虽然他们曾对最终成稿中关于公司的内容表现出了担心，因而会要求提前拿到采访问题列表，旁听所有的对话，并在采访过程中进行长时间的记录，但这些都是可以理解的。

接下来我要面对的巨大挑战，是达成与以好斗闻名的特拉维斯·卡兰尼克在这个出书计划上的合作协议。他是一个众所周知的叛逆者，会为维护公司的利益与他人激烈辩论。我的预期是对的，他的表现果然不出所料。“我是出于尊重你和你的工作才同意这次会面要求的，”当我们于 2015 年 3 月在旧金山迈斯狄克酒店的布里特酒馆见面共进晚餐时，他对我说，“但我认为，在目前这个阶段，我根本不可能配合你写这样一本关于优步的书。”

卡兰尼克当时已经忍受了一年的关于优步的负面报道：关于优步针对竞争对手的打压策略，优步对城市生态造成的不明确的影响，以及优步与合约司机的紧张关系。大卫·普劳夫（David Plouffe）也参加了这次晚餐会面，他是奥巴马的前竞选经理，后来成为卡兰尼克的首席媒体关系负责人。他带着困惑的微笑见证了一个记者的“自杀式行动”。

尽管这场合作在最开始并不顺利，但卡兰尼克似乎仍然愿意倾听。他问我他能从合作中得到什么。“如果你想让人们接受一个更加激进的未来图景，放弃他们的私人汽车，”我争辩说，“你就必须允许记者解释和阐明你的故事。如果你想改变城市的运行方式，你就必须让优步获得大众的理解。”

但这些话并没有起作用。“你必须说服我！”他说，“告诉我我们能获得什么！”他的态度直率而又务实；换句话说，这就是特拉维斯本人的一贯风格。

喝着黑麦威士忌鸡尾酒，吃着冒着热油的牛排以及蘸了大蒜辣椒粉的薯条，他很快进入状态，开始把这本书构思为一部关于优步的电影。“你可以用市议会会议作为这个故事的开始。”他若有所思地说，“市议会的人就坐在会议室的前排。他们都被误导了。他们只关注下一次竞选活动的赞助金来自哪里。会议室里还有一位优步的代表，但他几乎是在孤军奋战，努力地试图向不了解情况的人们阐述一个他们并不熟悉的新技术。

“这位优步代表还带了一名说客，但是这名说客也在为其他人工作。最后出场的是出租车公司的那些领导者，他们已经搞定了市议会，会让市议会为他们买单。

“然后，你可以将镜头切换到正在城市机场等待客人的出租车司机们。他们每天都会在那里待上好几个小时，用打牌或者其他类似的消遣打发时间，好不容易才能等到一个乘客。此时，一位优步的招聘人员出现了，他被那些出租车司机围了起来，很快就开始向他们解释这个新的叫车系统……”卡兰尼克突然停了下来，声音越来越低，“不管怎样，这部电影就是这样开始的。”

晚餐后，我们在街上散步，他再次对我说道：“你必须说服我才行。”就好像我刚刚并没有花上两个小时的时间将我所有的理由都阐述给他一样。说完这句话，他和普劳夫就步行回了他们的办公室。

6个月过去了，我一再的恳求还是没能得到任何反馈。但是，就在我与数十名监管机构的工作人员、优步数个竞争对手的管理者和普通员工以及优步的在职和离职员工进行了多次交流之后，优步的一位新的公关负责人不知怎么说服了卡兰尼克与我合作。我终于得到机会与这家公司简短的发展史中不同时期的24位高管进行交流，并占用了卡兰尼克几个小时的时间与他交流，以对我之前5年作为《彭博商业周刊》的记者所做的关于他的几个采访进行补充。

所有这一切最终凝结成了这本书。本书并不是一份关于两家公司的完整发展档案，因为关于它们的非凡的故事并没有尘埃落定。本书记录了近一个世纪的科技时代中那些真正关键的转折时刻。在这个至关重要的时代，旧体系垮台，新领袖出现，陌生人之间建立起了新的社会契约，城市形态在飞速变化，超级独角兽遍布全球。

第一部分

无人看好的小项目

01

悲伤的低谷：爱彼迎的早年岁月

每一个伟大的初创企业都始于无人看好的小项目。最初创建爱彼迎只是为了支付我们的房租。我们希望用这个小项目争取更多的时间，在此基础上实现更大、更好的商业计划。

——布莱恩·切斯基

爱彼迎网站（原“空中食宿”）的第一位用户是阿莫勒·舍夫（Amol Surve），一位刚从亚利桑那州立大学生物设计研究所毕业的学生。他于2007年10月16日星期二下午抵达他预订的房屋，那是巴拉克·奥巴马就职典礼的15个月之前。该网站26岁的联合创始人乔·杰比亚在房屋门口迎接了他，并礼貌地请他在进屋前脱去鞋子。

杰比亚带他参观了这栋位于劳斯大街 19 号楼顶层 C 单元的房子。这栋房子是位于旧金山环境嘈杂的市场街南区附近一条狭窄小街边的联排房屋之一。房屋内部很宽敞，有三个卧室，两个浴室，一个舒适的客厅。爬上楼梯，你会看到那里还有一个可以俯瞰这座金色城市的屋顶露台，并意识到这座城市正在经历巨大的变革。那个时候，这两个人都未曾预料到在接下来的几年里，这栋公寓将成为一个席卷全球的商业现象乃至社会文化现象的“原点”，我们后来称这种现象为“共享经济”。

舍夫是印度孟买人，他在世界设计大会期间以 80 美元一晚的价格在爱彼迎的网站上租了一个房子。世界设计大会由国际工业设计联合会（ICSID）举办，每两年召开一次。开会当周，这座城市的所有酒店要么已经被预订了，要么价格过于昂贵，因此，舍夫对他在这家网站上预订的房子并没有抱太高期望。但是，他在这个临时住所看到的一切都让他感到十分满意。书架上摆满了设计方面的图书，客厅里有一个舒适的沙发。早上他可以自己在厨房里准备麦片和牛奶，一个不大的卧室里放着气垫床、床单和毯子。房屋的主人十分体贴入微：杰比亚给了他一个小袋子，里面除了有一份日用品，还有住户手册、写明无线网络密码的名片、城市地图，以及为附近无家可归的流浪者准备的零钱。

但最令舍夫惊讶的是他入住第一天下午在杰比亚的笔记本电脑上看到的一张图片——一张他自己的照片。杰比亚和他的室友兼搭档布莱恩·切斯基当时正一同为他们新的家庭共享服务商业计划做着展示准备，他们需要在一次“闪电演讲”（pecha-kucha）活动中讲述他们的项目。这个活动的规定是，各位创意工作者或产品设计师需要借助 20 张幻灯片来展示他们新产品的创新亮点，对于每张幻灯片，演讲者与听众都有 20 秒钟的讨论时间。

作为这项新型房屋租住服务的第一个客户，舍夫被纳入了这次演讲的幻灯片。他甚至还没有在这里度过他的第一个夜晚，就已经被写入网站创始人所书写的企业故事的开篇了。而且显然，几位创始人希望这个故事最好永远也讲不完。“这件事很奇妙。”多年以后舍夫谈到这件事时说道。

舍夫一开始的目的只不过是找到一个舒适的地方用来睡觉，但最终他接受了这家硅谷创业公司的洗礼。那一周，他花了很多时间与杰比亚和切斯基在沙发上讨论设计问题，研究苹果公司推出的新设备——初代 iPhone。那个时候的舍夫根本没听说过乔布斯和 iPhone，更不用说杰比亚和切斯基经常提到的那句乔布斯的励志格言：“活着就是为了改变世界。”

舍夫与另一位住在劳斯大街上的房客凯特·尤立克（Kat Jurick）一起出席了那次“闪电演讲”活动。在这一周的余下几天中，杰比亚带着他参观了旧金山的著名景点，包括蜿蜒曲折的伦巴第街、轮渡大厦外的农贸市场等等。杰比亚喜欢用时尚单品展示他的设计天分，比如多彩的运动鞋、时髦的大眼镜，以及一顶能完美阻隔秋日寒意的装饰着毛茸茸耳朵的飞行员帽子。

世界设计大会结束后，舍夫在城里额外多待了一天，他想到那所著名的设计学院——斯坦福大学设计学院参观一番。切斯基也想一同前往，于是主动提出开车带上舍夫。在斯坦福大学，他们俩并排坐在前排聆听了意大利知名设计师埃齐奥·曼齐尼（Ezio Manzini）的免费讲座。随后，他们又向比尔·莫格里奇（Bill Moggridge）做了自我介绍。莫格里奇是设计公司标杆艾迪欧公司的联合创始人以及当年设计大会的主席。

这注定是一个不同寻常的场景：莫格里奇（已于2012年去世）身高6英尺半；切斯基比对方矮了9英寸，拥有曲棍球球员的壮实体格，是一个狂热的健身爱好者。他抬头凝视着莫格里奇，开始运用他绝佳的表达能力向对方介绍爱彼迎，并暗示爱彼迎可以为美国工业设计师协会提供会议期间的临时住所，成为获得官方授权的招待方。作为这场即兴演说的一部分，他介绍了网站的第一位客人舍夫（舍夫的名字再次被纳入了他的故事）。舍夫还记得，莫格里奇当时频频点头，但他并没有发表评论，而且看起来持怀疑态度。

切斯基后来说，那时的爱彼迎就是一个闹着玩的小项目。但是舍夫记得，他的这位新朋友在回城45分钟的路程中对这个项目充满激情。“阿莫勒，”切斯基在车里对他说，“我们会因为这个点子改变世界。”

布莱恩·切斯基是在纽约州斯克内克塔迪市东部郊区的小镇尼什卡纳长大的，这是一个坐落在城外、没人听说过的小镇，甚至连它所在的城市都很难在地图上找到。他出生于一个货真价实的中产阶级家庭，一家人住在一栋拥有5个卧室的殖民时代风格的房子里，家里有一条狗和一个宽敞的后院。他的母亲和父亲是意大利和波兰移民的后裔，二人都是社会工作者，对切斯基及其妹妹埃里森百般疼爱。当他们不工作时，他们很愿意花时间陪伴和照顾自己的孩子。布莱恩性格外向的母亲黛比说："我们没有个人生活。"他的父亲鲍勃补充道："有些人投资他们的事业，而我们投资我们的孩子。"

从少年时代起，切斯基就热衷于绘画，他曾频繁前往离他所在城镇大约一个小时车程的诺曼·洛克威尔博物馆参观。他的父母对他能长时间安静坐定、专心绘画感到惊奇。他的老师们则喜欢将他的绘画风格与洛克威尔相提并论，并对他的未来充满信心。"你们的儿子总有一天会出名的。"一位老师对他的父母这样说道。

切斯基还会打曲棍球，他总是想象自己即将成为下一个韦恩·格雷茨基（Wayne Gretzky）。切斯基因动作迅捷灵敏很快在当地打出了名声，但当他两次摔断锁骨之后，这个梦想破灭了。他的高中教练认为他身高不足，而且不够强壮，不可能在冰上打出令人瞩目的成绩。他的父母似乎也同意了这一判断。"他个子太小了，不可能成为体育明星。"他的母亲黛比说。

因为不甘心接受失败，切斯基从此开始健身，通过举重、摄入肌酸蛋白来增加肌肉。大学期间，他参加了健美巡回赛，在全国健美比赛的舞台上，面对摄像机和台下的观众展示自己的肌肉。"我做这件事的时候显然并没有意识到互联网的影响。"他后来如此说道，因为他对自己在那个时期留下的老照片感到羞怯。

切斯基的朋友、另一位联合创始人乔·杰比亚出生在佐治亚州的亚特兰大市。他是家里最小的孩子，他的父母是个体户的销售代表，为美国南部的几家健康食品超市工作。他和他姐姐会陪他父亲前往亚拉巴马州、田纳西州和南卡罗来纳州兜售水果和有机果汁。在帮助当地零售店店主完成补货上架的工作后，他们会在当地逗留一段时间。和切斯基一样，杰比亚在成长过程中也活跃于不同领域。他热衷于打网球和篮球，参加田径运动，也学过小提琴等乐器，直到他最终断定他喜欢的是像他的偶像戴夫·布鲁贝克（Dave Brubeck）一样弹爵士钢琴。

高中时期的一个夏天，杰比亚报名参加了佐治亚州瓦尔多斯塔州立大学的艺术课，并决定成为一个画家。“你很有天赋。”一位老师很欣赏他的作品，他建议杰比亚申请罗德岛设计学院，这是美国最优秀的艺术学院之一。接下来的那个夏天，杰比亚开始在罗德岛设计学院上课，他为这组坐落于普罗维登斯河两岸的雄伟的法式及新殖民主义式建筑群感到着迷。杰比亚于 2000 年被罗德岛设计学院录取，比切斯基晚了一年。

两人在课堂和学生活动中相识，并发现彼此想法相通。切斯基是校曲棍球队“流浪者队”（口号是“加油流浪者！”）的经理，而杰比亚则是校篮球队“热球队”（口号是“当热情被点燃，我们并肩战斗”）的经理。大学体育俱乐部的运营工作更像是一场营销挑战，而不是一场体育比赛。他们说，球队并不真正关心他们是否赢得了比赛，他们更关心的是如何将球赛变成一场场校园狂欢。

他们都着迷于工业设计研究，并相信自己可以开发出像埃姆斯躺椅（Eames lounge chair）那样标志性的、人们买得起的经典产品。“你们完全可以生活在一个被你们自己的设计所包围的世界，”他们的教授坚持道，“你们可以改变世界，你们可以重新设计它。”学院向学生灌输的是一种实践性的理想主义：在一次实习中，学生们需要乘坐公交车到达城市的垃圾填埋场，穿过堆满垃圾的洞穴，观察那些曾经也凝聚了设计者智慧的垃圾商品是如何被处理的。

切斯基和杰比亚在一个夏天达成合作，参与了电吹风制造商康耐尔的一个合作计划，与此同时，他们还想出了另一个计划，这个计划被健身爱好者切斯基称为“切斯基方案”。他提出的想法是将掌上电脑和其他移动设备与身体传感器相连接，实时记录人们的健康状况。这些项目后来都没能继续下去，但两人的友谊在长时间的创造性头脑风暴中越发稳固。“对我来说，这一切水到渠成，因为我们在这几个项目上合作得非常愉快。”鉴于杰比亚此前一直在寻找一个商业伙伴，他说道，“我们的想法是如此的具有原创性，和其他人完全不一样。”

2004 年，切斯基被同学推举作为学生代表发表毕业典礼演讲。在演讲视频中，你会看到他冲上舞台，模仿了迈克尔·杰克逊为其代表作 *Billie Jean* 设计的经典表演动作。他脱下毕业长袍，以白色运动外套搭配领带的形象在台上秀了几个舞步，还展示了他的肌肉，充满魅力和自信。在接下来的 12 分钟里，他让台下的观众为他疯狂。“爸爸妈妈，我想让你们知道，投资我们比投资市场上的任何股票更有价值。”他颇有预见性地说，“没错，你们花了 14 万美元让我们能在这所学校里用果冻画画，搓橡皮泥。但更重要的是，你们意识到我们需要灵感，而我们的确在罗德岛设计学院得到了太多的启发。”

在切斯基收拾行装回到尼什卡纳之前，杰比亚请他吃了一顿比萨，并分享了自己对于两人未来的预期：有一天，他们会一起开公司，而有人会为此写一本书。“在他身上，我看到了一种天赋，他能让人兴奋起来。”杰比亚说，“如果我没能向他表达我的真实感受，我就会觉得若有所失。”

毕业后，切斯基在家里住了几个月，然后他匆忙地去了洛杉矶，搬进位于好莱坞的一处公寓，与以前的同学住在一起。那里离好莱坞中国大剧院只有几个街区，附近到处都是游客和乔装打扮的乞讨者。他的父母一如往常地疼爱他，他们从洛杉矶的一个汽车经销商那里买了一辆本田思域，并直接让对方将这辆车运送至洛杉矶机场，在切斯基到达机场后转交给他。

切斯基还在做着他大学时期的梦。他找了一个正经工作，在玛丽安德尔湾的顾问公司 3DID 做设计师，年收入 4 万美元，他负责的项目包括为美泰公司设计玩具，为亨曼设计吉他，以及设计医疗设备、鞋类产品、宠物狗玩具和手袋。"在你还是一个实习设计师，尤其在你还是一个工业设计专业的实习设计师的时候，你的梦想就是设计出一些能摆上货架的产品。"切斯基说。

但不知何故，他的第一份工作并不是很符合他的期望。在从住所到公司的通勤路上，他每天都要经历 I-405 高速公路那令人窒息的交通堵塞，这让单程通勤时间达到了 90 分钟。此外，他所参与的大多数项目其最终成果都并未真正进入商店，而是进了垃圾场。

2006 年，切斯基所在的公司受邀参加了知名选秀节目制作人西蒙 · 考威尔（Simon Cowell）的电视真人秀节目《美国发明家》。切斯基的团队负责协助一对夫妻完成无菌马桶圈的产品设计，这个产品被命名为"Pureflush"。这对夫妇试图以此产品与其他十几位发明家竞争百万美元的大奖。切斯基和他在 3DID 的同事们负责的工作是帮助他们将产品设计概念化并设计出一个成型的样品。

这期节目于 2006 年 5 月 4 日播出。切斯基的镜头被节目删掉了大部分，但你仍然可以一瞥这位未来的亿万富翁和他的同事在所设计的产品接受评审的过程中安静等待的样子。回顾过去，你会很容易理解为什么这次经历很可能是让切斯基的产品设计之路走向幻灭的罪魁祸首。当 3DID 团队向观众及评审揭示其设计的马桶坐垫的几个最终样品时，那位丈夫，一个脾气火暴的兼职魔术师忍不住愤怒地吼叫起来。

“这个显然太小了，而那个显然太大了！除此之外我没别的可说了！这些垃圾玩意儿最好别再让我看见！”他在这期节目中大喊大叫，他的反应让设计者们震惊不已（当然，更让节目制片人兴奋不已）。“你们所做的一切不是为了把它变得更好！你们只是偷走了我们的梦想，然后把它变成粗制滥造的东西！”

这些疯狂的批评对切斯基打击很大。当时他正痴迷于大获成功的视频分享网站 YouTube 的几位创始人的故事；他会花上几个小时在这个网站上观看史蒂夫·乔布斯的主题演讲以及传记电影《硅谷传奇》。在这个世界，新事物的涌现真的可以改变现实。“我开始越来越沉迷于此。”他说，“我在逃避生活，想象着存在另一个世界，在那里，人们可以通过建造新事物来实现真正的改变。但我并没有真的这么做。我只是坐在一个黑黢黢的小屋里制造着垃圾。”

2007 年年初，切斯基因为职业前景的不明朗而越发地焦躁不安起来。他搬到位于西好莱坞的一个两居室公寓，和四个朋友住在一起。他尽量压缩在公司工作的时间以专注于制作自己的家具。他设计了一款玻璃纤维椅子，其外轮廓曲线受到了雪佛兰科尔维特的引擎盖的启发；他还设计了一个食材分量控制盘，它的中心有一个可升起的托盘，只能盛放一块中等大小的、3 盎司[①]重的肉。他非常渴望创造出自己的产品，干出一番事业，让自己的名字因为那些家喻户晓的商品而闪闪发亮。因此，他尝试着创建了一家名叫布莱恩·切斯基的设计公司。

但他无法摆脱这样一种观念：这一切毫无意义且毫无创见性，它不会为他带来他在罗德岛设计学院、在电影《硅谷传奇》以及在那本他读了好几遍的迪士尼传记中看到的那种美妙而光辉的生活。“人们一直在告诉我，你可以改变你所生活的世界。”他说，“然而现实并非如我所愿。现实是，我只是在不停地制造一些可有可无的东西。”

2007 年夏天的一天，切斯基收到了他大学时期的朋友，乔·杰比亚，从旧金山寄来的一个包裹。正是这个包裹促使他摆脱了他正在经受的煎熬。

乔·杰比亚在离开罗德岛设计学院之后的经历比切斯基略好一些。他在大学一年级期间突然想到了一个他自认为十分具有新意的点子。在罗德岛设计学院，在被称为“批判会”的马拉松式的研讨会上，学生们常常不得不在金属长椅或涂着木炭粉和油漆的硬凳子上坐上好几个小时。会议结束后，当他们浑身僵硬地站起来时，他们挨着座位的裤子总是不可避免地被弄脏。为了解决这一问题，杰比亚设计了一个带把手和凹陷的彩色泡沫垫。他将他的这一发明称为“CritBuns”。

毕业后，杰比亚将其赢得的罗德岛设计学院设计大奖的奖金投入于坐垫的生产，并将 800 个生产出来的坐垫成品存储在他位于普罗维登斯公寓的地下室中。他天真地认为他可以以每件 19.99 美元的价格

---

① 1 盎司≈28.35 克。——编者注

将这些坐垫卖给商店。他的营销之路的第一站是布朗大学的书店。杰比亚穿着他最好的衣服，慷慨激昂地游说商店采购员，但店员只给了他一分钟的时间介绍产品，然后就对他说："不用了，谢谢。"说完便走开了。他前往的第二个商店和第三个商店的采购给了他相同的回应。"我遭遇了直截了当的当面拒绝，"杰比亚后来告诉我，"可以说，那些拒绝打了我一耳光。"

最后，普罗维登斯市中心的一家精品店同意采购 4 个坐垫。杰比亚迅速跑回家把它们带了回来。那天晚上，他站在这家精品店外，紧贴着橱窗向内望去，满怀希冀地希望它们能获得大众的青睐。

CritBuns 坐垫最终并没有销售一空或者改变世界（杰比亚说他只卖掉了一小部分）。但它在他的职业生涯中确实占据着一个非常重要的位置，并帮助他在编年史出版社——旧金山一家大型独立出版商那里，获得了他梦寐以求的实习机会。2006 年，他搬到旧金山开始在这家出版社工作，主要负责书籍装帧和礼品包装的设计。在这座城市安顿下来以后，他给他的老朋友布莱恩·切斯基寄了一个包裹——里面装着一个 CritBuns 坐垫。

这个可笑的泡沫坐垫对切斯基来说意义重大。这意味着杰比亚已经开始创业，成立了一家拥有真正的商品的真正的公司！杰比亚已经开始改变世界了。那年夏天，切斯基去拜访了这位老朋友，为杰比亚庆祝生日。他发现旧金山非常迷人。第二天早上，当切斯基在沙发上醒来后，他看到杰比亚的一个室友，一个身材高大颀长的程序员，正盘坐在笔记本电脑前，双手在键盘上飞舞一般地编写着计算机代码。他意识到，这里的人们都在专心做事，并试图改变世界。

那年秋天，这位高大的室友从劳斯大街的公寓搬走了。杰比亚需要尽快找人分摊每月的租金。他询问切斯基是否考虑搬过来。

切斯基遐想着周末住在旧金山，同时保留他在洛杉矶的日常生活和一份新找到的兼职教师的工作。他问杰比亚可否以每个月 500 美元的价格租住在客厅的沙发上，而不是付更多的钱租下整个卧室。而杰比亚坦诚地告诉他，除非切斯基能负担整个卧室的租金，否则他将不得不放弃这间公寓。

9 月初的一天，切斯基醒来以后做出了最终决定。1923 年，华特·迪士尼冒着巨大的风险从堪萨斯城搬到了好莱坞，而他的生活从此发生了翻天覆地的改变。切斯基认为，他也要冒险试一试。

当然，搬进劳斯大街这个决定并不能改变切斯基没钱支付租金的窘境。他仍然没有找到真正有意义的工作，换句话说，这两位罗德岛设计学院的毕业生基本上已经破产了。因此，几周后，当他们注意到因即将于 2007 年 9 月 22 日在旧金山召开的世界设计大会，城里的酒店要么已被预订一空，要么价格过于高昂这个情况之后，杰比亚给切斯基发送了这封将从此改变他们命运的电子邮件：

主题：转租

布莱恩，

我想到一个赚钱的方法——把我们的住所变成设计师的床和早餐。在 4 天的设计大会期间为来市中心开会的年轻设计师们提供一个可以安心休息的地方，配备无线网络，一张小桌子，床垫，以及每天的早餐。不错吧！——乔。

切斯基和杰比亚花了三天时间利用博客平台 WordPress 的免费工具编写了爱彼迎网站的第一个版本。整个网站看起来十分简单，他们用蓝色和粉色的手写字体写明了所提供服务的名称，并对所涉及的每个新概念都给出了简短的描述。他们写道，对本次会议以及参加会议的所有设计师而言，“爱彼迎将为你提供关于经济实惠的房屋资源的相关信息，充当设计师相互交流的社交工具，并提供最及时的会议信息更新。各位设计师可以在本网站上选择你想与哪位设计师见面，希望和谁住在一起，以及租住房屋的价格水平。一切都由你来决定！”

几位创始人将他们的网站通过电子邮件发送到各个设计博客，进行了他们的首次营销尝试。尽管很多博客作者都对他们提出的这一新概念感到困惑不解，但仍有不少人为他们进行了简单的宣传。“如果你正准备参加世界设计大会并且还没有订到酒店，那么，不妨在塞车的路上考虑一下网络租房平台吧。”有人写道。

后来，切斯基将阿莫勒·舍夫及其他两个客人在世界设计大会期间住在劳斯大街公寓的故事化为了一次巧妙的宣传。当三个旅行者挥手告别时，这个故事不胫而走，网站的两个共同创始人得以凭借这次行动支付了房租。不仅如此，他们对于与房客迅速建立起来的密切关系感到惊讶，并意识到这个原本看起来十分可笑的小点子也许可以发展为比他们想象的规模庞大得多的业务。不过，就像所有类似的创业神话一样，这个故事并不完全准确。两位联合创始人并不真正需要支付那么多租金，他们更希望找到一个创业的好点子，用成功来证明他们的潜力，并实现他们在罗德岛设计学院上学时的梦想。当舍夫和其他人离开后，切斯基和杰比亚回到了日常生活，继续尝试在平淡的毕业后生活中寻找人生的意义。

在此期间，他们会定期和杰比亚的前室友见面，就是那个打字速度飞快、身材高大的程序员，内森·布莱卡斯亚克。他是哈佛大学毕业的工程师，当时只有 25 岁，却有着丰富的创业经历，这些经历在几年之后就被证明具有极大的价值。

虽然布莱卡斯亚克已从劳斯大街公寓搬出，但他与杰比亚一直保持着密切联系。他们已经在诸多项目上有过合作，并且一致认为两人的编程能力和设计能力相得益彰。在接下来的几个月里，三个年轻人经常见面，为建立新公司进行头脑风暴。他们早期的一个想法是利用脸书和克雷格列表做室友匹配服务。但经过几周的酝酿，他们发现类似的网站已经存在了，名字就叫“室友网”（Roommates.com）。

尽管他们三个经常会面，但布莱卡斯亚克直到 2008 年 1 月才第一次听说爱彼迎，当时杰比亚和切斯基去他的新公寓拜访他并邀请他加入这个网站的创建。“你们看起来特别兴奋，因为某个计划或者某个项目，但你们又不告诉我它到底是什么。你们看起来总是神神秘秘的。”在多年后的一次联合采访中，布莱卡斯亚克对他的联合创始人说。那天，他们出去喝了一杯，切斯基和杰比亚透露了他们此前在世界设计大会期间做的事以及他们对此的种种想法——在大城市有重要会议和大型活动期间，鼓励当地的居民与来访者分享他们的闲置房屋。他们为这个网站列了一长串待建功能清单，包括建立注册会员档案，租客和房东之间互相评价的方法，等等。布莱卡斯亚克那时还参与了许多其他的项目，所以他对此抱以谨慎的态度。这个项目听起来就有很多工作要做，而作为三个人中唯一的技术人员，他需要完成其中绝大部分的工作。“他们的计划给我留下了相当多的顾虑，看起来就是一个不怎么现实的项目。”他说。

一周后，他们在市区一家名为盐屋的新餐厅再次会面。杰比亚和切斯基提出了一个原计划的“温和”版本，工作量少了许多，看起来可以赶在几个星期后的西南偏南科技大会之前完成。

布莱卡斯亚克吃饭时喝了几杯酒，在兴奋之余，他同意帮忙建立网站。但这项工作在当时显然还并不是他的优先选项。

当月月底，布莱卡斯亚克给朋友和家人群发了一封电子邮件，告诉他们他正在做的项目。他提到了一个他正在构思的脸书广告网站，以及一个适用于脸书的社交类功能——使用该功能的会员可以看到他的哪些脸书好友也在使用这项功能。在邮件结尾，他补充道，他还在做一些其他的小项目，其中包括一个叫爱彼迎的网站。

“我认为这是一个很酷的想法，但它的市场可能不够大。”他这样写道。

切斯基和杰比亚也收到了这封邮件。“是的，我们收到了邮件，我们的感想就是，‘这家伙到底在说些什么？’”切斯基回忆道。杰比亚也一样，他说那感觉就像“被狠狠地揍了一拳”。

尽管如此，那年的 3 月 3 日，在得克萨斯州奥斯汀举行的科技大会开始的前一周，布莱卡斯亚克仍然完成了网站新版本的开发工作。这个网站的新广告语是：“你需要的是一个朋友，而非一位前台。”

当然，在全新的爱彼迎网站开发完成后，它的房源列表仍然空空如也。因此，切斯基立即向他在奥斯汀能找到的所有在克雷格列表网站上发布租房信息的人发送了电子邮件，邀请他们在爱彼迎网站发布租房信息。最终，有两个人在会议期间选择在爱彼迎网站上预订房屋，而其中之一是切斯基本人。他租住了一位越南博士生黎天东（Tiendung Le）的房间，后者当时在得克萨斯大学学习建筑工程，和他的女朋友住在奥斯汀河畔一个两居室的公寓里。

切斯基在那儿住了两个晚上，睡在一张气垫床上。黎和他的女朋友很友好地在为他准备的枕头上放了些薄荷。他们还为切斯基做了一杯浓缩咖啡（切斯基一口就喝光了）和一碗越南面条作为早餐。黎现在住在墨尔本，在接受采访时他回忆道，切斯基在那一周表现得心烦意乱、紧张不安，经常站在阳台上，看着市中心若有所思，仿佛他距离他的目标很遥远。“他不常在房间中露面，看起来似乎总是在思考别的事情。”黎告诉我。

那一周的第二天早上，他准备去听马克·扎克伯格在科技大会上发表的演讲，黎开车送了他一程。在路上，他们谈论起年轻、事业有成的扎克伯格在短时间内声名鹊起的经历。切斯基因为能有机会听到他的演讲而兴奋不已。[事实上，扎克伯格的这次演讲遭到了广泛批评。与会者在推特上愤怒地批评这场演讲缺乏实质性内容，而博主萨拉·莱西（Sarah Lacy）则称这场演讲是一次著名的失败。] 一路上，切斯基对黎的“思想开明”表示了欣赏，他很感谢黎愿意尝试这个新的房屋分享网站。黎对此感到惊讶，他多年后回忆道：“我没有意识到我有多么思想开明。我们是奥斯汀的学生。我们总是愿意对新事物保持开放的心态。”

第三天，切斯基离开了公寓，他决定留在奥斯汀会见杰比亚的一个前室友，后者当时正在视频网站 Justin.tv 工作，住在希尔顿酒店。

但不知何故，两人之间的联络出了点儿小问题——切斯基一直到那天深夜都没能找到他，最终他不得不做好在酒店大堂过夜的打算。

好在，他的一个朋友兼同事，人脉广泛的企业家迈克尔·赛贝尔联络了他，并邀请他到他们豪华的酒店套房住上一晚。自此，切斯基发现他的运气终于开始好转了起来。从没能成功为网站开发新客户，到因联络疏忽而差点儿让自己无家可归，种种打击并没有让切斯基感到气馁。切斯基后来回忆道，那天已经很晚了，已准备休息的赛贝尔只穿着内裤，电视里正在播放一档关于刺杀了林肯总统的凶手约翰·威尔克斯·布斯的节目。而他再一次鼓起勇气，开始向对方积极推销爱彼迎的概念。赛贝尔好奇地听着，也许还带着一点儿同情。不过不久之后，他就会成为这家网站的几位创始人的第一个导师，帮助他们引荐投资者，并指导他们如何起草用于商业计划展示的幻灯片以及如何润色宣传措辞。

“我认识不少可以在一顿晚餐会谈后就开出一张 2 万美元支票给你们的人。”赛贝尔吹嘘道。然后，他开始谈论起天使投资人，那些帮助硅谷的科技公司走出发展第一步的金融家。切斯基当时还是一个科技行业的新手，后来他承认，他当时以为赛贝尔说的“天使”投资人就是真正的天使。

会议结束后，切斯基回到了旧金山，他满脑子都是改进网站的想法。因为没有带足够的现金到奥斯汀，他在给黎天东支付房租的时候遭遇了尴尬。这一经历促使他考虑将信用卡交易引入他们的租房服务。

但随后，布莱卡斯亚克突然宣布他要回波士顿和女朋友伊丽莎白住在一起，后者是哈佛大学医学院的一名大四学生。“我的确为爱彼迎这个项目感到兴奋，但对我来说它仍然只是一个小项目，或者说，几个小项目之一。”他说。

2008 年 4 月到 6 月，这家新成立的公司没有任何起色。这个名叫爱彼迎的商业计划眼看着就要走向失败了。就在那时，一个想法出现在了切斯基和杰比亚的脑海中：总统候选人巴拉克·奥巴马将于 8 月在丹佛举行的民主党提名代表大会上面向 8 万人发表演讲。丹佛没有足够多的酒店客房，而与此同时，全世界的目光都将聚焦于这场盛会。

回到波士顿的布莱卡斯亚克也意识到这将是一个独一无二的机会，他同意在做其他工作的同时再搭建一个新版本的网站。在网站的第三次更新中，为了让用户在该网站预订一个公寓房间能像预订一个酒店房间一样容易，几位创始人想了很多办法。他们在网站上增加了一个搜索框，供旅行者搜索其目的地的房源；在房源列表旁边，他们还增设了一个大大的绿色按钮，写着“预订”，以促使交易达成；此外，新版本的网站允许房东上传大量其出租住宅的照片用于向浏览用户展示。

那年春天的每个星期五，杰比亚和切斯基都会把他们新设计的测试网站带到迈克尔·赛贝尔的视频网站公司向对方展示。赛贝尔和该公司的联合创始人贾斯汀·坎恩（Justin Kan）会指出新版本的进步之处和存在的问题，并让他们回去改进。（他们还记得，爱彼迎网站早期的支付机制非常混乱。）赛贝尔和坎恩并没有因此获得报酬，也没有从这家初创公司获得任何股权方面的回报。这就是硅谷互联网创投圈的做事方式。“在东海岸，你需要给慈善机构捐钱，”赛贝尔说，“而在西海岸的创投世界，如果你想要回馈社会，你就得去帮助那些年轻的创业者。这件事很重要，关乎因果报应。”

通过多次拜访 Justin.tv 视频网站公司，爱彼迎创始人看到了一家真正的科技创业公司——一家真正拥有办公室和员工，并在银行拥有风险投资资金的公司是什么样子的。（Justin.tv 在这之后不久便将其提供视频游戏直播服务的 Twitch.tv 剥离出去，后者于 2014 年被亚马逊以 9.7 亿美元的价格收购。）为了继续学习，他们参加了一个名为“创业公司学校”的为期一天的活动，该教育项目由创业孵化器 YC（Y Combinator）组织，斯坦福大学主办。那一年，该项目组织者邀请的演讲嘉宾包括亚马逊首席执行官杰夫·贝佐斯和投资人马克·安德森（Marc Andreessen），后者同时也是网页浏览器的发明者。但令几位创始人印象最深刻的演讲来自格雷格·麦卡杜（Greg McAdoo），顶级风险投资公司红杉资本的风险投资人，一个他们在不久之后就会非常熟悉的人。

麦卡杜在那次演讲中谈到，为什么成为一位伟大的企业家必须先让自己成为一名伟大的冲浪者。

> 如果你想创立一家真正伟大的公司，你就必须顺应时代巨浪而动。你必须眼光犀利，更早地察觉到新的市场浪潮和技术浪潮，知道如何准确地定位自己的公司，做好准备，选择合适的冲浪板——换句话说，就是搭建起与环境足够匹配的管理团队，建立能最大限度发挥优势的商业平台。只有这样，你才能真正驾驭巨浪。但归根结底，如果你没有遭遇此类巨浪的运气，即便你具备所有的一位伟大的企业家应该具备的特质，你也无法创建起一家

真正伟大的公司。

那年初夏，赛贝尔最终兑现了他的承诺，为爱彼迎创始人介绍了7位天使投资人。切斯基一一给他们写了邮件，向他们介绍了自己是谁，以及爱彼迎是一家怎样的公司，并提出15万美元起步资金的融资需求。他收到了5位投资人的直接拒绝，后来他将这些电子邮件在网站上公开了。另外两位投资人甚至不屑于给他回信。“只有极少数人同意与我们见面，”切斯基说，“但他们与我们见面也只是想告诉我们这个计划太荒谬了。”

虽然最终他们促成了数次与投资人的会面，但会面的结果始终非常糟糕。其中一位投资人是谷歌公司的前高管，他在帕洛阿尔托的一家咖啡馆会见了切斯基和杰比亚。他点了一杯奶昔，然后便开始听他们的推介。但他们还没讲完，这位投资人便径直离开了咖啡馆，留下了一杯几乎没动过的饮料。杰比亚和切斯基呆坐在那里，不知道这个投资人是否还会回来。

8月初，切斯基和杰比亚被邀请到闸门基金（Floodgate）位于帕洛阿尔托的办公室向几位投资人做展示。这家天使投资公司曾经投资过Justin.tv。尽管他们的网站一周只能接到十几单预订，但切斯基仍然充满信心，毕竟，爱彼迎已经获得了颇具影响力的科技博客*TechCrunch*的关注。切斯基计划在做展示时当场演示他们的网站，而不是演示幻灯片。但就在他准备开始展示的时候，他惊恐地发现由*TechCrunch*那篇文章带来的流量激增让网站陷入了瘫痪。切斯基只好匆匆面向投资者做了一个简短的口头介绍，而杰比亚则拼命地试图联系上他们的技术人员，布莱卡斯亚克。后者已经知道网站瘫痪这件事了。这位工程师设置了自动提醒，每当网站因种种问题无法正常访问时都会自动给他发送一条短信，这条短信只有一个词：空气床垫漏气了（“AirbedDeflate”）。但现在再开始补救已经太迟了。切斯基的演示彻底失败，闸门基金拒绝了他们的融资申请。

所有那些与他们会谈过的投资者都担心这个项目的市场规模，担心该网站缺少真正的用户，并且对几位创始人表现出来的特质也有所顾虑——他们不像创建了硅谷那些伟大公司的性格古怪的创新者，比如马克·扎克伯格和史蒂夫·乔布斯。设计出身的创业者被认为更具投资风险，而在斯坦福大学学习计算机科学（并且中途辍学）的创业者则会被认为是一个好得多的选择。而且，坦率地讲，这个商业计划本身看起来实在算不上宏大。“我们犯了所有投资者都会犯的典型错误。”推特的投资人弗雷德·威尔逊（Fred Wilson）在几年后写道，“我们过多地关注他们正在做什么，而对他们可以做什么，将来会做什么，以及过去做了什么关注得远远不够。”

2008 年对于整个硅谷来说也是令人焦虑的一年。科技行业已经从几年前互联网泡沫破灭的灾难中恢复过来，并因 2004 年谷歌成功上市以及脸书崭露头角而重新焕发活力。但与此同时，全球经济仍然处于风雨飘摇之中，房地产市场积累的问题越来越多，一场新的经济危机在数月之内就会爆发。当年 10 月，红杉资本发布了一份报告，名为“安息吧，好日子”。在这份报告中，红杉资本建议初创公司大幅削减支出，降低风险，并减少公司债务。投资者的确对爱彼迎缺乏信心，但这也反映了他们总体上的谨慎态度。

甚至有一次，爱彼迎几乎就要获得投资了，但事情在最后又发生了反转。佩奇·克莱格（Paige Craig）是洛杉矶的一位天使投资人，前海军陆战队队员。那年夏天，当克莱格在酒店业寻找投资机会时，他偶然间发现了爱彼迎。他对创始人的勤奋和职业道德印象深刻，已准备向他们投资 25 万美元。双方就爱彼迎的估值达成了一致。为了在那年初秋完成交易，他们还在旧金山见了一面并共进晚餐。但第二天，切斯基就拒绝了签署交易文件，而且他拒绝透露原因。一位知情人士透露，在晚餐后的小酌中，克莱格给切斯基留下了负面的印象，他认为克莱格会是一个难以合作的伙伴。根据硅谷的传统，一位合适的投资人可以给公司赋能，而一个“难搞”的投资人会带来没完没了的问题。

若干年后，佩奇·克莱格从另一个投资者那里听说，爱彼迎的创始人是因为将其视为一个“疯狂的海军军官”才临阵退缩的。“我并不是特别生气，也理解他们为什么会这么想。”当我问及克莱格对于错失这个机会怎么看时，他在邮件中回复道，“当时，如果你在谷歌搜索引擎上搜索我的名字，你会发现很多人把我描绘成‘傻瓜资金’（dumb money）。也正是这一评价激发了我在工作中不断积累经验，建立一个对创始人友好的投资品牌，努力工作以拿下此后的交易。是的，这的确是一个代价高昂的教训。”

对切斯基来说，拒绝投资人的钱当然是很困难的。他说，他当时的感觉就是彻底的“失败”。在几位联合创始人中，布莱卡斯亚克还有他自己的项目，杰比亚则至少拥有 CritBuns，以及一份设计顾问的工作。而切斯基除了他过去的家具设计之外，只有一个强烈的预感——连接和共享的时代浪潮即将来袭，大众已经准备好接受这种新型的、建立在互联网上的亲密关系。

如果想让爱彼迎成功，他们就必须加快速度。切斯基已经花光了他所有的积蓄，他和杰比亚两人都是债台高筑。毫无疑问，他们需要筹集资金，因为他们已经刷爆了所有的信用卡，他们的花销已经远远超出了信用卡规定的消费额度限制。切斯基把他已经刷爆的信用卡放在一个鞋盒里，而杰比亚则把他的信用卡塞到一个用来装棒球卡的塑料套夹里。

他们的处境岌岌可危，切斯基对此心知肚明。"我每天早上醒来都会心跳加速。"他说，"我会说服自己'过了这一天一切都会好起来，在这一天结束时我将会带着好心情入睡'。在那段时间，我每天早上都要重复一遍这一切，就像电影《土拨鼠之日》一样。我问自己：'我是怎么沦落到这种境地的？我到底对自己做了什么？'"

那年夏天的总统演讲暂时地减轻了他的焦虑。大约有 80 人在他们的网站上预订了丹佛的房屋，《美国新闻与世界报道》和《芝加哥太阳报》还对此做了报道。8 月的时候，他们每周都能收到大约 200 个新房东的注册申请，爱彼迎从每晚 100 美元的房屋预订费用中收取约 12 美元作为佣金。但是，在大会结束后，受彼迎的热度和流量迅速下降，新的房屋预订订单减少到每周 10 个以下。切斯基再次每天早早醒来，盯着天花板，沉浸在对梦想无法实现的恐惧之中。

硅谷的创业公司科学家们有一个专门的词用来形容类似的发展阶段，他们称之为"悲伤的低谷"（Trough of Sorrow），描述的是当想出新点子、新项目带来的兴奋感逐渐消退时，创始人不得不开始尝试启动实际业务运营工作的阶段。杰比亚和切斯基经历了一个足以淹没大多数创业者的低谷。而他们选择了一种特有的方式来应对困境，这种方式可以追溯到他们在罗德岛设计学院的学习生涯，即凭借他们鲁莽，甚至愚蠢的创造力以不变应万变。

在总统竞选辩论期间的一天晚上，他们在劳斯大街住所的厨房里谈论公司黯淡的前景，开玩笑一般地说到制作早餐麦片并提供给房客的想法。他们想到也许定做总统竞选主题的早餐麦片就是个不错的主意！比如一款代表奥巴马当选总统的“奥巴马 O”麦片，广告语为“一顿带来改变的早餐！”以及一款代表麦凯恩当选总统的“麦凯恩队长”麦片，标语为“每一口都标新立异！”

“可能这个项目早在当时就应该结束了。”杰比亚后来说道。但出于某种原因，他们深陷“悲伤的低谷”而无法放手。杰比亚给家乐氏和通用磨坊两家食品公司巨头打电话，想向他们寻求定制早餐麦片的合作，但就在他兴冲冲地描绘他们的商业新概念时，对方的员工已经挂断了电话。他又继续打了几个电话给当地的谷物经销商，但仍然一无所获。

最终，他们决定自己制作这种早餐。杰比亚找到一名罗德岛设计学院的校友，后者在伯克利海湾的对面拥有一家印刷厂。杰比亚设法说服他为他们印了 1000 个麦片盒子，并承诺分给他销售额的 1%。这些盒子被他们标榜为“限量版”，盒子背面除了印着一些好玩的游戏，还有爱彼迎的广告信息。

接着，杰比亚和切斯基前往当地一家廉价社区超市买了几十箱麦片（为奥巴马成功竞选准备的蜂蜜坚果燕麦圈以及为麦凯恩队长成功竞选准备的蜂蜜小方麦片），带着它们从迷惑不解的收银员身旁走过。回到厨房后，他们开始为这批廉价麦片重新包装，用热胶枪为麦片袋密封，并将密封好的麦片袋装入那批新打印出来的盒子。

“还有更可笑的呢！”杰比亚说。有一天他们收到了一位房东的电子邮件，这位房东是一个专业的广告曲制作人，他主动提出可以为他们的网站创作一首宣传曲。这首宣传曲现在仍然可以在 YouTube 上找到：

嗨，有一种很酷的麦片，你应该知道一下
大家都在谈论“奥巴马 O”麦片，
只需吃上一口你就会明白为什么，
因为每一片麦片都在唱——“是的，我们能做到！”

他们的合作者对这个借助麦片盒宣传网站的计划不怎么看好。杰比亚说，当他们将此事告诉内森时，“内森持怀疑态度”。迈克尔·赛贝尔则表示非常愤怒。“这是我第一次真正为他们感到担忧。”他说。

但不知何故，这个策略发挥了作用。创始人再次展现出了他们不俗的揽客能力。就在总统竞选的密集宣传期，他们将这些麦片邮寄到所有他们能想到的媒体机构。记者们很快意识到这是一个特别的故事，于是纷纷给他们回了电话。接下来，麦片的订单蜂拥而入，“奥巴马 O”麦片在三天之内销售一空。

麦片的经营收入让两位创始人得以支付印刷厂的打印费用，并偿还了他们的大部分信用卡债务。当然，这项举措并没有真正推动公司获得成功或创造出什么巨大的财富；事实上，他们仍然几乎入不敷出，因而不得不靠着剩余的“麦凯恩队长”早餐麦片艰难度日。但这次行动确实表现出了他们超乎寻常的决心和创造力，这为他们最终将迎来他们期待已久的突破奠定了基础。

几周后，切斯基决定，作为这家苦苦挣扎的初创公司创始人，他们应该向著名创业孵化器 YC 创业学校提出自主申请。YC 创业学校会为申请者的初创公司投资 17000 美元，以此来换取 7% 的股权，并在为期三个月高强度的培训中为创始人提供来自创业导师和技术大咖的指导。这是他们能做出的最后努力了，但事实上切斯基错过了报名时间（他是在截止日期一天后提交的申请）。好在，迈克尔·赛贝尔也曾参加过该项目（并在后来成为 YC 的首席执行官），他设法说服主办方接受了爱彼迎几位创始人延期提交的申请。他们的申请通过了，几位联合创始人应邀参加了面试。布莱卡斯亚克飞到旧金山，在劳斯大街住所的客厅沙发上将就了一晚，三位创始人齐聚一堂尝试最后一搏。

“如果我们没有得到这个机会，爱彼迎就不会存在，”杰比亚说，“这个生意就成不了。”

在他们出发去面试前，杰比亚随手抓了几盒麦片。而布莱卡斯亚克立即反对道：“不，不，不，把麦片留下，别带过去。”杰比亚假装同意，之后还是偷偷塞了两盒放进包里。

在位于山景城的 YC 办公室进行的这场面试实际上并不友好。当三位创始人向对方描述了他们的房屋共享理念时，YC 孵化器的传奇创始人之一，保罗·格雷厄姆（Paul Graham）问道：“人们真的会这样做吗？为什么？他们是不是有什么问题？”格雷厄姆，时年 44 岁，后来他承认自己当时完全无法理解这一理念。“我不会想要睡在别人家的沙发上的，我也不想让任何人睡在我家的沙发上。”他说。

但就在他们转身准备离开时，杰比亚做了一件令布莱卡斯亚克大为吃惊的事——他拿出了两盒麦片递给格雷厄姆。当然，格雷厄姆满脸困惑。之后，他们向格雷厄姆讲述了过去一年他们所有曲折的经历，从设计大会带来的灵感到在西南偏南科技大会期间遭遇的滑铁卢，从总统候选人提名大会到玩笑一般的麦片盒宣传行动。“哇，你们简直就像蟑螂一样，”格雷厄姆最后说道，“好像永远都不会被消灭。”

蟑螂是格雷厄姆用来形容那些无论怎样的挑战都杀不死的初创公司，这是他对初创公司的最高评价。几周后，爱彼迎的几位创始人得知他们进了 YC 创业培训学校的入选名单。在华盛顿特区参加了奥巴马历史性的就职典礼后，他们一行人便前往 YC 的办公室。格雷厄姆也在那里，他正在跟格雷格·麦卡杜谈话。正是这位来自红杉资本的风险投资人在前一年做了那场令人印象深刻的关于互联网大浪潮的演讲。

麦卡杜和格雷厄姆当时在讨论的是一位伟大企业家所应具备的最重要的特征：坚韧不拔，克服困难、解决问题的能力，因为困难和问题往往会伴随新事物出现。麦卡杜和他的合伙人认为，这种真正的坚毅精神是他们的投资组合中那些最终脱颖而出的公司的创业者所具备的最重要的特性，其中就包括谷歌和贝宝（PayPal）的创始人。

尽管经济风暴正在席卷世界，但两位投资人仍在寻找新的投资机会。麦卡杜问格雷厄姆：“那么，在新一批初创公司中，哪家公司的创始人是在精神上、情感上最坚韧的呢？”

“哦，这个问题的答案很好找。”保罗·格雷厄姆指着办公室外正蹲在笔记本电脑前专注讨论的两个设计师和一个工程师，回答道，“近在眼前，就是那边的几个家伙。”

02

即兴演出：优步的早年岁月

按下一个按钮，一辆车就会出现在你面前，而我现在就像一个拉皮条的——就是加内特这家伙发明了这玩意儿！我对他真是爱恨交加。

——特拉维斯·卡兰尼克

如果没有邦德——詹姆斯·邦德，这一切可能都不会发生。

2008年年中，大约是布莱恩·切斯基和乔·杰比亚正在开发爱彼迎早期版本的前后，加拿大企业家加内特·坎普刚刚卖掉他的第一家公司，网页推荐引擎StumbleUpon。这家公司以7500万美元的价格被卖给了易趣。此时的他衣食无忧，正享受着旧金山的夜生活。他居住的公寓位于南部公园社区，是这座城市的富人区，当他在家中休息放松的时候，他会时不时地重新回味丹尼尔·克雷格的第一部邦德电影《007：皇家赌场》作为消遣。

坎普很喜欢这部电影，而其中一个特别的情节引发了他的思考。电影进行到 30 分钟时，邦德在巴哈马驾驶着他的银色福特蒙迪欧追踪他的对手勒齐弗，这时，他低头看了一眼自己的索尼爱立信牌手机。没错，这是一次显而易见的广告植入，而且以今天的标准来看，这款手机已经过时太久了。不过当时，邦德在他的手机上看到的东西让坎普吃了一惊：地图上，代表蒙迪欧的图标正向邦德的目的地海洋俱乐部移动。这个画面深深印刻在他的脑海中。如果你想知道原因何在，你就需要了解更多关于加内特·坎普永不满足的富有创造性的头脑。

坎普出生在加拿大的卡尔加里，他的母亲是一位室内设计师，而他的父亲为了实现自己成为一名建筑师的梦想放弃了会计事业。在 20 世纪 80 年代，坎普一家四处奔波。他的父亲负责建造房子，他的母亲负责装修，在房屋完工之后，这一家人会搬进去住上几年，然后再将房子卖掉，前往另一个地方重新开始。

坎普在童年时期热衷于参加体育运动，学习电吉他，并且总有问不完的问题。直到他 14 岁那年，家里才有了第一台电视机，但他们一家人看过很多部电影。他记得第一次看完《回到未来》后，他不停地追问父亲核聚变是如何发生的。

最终，他的好奇心在个人电脑的极客世界里安顿了下来。一位叔叔送了他家一台麦金塔计算机（Macintosh）的早期样品，在软盘和点击式冒险游戏风靡的年代，坎普可以在寒冷的冬天花上几个小时的时间鼓捣这台电脑，摆弄着早期的电脑绘图软件，编写一些最基本的程序。

坎普高中毕业时，他的父母刚刚完成了当时他们所住的那栋三层楼房子的装修。整个设计可以说是十分完美，家里设有一间舒适的办公室和一间位于地下室的机房。“我找不到理由离开这个家。”他说。

坎普进入家附近的卡尔加里大学学习，为了节省开支，在接下来的几年中他一直住在家里（除了其中一年他前往蒙特利尔一家名叫北电网络的公司实习）。他于 2001 年拿到了学士学位，并留在学校攻读理学硕士，在他 22 岁这一年，他最终离开了自己的安乐窝，和同学住进了校园公寓。

坎普通过儿时的一个朋友认识了吉奥夫·史密斯（Geoff Smith），后者之后成为其公司 StumbleUpon 的合伙创始人之一。他们一起创立了一个网站，旨在帮助用户在互联网上分享和发现有趣的事情，而无须在谷歌上搜索。坎普痴迷于协作信息系统和语义网。那时，他很少出门，他把所有的时间都用在毕业论文和公司事务上，埋头于庞杂的学术论文，潜心钻研有关计算机科学的深奥课题。

当坎普在 2005 年拿到学位证书的时候，StumbleUpon 已经开始显露出成功的潜力。那一年，坎普和史密斯遇到的一个天使投资人说服他们搬到旧金山，并在那里筹集资金。他们在美国完成了注册，到第二年，StumbleUpon 的用户数量就从 50 万增长到了 200 万。

随着第一次互联网泡沫破灭带来的创伤逐渐愈合，充满机遇的气息再次弥漫在整个硅谷上空，StumbleUpon 的收购邀约蜂拥而至。2007 年 5 月，易趣以 7500 万美元的价格收购了 StumbleUpon，这笔交易成为后来被称为 Web 2.0 时代的一个早期成功案例。在这次新的硅谷浪潮中，类似网络相册（Flickr）和脸书这样的公司开始专注于挖掘互联网用户之间的社会联系。对于坎普而言，当时的他在硅谷取得了前所未有的成功，无论以任何标准来衡量都是如此——直到他迎来了他的下一次成功。

公司被收购以后，坎普继续在易趣工作，他现在年轻、富有、单身，开始更频繁地走出家门了。这次，他一头扎进了旧金山疲软的出租车行业。

几十年来，旧金山一直刻意将出租车执照牌的数量限制在 1500 个左右。出租车执照牌在这个城市相对便宜，并且不能转卖，车主可以长时间持有执照牌，只要他们每年在路上行驶的时间达到最低要求。因此，新的执照牌通常只会在原来的出租车司机去世以后才会被拿出来分配，而申请人必须等上好几年才能拿到。一位出租车司机苦苦等待 30 年终于拿到了牌照，却在不久以后意外去世，这样的故事有很多。

这套系统保证了出租车公司即使在非高峰时段也能拥有稳定的载客率，以此确保全职司机可以拿到足够用于谋生的工资。但实际上，城市居民对出租车的需求大大超过了供应，因此旧金山的出租车服务是出了名的糟糕。在靠近海边的街区叫到车根本就不可能，周末晚上在市中心打车也相当困难，而乘坐出租车去机场完全就是一场疯狂的赌博，你很容易因为打不到车而错过航班。（即使乘客通过电话提前预约了出租车，他也无法确定出租车是否会如约出现。相反，司机很可能会临时决定去接街旁向他招手的人。）

为改善这种情况付出的种种努力都被证明是徒劳的，因为出租车公司和出租车司机都坚持抵制市场竞争。多年来，每当旧金山的市长和市议会提议增加出租者执照牌数量时，愤怒的出租车司机就会发起联合行动涌入市议会大厅或包围市政厅，引起一场混乱。

在 StumbleUpon 被易趣收购后，加内特·坎普花了一大笔钱购买了一辆红色梅赛德斯 - 奔驰 C 级跑车，但这辆车一直停在车库里。他在卡尔加里时就很少开车，因为他的父母不想支付额外的汽车保险，而在大学时期他更喜欢乘坐公共交通工具。“在旧金山开车压力太大了。”他说，“我不想把车停在街上，不想让我的车被人砸了。仅就交通状况而言，在旧金山开车也非常困难。”

因此，旧金山出租车的糟糕状况大大降低了坎普的生活质量。由于不能确保在街上叫得到出租车，他只能把出租车的调度电话号码存为手机的快速拨号码。但即便如此，叫车状况也没有得到明显改善。“我会给他们打电话预约，但他们并不能及时赶到。当我在街上等候时，可能会有两三辆空出租车从我身边驶过。”他说，“因此，我不得不再次给他们打电话取消预约，而他们甚至不记得我之前打过电话。我记得我在第一次约会和第二次约会的时候都迟到了。我会提前 20 分钟叫车出发，但最终还是会迟到半个小时。”

这个坐落在湾区的光鲜亮丽的城市希望坎普在这里驻扎下来，但坎普找不到一个可靠的方法来响应它的召唤。习惯性的焦虑不安、效率低下带来的挫败感以及想要挑战权威的强烈意愿，让坎普想出了一个解决方案：在需要打车时向所有的出租车公司预约，然后选择第一辆到达的出租车。

显然，出租车公司并不喜欢这样的策略。尽管无法证实，但加内特·坎普相信他的手机号码已经被旧金山出租车公司列入黑名单。“最后他们都不再接我的电话了。”他说，“我被旧金山的出租车系统彻底拉黑了。”

后来，坎普找了一个女朋友。

在易趣收购 StumbleUpon 公司的几个月后，他通过脸书给一个名叫梅洛迪·麦克洛斯基（Melody McCloskey）的聪明、美丽的电视制作人发了一条消息打招呼。不久之后，他又注意到他们之间还有一些额外的联系——他们在社交网络上有一位共同的朋友：博客作者奥姆·马利克（Om Malik），于是他便邀请她出来约会。

麦克洛斯基，现在是线上美容保健服务公司 StyleSeat 的创始人和首席执行官，她回忆说自己当时有些戒备，但还是同意和对方出去喝杯咖啡。坎普提议他们星期五晚上 8 点在餐馆见面，而她提出星期二下午 6 点在咖啡馆见面可能更合适。作为妥协，坎普又提出星期四晚上 7 点见面，并在最后一刻将见面地点改到一家酒吧。

麦克洛斯基告诉自己这应该只是一场 45 分钟的会面，结果他们一直待到凌晨 2 点。“我和这个人的这次疯狂约会完全是机缘巧合。”麦克洛斯基在多年后回忆说，“我记得我到了第二天还难以集中精力工作。”

和许多高科技企业的创始人一样，坎普的性格十分与众不同。麦克洛斯基注意到，他对其他人热衷于关注的表面的特质，比如外表形象，并不是特别在意。例如，他总是想不起来剪头发，总是等到头发长到肩膀才去剪短。他也喜欢自己设计不同主题的 T 恤图案，比如奈克立方体，或者是一条可以通过不同透视方式看待的线。并且，他会穿着自己设计的 T 恤到高档餐厅吃饭。“我不知道他这些想法都是从哪儿来的，”麦克洛斯基说，“我对它们并不感兴趣。”

他不喜欢带现金，一到家就会心不在焉地把口袋里零零碎碎的钞票一股脑塞进柜子，然后便不再理会。尽管坎普是新晋的百万富翁，而麦克洛斯基在当时还是一个收入平平的有线新闻网络“时事电视台”（Current TV）的制片人，但后者表示：“当时的约会全部都是由我来买单的。”

他们的关系还面临着距离问题的考验。麦克洛斯基住在离坎普几英里远的太平洋高地。对于二人来说，在任何地方见面都是一件麻烦事，而坎普总是希望他们晚上能聚在一起。

“和你约会真的很难。”有一次她告诉他，“我负担不起穿越整个城市和你见面的时间精力。我跟不上你的生活节奏。”

为了解决这些日益严峻的出行难题，坎普开始尝试与城市中提供接送服务的豪华汽车司机合作。这些无标识的豪华汽车会在街上接近潜在的乘客，打开双闪以招揽客人。大多数旧金山居民，特别是女性，都因担心安全问题或司机漫天要价而选择远离这些无标识的车。但坎普发现，这些豪华汽车大部分都很整洁干净，而且许多司机都很友好。对这些司机来说，最大的问题就是如何填补载客的间隙时间，他们倾向于在这些时间等候在酒店外面。在了解了这些情况之后，坎普开始收集这些司机的电话号码。他说：“我的电话通信录里一度有 10~15 个旧金山最好的豪华汽车司机的电话号码。”

然后，他开始进一步优化这个租车系统：在需要用车的几个小时之前发短信给他挑选出来的某个司机，告诉他在指定的时间在某家餐馆或酒吧接他。另一天晚上，他为自己和一群朋友约了一辆豪华汽车。在聚会结束后，司机不得不绕着城市开了一大圈才把每个人都送回家。这次奢侈的行动总共让坎普花掉了1000美元，而且他充分意识到，用一辆车把住在城市不同地方的所有人送回家是一件痛苦的事。

就在那个时候，詹姆斯·邦德在电影《007：皇家赌场》中根据导航系统驾车追踪敌人的画面出现在了加内特·坎普的脑海。

突然之间，坎普被自己的一个新想法迷住了。他经常与麦克洛斯基讨论这个想法——一种按需叫车服务，乘客可以在手机地图上追踪车辆的行驶轨迹。那一年的某个时候，坎普在他的Moleskine笔记本上潦草地写下了“*Über*”这个单词，其中包含一个*U*的元音变音——这个笔记本中充斥着他关于公司和品牌的新想法和新标识。“它的发音是Yoober吗？”麦克洛斯基问他。

“我不关心它念什么。总之，它看起来很酷。”他说。

据麦克洛斯基回忆，坎普“希望这个公司的名称是一个单词，而且可以用于描述卓越”，他不停地思索这个词应该是什么，它的发音和语意应该是怎样的。“这是一杯多么‘uber’的咖啡啊！”他会在喝了一杯咖啡后这样说道，“这个词意味着伟大的事情！意味着伟大本身！”

坎普说他考虑将这个新的服务起名为“ÜberCab”或者“BestCab”，而最终他选择了“UberCab”（意为“优步出租车”），并去掉原先的元音变音。（他于2008年8月注册了UberCab.com这个域名。）麦克洛斯基很喜欢坎普对新想法的反复揣摩和检验，但她并不是很肯定他最终的选择就是正确的。“当然，城市出租车都很糟糕。”她说，“但你毕竟只需要在出租车里待上 8 分钟！为什么这件事有那么重要呢？”

但坎普确定他想要开发这样的服务。而且他还知道苹果公司会在 2008 年的夏天推出新的手机应用程序商店。搭载新应用平台的 iPhone 将让《007：皇家赌场》中的科幻场景变成现实。你不仅能在地图上追踪目标的位置，而且，由于最早的 iPhone 模型都包含一个加速度计装置，你还可以辨别目标车辆是否正在移动。这意味着 iPhone 完全可以充当出租车计价器，供司机按时间或按路程向乘客收费。

那一整年，他和许多朋友讨论了这件事。畅销书作家、投资人蒂姆·费里斯（Tim Ferriss）也和坎普在教会区的一家酒吧对当时尚未确定命名的优步进行了头脑风暴。费里斯认为这是一个伟大的想法，但之后很快就将其彻底遗忘。一两个月后，他接到坎普打来的一个电话，当他们再次开始谈论优步时，费里斯为坎普所完成的工作感到很震惊。“(坎普）深入调查了豪华汽车的缺陷及其公共效用的缺失，以及豪华汽车和出租车的停工时间。”他说，“显然，对于这个领域的市场调查，他所做的工作已经超过了 99% 的分析师。”

建立优步的想法在坎普的脑海中变得越来越明确了。

乘客和司机都可以通过下载一个手机应用程序来使用这种服务。乘客可以绑定信用卡，而不必在出行过程中携带麻烦的现金。“我的这些想法颠覆了所有人的认知。”坎普说，“这些想法一直在不断积累，不断完善。”

坎普最初的想法是自己买车，然后把车共享给他周围使用这个应用程序的朋友。但坎普说，这个想法只是一个起点，那时的他实际上已经在考虑通过这一系统调度包括豪华汽车、环保车型普锐斯，甚至有照出租车在内的多种车型为用户出行提供便利。

“我一直认为它可以成为一个高效的出租车系统，特别是相比于旧金山的出租车行业现状而言。”他说。他不确定这个系统是否能推广至其他城市，但他推断，如果他成功地将其推广到 100 个城市的话，那他的公司将成为一家年营收额在 1 亿美元的大公司。

这年秋天，坎普得到了更多的时间用于优步的构建，因为他和麦克洛斯基分手了，但他们依然是朋友。他也减少了去 StumbleUpon 公司的次数。他还记得那个时候他的周末时间主要是在咖啡馆消磨的，他会上网做做调查，研究交通行业，到了晚上再和朋友出去聚会。

2008 年 11 月 17 日，他在加利福尼亚注册了优步出租车有限责任公司。不久后，出于对基本市场调查的迫切需求，他给费里斯发了一封电子邮件，询问这位畅销书作家兼投资人能否帮他做一些调查工作。他在维基上建了一个文档共享链接，并将其发给费里斯，如此，他们两人就可以同时访问并编辑这份线上文档了。几年后，坎普面向公众公开了他当时在维基上提出的关于优步服务开发前准备的 100 个问题中的一部分，其中就包括：

> 同类服务（需要 5 个小时的研究）。市场上有没有一键式的按需分配的豪华汽车叫车服务？整个叫车服务市场的规模有多大？
> 后勤问题以及可行性（需要 10 个小时的研究）。从加州公共事业委员会申请到一张豪华汽车业务的运营许可证需要多长时间？在美国前十大城市中，一辆出租车的平均接单时间（包括平均值和

中位数）是多少分钟？一个城市需要多少家出租车公司才能保证接单率？

出租车行业动态研究（需要 5 个小时的研究）。调度软件的关键必备要素是什么？调度过程能在多大程度上实现自动化？

在邮件的结尾，坎普对费里斯写道："我的目标是在今年的 12 月 1 日之前决定做还是不做，并且到明年 1 月，我至少要拥有 5 辆可以调用的汽车。"

坎普并没有从费里斯那里得到太多帮助，但他仍然奋勇前进。12 月，他去参加了在巴黎举办的备受瞩目的法国互联网大会（LeWeb），并在路过纽约时选择稍作停留。在那里，他遇到了一个朋友，奥斯卡·沙拉萨（Oscar Salazar），后者当时是卡尔加里大学的研究生。

沙拉萨是来自墨西哥科利马的一个技术熟练的工程师，他的父母分别是农学家（在农场工作的技术员）和幼儿园教师。作为一个有抱负的创业者，他在二十岁出头时在家乡建立了一个无线网状网络，具体而言就是把 Wi-Fi（无线网络）天线安装到电线杆和各家各户的屋顶上。但他并没有为此申请官方运营许可，于是网络很快就被当地政府叫停了。为了找到一个更有助于创新的环境，他前往加拿大拿到了当地一所大学的电气工程硕士学位，又在法国获得了博士学位，再之后，他移居纽约。

在这段时间里，他和坎普一直保持联系，那年 12 月，他们在曼哈顿下城区的一家熟食店重聚。坎普向沙拉萨展示他的优步出租车计划，并邀请他来主导产品开发。

“我有一个想法。鉴于在旧金山打车很难，我打算买 5 辆奔驰。”坎普拿出手机，向沙拉萨展示了一张梅赛德斯 – 奔驰 S550 的图片，这款高端汽车售价 10 万美元。“我打算和朋友们一起买车，然后我们共同承担停车费用，并共享驾驶司机。”他在 iPhone 手机屏幕上演示了汽车在地图上移动的效果动画，以及乘客如何能通过应用程序看到一辆私家车正向他驶来。

沙拉萨在墨西哥、加拿大和法国都体会过打车的烦恼，他记得他在签署合同的时候曾对坎普说：“我不知道你这家公司能不能真的发展成一家价值 10 亿美元的公司，但你的想法肯定是一个价值 10 亿美元的想法。”由于沙拉萨拿的是美国学生签证，不能接受现金支付的工资，因此，他拿到了这家初出茅庐的创业公司的股权作为工作报酬。现在，他所拥有的股份已价值数亿美元。

“这比我应得的多得多，甚至可以说是超出了任何一个人应得的范畴。”2015 年在纽约的一个咖啡馆吃早餐时，沙拉萨对我这么说。

优步出租车公司正式发展起来。此后，坎普动身前往巴黎参加互联网大会，在那里，他见到了麦克洛斯基和一个他十分熟悉的朋友及创业伙伴——特拉维斯 · 卡兰尼克。

每个公司都会打造自己的起源神话。这是一个向员工和外界传递公司价值观的有效工具，同时，这种做法也能提炼和修饰公司发展史，从而给予自公司创建以来做出过最重要贡献的那些人其应得的赞誉。

优步的官方起源故事开始于巴黎互联网大会结束后的那天晚上，坎普和卡兰尼克那次著名的埃菲尔铁塔之行。他们眺望整个城市的夜景，决定向传统封闭的出租车行业发起挑战。他们似乎对打破垄断格局比服务客户更感兴趣。

“我们实际上是在2008年的法国互联网大会上提出这个想法的。”卡兰尼克在5年后的法国互联网大会上说，并举例说明了在巴黎打车时遇到的问题。“我们回到旧金山后便创建了一个非常简单的，对当时的我们来说非常直截了当的‘系统’——按下一个按钮就可以叫车。我们希望这项服务能为用户提供舒适、优雅的乘车体验。”

当然，和所有的神话传说一样，这个故事并不完全是真实的。“这个故事被误传了很多次。”坎普叹息道，“包括整个关于我们是如何在互联网大会提出这个想法的。但我可以接受这些不实和歪曲，只要大方向是正确的就行。”

坎普与卡兰尼克早在那次大会之前就讨论过关于优步的想法，他与其他的朋友也讨论过。两个人都有创立公司的激情，也愿意共同解决技术难题，一起构想新的公司名、挖掘潜在的好名字。当坎普反复斟酌“uber”的意义和发音时，卡兰尼克则热衷于向他说起他之前那些“不幸的”创业经历。后者将他在旧金山的公寓称为“Jam Pad”（“创业者扎堆公寓”），许多创业者都聚集在那里试图碰撞出新的创业点子。这是一栋创业者的安全屋，那些志趣相投的、痴迷创业的家伙每日聚集在白板前，讨论着关于创立互联网公司的各种错综复杂的过程。

当时，卡兰尼克特别喜欢坎普提出的基于智能手机的私家车共享服务这个概念，但对真正参与这个项目仍然持保留态度。当时，他刚刚把他之前的一家初创公司，流媒体公司红旋风（Red Swoosh），卖给了一个规模比它大很多的同行业竞争对手，阿卡迈，正处于后来他自己所称的“倦怠阶段”。他游历欧洲、泰国、阿根廷和巴西，尝试了多种不同的职业选择。坎普说：“特拉维斯对我们的项目很感兴趣，但他当时正处于这种状态：他刚刚离开阿卡迈，正在到处旅行，与此同时尝试着进行天使投资。他没有做好重新创立一家新公司的准备。”

在巴黎，他们住在卡兰尼克在VRBO网站上找到的一栋豪华公寓。坎普在那个星期不知疲倦地谈论优步，但卡兰尼克另有自己的创业点子，考虑到随后发生的一切，他当初的计划显得非常讽刺：他设想中的公司会运营一个全球性的闲置房屋租赁网络，房屋配备统一的家具并划分为不同的等级，通过互联网平台向用户出租。经常出差的商务旅客可以在其平台网站完成注册、预订房间和付款等全部工作，整个服务流程无缝衔接。联想到自己所住公寓的昵称“Jam Pad”，他把这个创业计划称为“一秒入住”（Pad Pass）。“这是一种介于家和酒店之间的入住体验，”卡兰尼克后来向我如此描述道，“我尝试着将这两件事结合在一起。”坎普回忆道：“特拉维斯当时已经想出了一个类似爱彼迎的运营系统，而且我们正在考虑启动这个计划。”他说，“优步是我的想法，另一个则是他的主意。”

麦克洛斯基记得卡兰尼克与爱彼迎的创始人持有同样的结论：互联网可以让旅行者找到装修豪华但价格合适的房子，同时还能提供更为有趣的旅行体验。“他觉得VRBO的服务很糟糕，”她说，“支付体验极差，你没办法像预订酒店一样立即预订好你想要的房间，而是不得不来回发邮件。他想改变这一切。”

不过，他们那周在巴黎的谈话最终逐渐聚焦于优步，而不再是

“一秒入住”。坎普相信启动优步业务的正确方式是购买一批顶级的奔驰汽车。卡兰尼克对此表示了强烈反对，他认为买车是愚蠢的，最有效的办法是直接将手机应用程序推广给私家车司机。

麦克洛斯基记得有一次他们在巴黎一家高档餐厅吃晚餐时对运营按需叫车服务网络的最佳方式产生了一场激烈的争论。餐厅很高雅，有昂贵的葡萄酒，放着轻音乐，还有高雅时髦的法国顾客。当然，还有餐桌上摆放着的精致纸巾，因为坎普和卡兰尼克整个晚餐都在餐巾纸上写写画画，估算诸如固定成本以及如何最大化车辆利用率等。

麦克洛斯基说：“当我们吃完晚餐离开的时候，整个桌子都被满是公式和数字的纸巾盖满了。”“我们没有像所有其他人那样‘吃着晚餐谈论生活’。特拉维斯的生活就是如此，总是在分析问题，解决问题。这就是他与人交流的方式。”巴黎人一定会认为美国人是地球上最疯狂的人——当他们离开餐馆的时候，麦克洛斯基就是这么想的。

在巴黎的另一个晚上，他们到香榭丽舍大道的酒吧喝酒，之后又去了一家高雅的深夜餐馆吃晚餐，那里提供葡萄酒和鹅肝。凌晨 2 点，在一夜的狂欢后，他们都有些醉了，于是便在街上叫了一辆出租车。

很显然，他们太过吵闹了，在回家的途中，司机对他们的行为表示了激烈控诉。麦克洛斯基当时坐在后座的中间，她身高 5 英尺 10 英寸，因而不得不将她的高跟鞋撑在前座两个座位之间才能坐稳。司机在途中开始用法语咒骂他们，威胁说如果他们不安静下来，如果麦克洛斯基不把她的脚挪开，他就要把他们从车上踢出去。麦克洛斯基会讲法语，她把司机的话翻译给了两位同伴，而卡兰尼克听后愤怒不已，建议大家立即下车。

这次经历似乎坚定了他们做优步的决心。“这件事确实是一个导火索，”麦克洛斯基说，“没有什么比遭遇不公正的对待更能让特拉维斯生气了。他对这件事无法释怀。他认为人们不应该在享受了一个美妙的夜晚后不得不坐在一辆臭气熏天的出租车里回家，还被司机大吼大叫。”

那个脾气暴躁的巴黎出租车司机很可能在人类公共交通史上留下了一个不可磨灭的印记。

在他们回到旧金山后，卡兰尼克已准备好更深入地参与优步的创立，至少是作为顾问，而坎普也已经准备好接受他的建议了。2009 年年初，他们到华盛顿参加巴拉克·奥巴马的第一次总统就职典礼，结束之后，坎普给卡兰尼克打了电话，他说他还是决定购买奔驰车，并且准备在他家附近的停车场租赁停车位——他的家就位于旧金山市霍桑街。

卡兰尼克则最后一次表示了劝阻：“兄弟！兄弟！你不是真的要这样做吧！”

坎普最后终于放弃自己的计划，结束了这场争论。他既未签署停车位租赁合同，也没有购买汽车。坎普和卡兰尼克决定一起向城内所有的私家车司机推广他们的手机应用程序，而不是盲目地花上一大笔钱进购一批昂贵的奔驰车。

在我们早期的一个采访中，卡兰尼克曾对我这样说道：“加内特带来了优雅，而我带来了效率。我们没有自己的汽车，也不雇用司机。我们选择与真正从事这项工作的公司和个人合作。这个计划的逻辑很简单：我按下手机上的一个按钮，然后就能搭上车。这就是它的全部意义。”

2009年，优步向世人初步崭露了其革新性、独创性，但它仍然处于缓慢萌芽的初级阶段；连该公司的创始人也仍然将它视为一个小项目，而将主要精力放在其他事情上。那年4月，易趣将 StumbleUpon 分拆出来。这家公司正处于流量下滑状态，它的前景充满争议，但是新独立出来的 StumbleUpon 则获得了坎普和其他投资人的新的资本注入。坎普重新担任了该公司的首席执行官。与此同时，卡兰尼克则继续旅行，投资初创公司，同时兼任旧金山另外三家企业的顾问。

但是对三位墨西哥裔开发者而言，优步是一份真正的全职工作。在纽约，奥斯卡·沙拉萨接受了坎普的想法，开始设计整个服务的运作机制。为寻求帮助，他将优步的第一个调度系统的编程任务——用于匹配乘客和距离最近的车辆的算法——交给了他的一个朋友，来自科利马、工作非常努力的何塞·乌里韦（Jose Uribe），以及乌里韦的女朋友（现在是他的妻子）苏尔玛·罗德里格斯（Zulma Rodriguez）。

夫妇二人都是工程师，都习惯于全身心投入一个接一个的项目。在乌里韦父母位于科利马的家里，在他童年住过的卧室里，他们夜以继日地工作。沙拉萨此前已邀请他们参与了多个项目，包括开发一个用来提醒患者服药时间到了的基于文本的小工具。现在，他为他们提供了一份新工作。一开始，乌里韦要求沙拉萨支付现金，后来，沙拉萨说服了他同时接受股权奖励。这一小部分股权现在已价值数百万美元。“我试着让自己不去想这些，”乌里韦在接受采访时表示，“我不希望它影响到我。”

2009 年的 2 月到 6 月，乌里韦和罗德里格斯几乎将所有的时间都花在了优步这个项目。他们在纸上勾勒出了初步的调度算法，并在通过电话与远在纽约的沙拉萨进行了反复讨论之后开始用 PHP、JavaScript 和 jQuery 等开源计算机语言编写代码。他们在那时候提出的一些算法至今仍然是优步服务规则的一部分，例如乘车费由每公里的费率和每分钟的费率共同决定。乌里韦回忆说，这个项目最大的挑战是“定位距离最近的车辆，并通过不断优化算法确保车辆能尽快到达”。

在优步应用程序的第一个版本中，乘客可以将他们的位置通过短信发送给一个特殊的电话号码（简称短码）来约车。在乘客完成约车操作后，调度软件会确定乘客所在位置，并将约车消息发送给附近的司机。不过，这一基于短信的调度系统并不是很好用，部分原因在于，如果乘客输入了一个错误的地址，司机将无法找到他们。几位工程师也开发过通过优步网站约车的工具，但这个点子很快就被公司放弃了，因为很少有人在大街上寻找出租车的时候会去浏览网页。

该团队同时也在开发 iPhone 版本的应用程序。坎普给沙拉萨寄了一份 2009 年 2 月出版的《连线》杂志，其封面故事题为“全球定位系统（GPS）革命”。这篇文章简单介绍了位置感知应用程序，其基本功能为“通过传递隐藏的信息帮助用户以一种他们从未想象过的方式实现与世界的连接和互动”。坎普建议沙拉萨向这篇文章中提到的其中一家公司打电话寻求帮助。

沙拉萨最终选择了一款名叫“iNap”的手机应用制造商，这款应用可以让火车旅客在其指定的地理位置让 iPhone 闹钟叫醒他们，以避免错过车站。沙拉萨找到了该服务的开发者，一位名叫杰利·普林斯（Jelle Prins）的荷兰用户界面设计师的官方网站，并给对方留言，表示希望聘请对方及其合作伙伴乔里斯·克鲁维尔斯（Joris Kluivers）开发优步的第一个 iPhone 应用程序。

到那年秋天的时候，优步的手机应用程序已经有了雏形。9 月，坎普和卡兰尼克出席了在夏威夷举行的一年一度的互联网领域交流会议“Lobby”，该会议由风险投资家大卫·霍尼克（David Hornik）主办。他们开始低调地向在场的企业家和投资人推销他们的概念。卡兰尼克对这件事很有热情，每周都会为此花费几个小时的时间。那个时候，坎普通过电子邮件将沙拉萨介绍给了卡兰尼克。“加内特推荐特拉维斯担任公司的顾问，”沙拉萨说，“后者不想完全参与进来，但加内特一直在想办法说服他。加内特知道他是一个完美的人选。”

几周后，坎普和卡兰尼克在纽约的东村与沙拉萨会面，他们在现实场景中第一次试用了这款新问世的手机应用。他们随机雇用了一些私家车司机，给这些司机装备了装载优步应用程序的 iPhone 手机，然后让他们在曼哈顿下城区分散开来；然后，他们几人便开始尝试通过他们手中的智能手机在不同的地点召唤这些车辆。这些司机对于他们当时在创造一段新的历史中所扮演的角色毫不知情。

显然，这款应用仍然存在缺陷，几乎没能发挥实质作用。后来一个司机在返还 iPhone 手机时告诉坎普：“抱歉，但这个真的很难用。”

测试结束后，团队前往索霍区的王子大街吃比萨，讨论需要解决的问题。他们为测试失败感到沮丧，但仍然对这个概念本身感到兴奋，而且它现在已经是一个真实的、看得见、摸得着的工具了。当应用程序运行时，他们可以在地图上看到汽车向他们驶来，正如坎普最初的设想——詹姆斯·邦德在《007：皇家赌场》中根据实时地图追踪敌人所在车辆的场景一样。回到加州的几周以后，坎普和卡兰尼克会见了帕洛阿尔托移动应用咨询公司 Mob.ly 的创始人，并向他们展示了重新开发的优步 iPhone 应用程序。

2010 年年初，卡兰尼克和坎普对一件事达成了一致：他们都想使用优步，但他们两人都不想经营这家公司。坎普是一个发明家，热衷于发明创造，提出新的想法；而且运营 StumbleUpon 已经让他忙得不可开交了。卡兰尼克也是如此，他仍然珍视自己为另外几家初创公司做顾问的自由和机会。如果他准备全身心投入一个新项目，那这个项目必须是一个大生意。但优步当时在他眼中只是一家豪华汽车租赁公司，最多只能为这个城市里相对富裕的小部分用户提供一种新的出行方式。

因此，2010 年 1 月 5 日，特拉维斯·卡兰尼克在推特上发布了一条 140 字的招聘信息：

> 寻找创业产品经理 / 业务拓展能手为我们的位置导向服务项目工作……试运行阶段，有丰厚的股权激励，有大咖参与项目——大家有什么推荐吗？

在横跨了大半个美国的伊利诺伊州芝加哥市，一个名叫瑞恩·格雷夫斯（Ryan Graves）的 27 岁的通用电气（GE）员工发布了一条互联网历史上最赚钱的推特：

> @KonaTbone 我这里有个推荐人选，请给我发电子邮件：graves.ryan@gmail.com。

格雷夫斯并不是典型的“硅谷人”。他身材高大，性格开朗，有着一头近乎完美的头发，正如一个投资人所描述的，就像一个“20 世纪 50 年代出演香烟广告的电影明星”。

他在圣迭哥度过了典型的美国式的童年生活；他的父亲是电台广告推销员，母亲是家庭主妇，同时经营着一个面向妇女的圣经学习班。他于 2006 年毕业于俄亥俄州迈阿密大学，获得了经济学学士学位，那时他尚未对技术领域产生兴趣。但他本人似乎有着无限的精力和野心，想在他着迷的所有领域都成为专家。在此之前，欧洲足球、飞蝇钓鱼、摩托车以及冲浪运动都是他有所涉猎的项目，而现在则是有利可图又充满活力的互联网经济，他想在这个领域找到一份工作。

在格雷夫斯参加通用电气公司的管理培训项目时，他在基于位置的社交网络服务公司四方网（Foursquare）的业务开发实习工作到期了。他曾尝试开发自己的社交应用程序，但不甚成功。尽管按照规定，他应该参加通用电气的领导力培训课程，但他很少在那里出现。“你完全可以早上 10 点来，下午 4 点离开，没人知道。”他说，“我在通用电气花的时间很有限，但业绩表现仍然名列前茅。”

卡兰尼克对跟格雷夫斯见面很感兴趣，于是格雷夫斯偷偷从通用电气在纽约克罗顿维尔设立的培训班溜出来，开了一个小时车到纽约市区，在索霍区的一家咖啡馆与卡兰尼克见面。他们谈了两个多小时，卡兰尼克向格雷夫斯展示了优步 iPhone 应用程序的原型。

格雷夫斯对此很感兴趣。对他来说，这是一个开启个人事业的好机会，也是一个与那些人脉众多的硅谷企业家共事的好机会，这个机会极有可能让他登上一个更大的舞台。另外，他如此补充道："我认为当时也并没有其他人和我竞争这份工作了。"

两周后，格雷夫斯搬到旧金山，而他的妻子莫莉，一位老师，则留在芝加哥直到学年结束。他准备了一个幻灯片用于展示自己对汽车共享服务的想法。卡兰尼克对其做了一些修改，然后他们一起向坎普做了展示。

格雷夫斯对手机应用进行了第二次测试。这次是在旧金山，当地的一些司机已经试用过该服务的 beta 测试版本。"程序完全不起作用。"他回忆道。那时候，iPhone 手机的无线联网服务由美国电话电报公司（AT&T）独家垄断，但服务质量极其糟糕。而且优步应用程序所使用的全球定位系统会迅速耗尽 iPhone 的电量。"完全不奏效，"格雷夫斯记得他这样告诉卡兰尼克和坎普，"我原以为它是可以用的。"

优步当时还没有自己的办公室，所以格雷夫斯只好在这座城市的酒店和咖啡馆工作，并开始认识一些创业者同行。布莱恩·切斯基是他第一批会见的创业者之一，他们在市场街南区的罗科咖啡馆见面。格雷夫斯当时即将与坎普和卡兰尼克进行薪酬谈判，他希望向布莱恩寻求建议。"我记得他推销的想法有点儿像汽车的爱彼迎模式。"这位爱彼迎公司的首席执行官说道，"这听起来很酷，但豪华汽车的市场能有多大呢？"

在酒吧里，格雷夫斯被介绍给坎普正式招揽的第一位工程师，康拉德·惠兰（Conrad Whelan）。当得知惠兰准备离开卡尔加里之后，坎普便邀请这位昔日同学加入优步出租车。

现在，优步已经有两名员工了，因此他们需要一个办公室。格雷夫斯在推特上认识了提供线上旅行服务的创业公司 Zozi 的创始人，而 Zozi 的办公地刚好有一个未使用的临窗小会议室还空着，其与对面的地标建筑——泛美金字塔大厦隔街相望。优步出租车的员工就将那里设为他们的办公地点。他们的公司位于那栋建筑的二楼，他们几人就围坐在方桌前的几把椅子上办公，而方桌就紧靠墙壁。

这家公司希望在那年夏天向公众推出他们的服务。

惠兰和沙拉萨在纽约办公，乌里韦和他的妻子在科利马工作，帕洛阿尔托的 Mob.ly 团队则负责为手机应用添加新的功能，例如优化用户和司机注册该服务的方式。同时，格雷夫斯作为首席执行官，卡兰尼克作为顾问，两人每周要花上大约 20 个小时在优步公司打电话联系并亲自访问旧金山的豪华汽车公司，并向车主推广该服务。“我们用的就是那种老式的电话推广方法，”卡兰尼克后来说，“有 1/3 的电话，接听者基本上在我涉及核心话题之前就挂断了；另 1/3 的电话，接听者听到大约一分半钟就会挂断；还有 1/3 的人会说，这听起来挺有趣的。”

5 月，Mob.ly 被团购网站 Groupon 收购，并宣布将关停其正在进行的项目。这对初出茅庐的优步来说几乎是灾难性的。格雷夫斯不得不乞求 Mob.ly 为乘客和司机完成稳定版本的应用程序开发。最终，对方同意了。2010 年 6 月的第一个星期，优步的应用程序在苹果的 iOS 应用程序商店上线。一年半之前突然出现在加内特·坎普脑中的那个想法，现在悄然在旧金山市变成了现实，并且恰好赶上了智能手机革命蓄势待发的契机。

现在，公司需要实打实的资本注入了。

接下来即将发生的事情定义了数以百计的硅谷金融家后来的职业生涯。但在当时，没有人能想到他们将做出自己职业生涯中最重要的决定。

绝大多数硅谷最优秀和最聪明的投资人拒绝了这笔交易，正如他们对爱彼迎所做的那样。他们拒绝的理由要么是瑞恩·格雷夫斯不够有经验，要么是两位创始人没有充分参与公司运营，要么就是他们认为这是那些身家富裕的城市居民才能享受的奢侈服务。一些人拒绝与他们合作是因为他们曾在之前的公司与好斗善辩的特拉维斯·卡兰尼克共事过，因而不想让自己再次陷入这种令人恼火的工作状态，其他人拒绝合作则是因为他们知道这家公司的策略与美国的城市或州的交通法律相冲突，将来免不了陷入充满敌意的法律纠纷。

他们在最开始都说了“不”，但后来，在这家公司大红大紫后，他们又坚称当初优步发送的电子邮件是被垃圾邮件过滤系统过滤掉了，或者只不过是被他们忽略了，再或者是他们当时正在度假。如果他们能诚实一点儿的话，他们在谈到这次错失良机的经历时必定会怀着悔恨和痛苦。

他们拒绝优步的另一个原因是优步当时看起来一点儿也不像它后来变成的那个样子。这是初创企业投资领域的残酷现实——投资人必须为他们看不到的未来押注。当时，优步的手机应用程序已经在 iOS 应用程序商店发布两周了。瑞恩·格雷夫斯和特拉维斯·卡兰尼克在旧金山成功招募了大约10个司机，这些人在一个周末的时间里借助优步程序接了10单，其中绝大部分顾客都是优步自己的员工、创始人以及亲友。公司只获得了一个可用于对外宣传的统计数据：在下载应用程序并注册的用户中，大约有一半的人会试着用它约车。

坎普和卡兰尼克都拥有丰富的人脉，所以他们避免了爱彼迎创始人在创业早期经历的卑躬屈膝谋求投资的窘迫和煎熬。他们通过一个朋友，纳瓦尔·拉维肯特（Naval Ravikant），轻松地跳过了这一过程。拉维肯特创造了一个基于电子邮件的、为美国证券交易委员会认可的投资人关系网络，该网络也被称为"天使名单"（AngelList）。卡兰尼克已经非正式地向拉维肯特提出希望成为天使名单的合伙人，拉维肯特则主动提出帮助卡兰尼克将优步推荐给一些顶级投资人。

2010年6月17日，天使名单中的165个投资人都收到了一封邮件。邮件里写道："优步是每个人的私人司机。我们通过iPhone和短信提供按需叫车服务，解决出租车短缺问题。"这封电子邮件也提到坎普是优步的创始人和投资人，卡兰尼克则是该公司的"超级顾问"和种子轮的投资人，蒂姆·费里斯同样是该公司的顾问和投资人，此外，这封邮件还介绍了作为首席执行官的瑞恩·格雷夫斯，他在电子邮件中表示自己曾经是四方网公司的一名业务开发实习生。

"请问我们是否可以向你们介绍一下我们的项目？"他们在这封电子邮件中询问投资人。

拉维肯特说，在165个投资人中，有150个没有回应。实际上，其中一个投资人在接到邮件后直接取消了邮件订阅。

甚至那些以“几乎支持一切”闻名的投资人（“广撒网然后祈祷”式的种子投资人）也拒绝了他们的提议。罗恩·康韦（Ron Conway），以投资谷歌、脸书、推特三巨头闻名的硅谷投资“教父”，同样拒绝了他们。“看起来，这家公司将在每个城市引发战斗。”他在给一位投资人的邮件里发表了这样的判断，可以说是极富先见性。戴夫·麦克卢尔（Dave McClure），后来的初创公司加速器 500 Startups 的创始人，则表示他真的不够了解瑞恩·格雷夫斯，所以他无法做出投资的决策。

投资人比尔·格利（Bill Gurley），基准投资公司（Benchmark Capital）的合伙人，在一年之后搭上了优步的火箭，而此时则密切注视着出租车市场。7 月初，他邀请卡兰尼克和格雷夫斯到旧金山海斯谷的一家餐厅 Absinthe 共进晚餐。但基准投资公司通常不投种子期项目，而比尔也没办法让他的合伙人这么早就做出承诺。

后来，终于有人同意投资了。

总部设在费城的风险资本公司 FRM 以 60 万美元领投了第一轮。罗布·海因斯（Rob Hayes），FRM 的合伙人，曾经投资过 StumbleUpon，他看到了坎普发布的关于优步的推特。“我决定押注——不过，优步到底是什么？”他给坎普发了一封电子邮件问道。

坎普派格雷夫斯去 FRM 旧金山的办公室推介优步，而后者的展示得到了合伙人的全票通过。罗布·海因斯为这个项目花费了大量时间，只为了确保在 7 月的第 4 个周末完成这项投资，甚至为此惹怒了自己的家人。“我的赌注压在了瑞恩·格雷夫斯和加内特·坎普身上，”海因斯说，“至于特拉维斯，我是在第一次董事会会议上才见到他的。”

还有十几个其他的种子投资者。比如克里斯·萨卡，他是谷歌前高管，喜欢穿带刺绣的牛仔衬衫，在不久之前刚刚大手笔地投资了推特。当他和卡兰尼克、坎普、麦克洛斯基和奥斯卡·沙拉萨在旧金山一个寿司店共进晚餐时，他第一次听说了优步。

“就是这个家伙，一个投资人，他就是个疯子，”沙拉萨还记得有人提前这样向他介绍萨卡，“我们就要和他一起吃晚饭了。不要跟他说起任何关于优步的细节，只提名字就行，他并不需要知道我们具体在做些什么。”

果然，当他们在那顿晚饭的结尾给了萨卡一点关于优步的暗示后，萨卡立即“发疯”了。他对坎普和卡兰尼克已经足够了解，他知道当他俩凑在一起之后，他们可以创造出一些绝无仅有的东西。他差点儿当场就写了一张 30 万美元的支票给他们。“这个决定绝对是我做的最正确的一个了！”萨卡说道。

其他几位投资人也同样激情满满。米奇·卡波（Mitch Kapor），20 世纪 90 年代初创立了效能工具“莲花便笺”（Lotus Notes）。当他从失败的播客公司奥德奥（Odeo）撤资之后，这家公司摇身一变成了推特。对于这次痛失良机，他对自己感到非常的恼怒，所以他一直在积极寻找新机会。“我投。”他对坎普说。坎普在 StumbleUpon 这个项目上就接受过他的投资。他继续说道：“如果你不让我参与这笔生意，我就杀了你。”

贾森·卡拉坎尼斯（Jason Calacanis）是一位博客作者，同时也是一位互联网媒体领域的创业者，他与卡兰尼克关系友好，曾邀请他参加自己在旧金山举行的开放天使论坛（Open Angel Forum），并向与会的投资人做推介。卡兰尼克在那里找到了一些愿意投资的人，包括卡拉坎尼斯本人。后者在后来的十年中在多个播客、博客以及问答网站 Quora 上重新审视了自己的这次投资决策。

但是，无论这些投资人有多想把自己当时的投资决策视为某种直觉，大多数早期投资者都不得不承认，这件事的最终走向仍然屈从于不可预测的“硅谷之神”：运气。“投资这家公司的决定是有争议的。”林君叡（Alfred Lin）说，当时他是线上鞋类零售商 Zappos 的首席运营官。当林听说这笔生意时，他曾怀疑优步是否真的能够在他的老家拉斯维加斯成功运营，他对此大有疑虑。他说：“我只是觉得，那些对自己的创业想法充满热情的创始人会选择自己经营这家公司。”尽管如此，他最终还是选择了出资。在旧金山体验过优步的叫车服务之后，他决定加入其中。

大卫·科恩（David Cohen）是位于科罗拉多州的创业公司孵化器“科技之星”（Techstars）的联合创始人，他决定投资仅仅是因为一个地理上的巧合。那年夏天，瑞恩·格雷夫斯不得不飞往芝加哥，和他的妻子莫莉将他们一家的财产从美国的另一端运过来。在开车去往旧金山的路上，他一遍又一遍地向投资人打电话推介优步，以至莫莉都能逐字逐句地将整段话背诵下来了。途中他们正好经过博尔德，格雷夫斯去见了科恩，而后者很喜欢这个项目，投资了 5 万美元。“运气是其中的一部分。”关于他的这个决定，科恩后来在一篇博客文章中这样写道。

尽管这些投资人已经足够幸运，但其中一些最早期的投资者不得不承认这样一个事实：他们本来可以更幸运。天使名单的拉维肯特原计划向优步投资 10 万美元，但为了避免造成天使名单倾向于投资某些特定项目的印象，他一直等到融资期即将结束才表达了自己的投资意向。

当拉维肯特最终出价时，格雷夫斯只能对他说他们的这一轮融资已经没有剩余的额度了。在拉维肯特的多次恳求下，他最后获准投资 25000 美元。但无论如何，这仍然是他迄今为止做过的最好的投资（这25000美元的当前价值已超过1亿美元）。“我不会过于纠结于它的。”拉维肯特说，“硅谷就是这样一个充满了随机性的地方，我已经接受这个事实了。你必须接受这一点，否则你将永远不可能在这里睡个好觉。”

现在，优步在银行有 130 万美元的存款，530 万美元的估值，一个办公室（小而拥挤），和一款产品（有不少漏洞）。它终于看起来像是一家真正的初创公司了。优步的创始人和投资者将公司成立的消息告知了他们那些既富裕又有影响力的旧金山朋友，然后，这个消息便逐渐蔓延开来。2010 年 7 月 5 日，科技博客 *TechCrunch* 第一次撰文介绍了这款手机应用：“优步出租车解决了人们预约用车服务的诸多麻烦。”

“当然，便利总是有其代价，”文章作者丽娜·拉罗（Leena Rao）写道，“你可能需要支付出租车车费的 1.5 倍到 2 倍的费用（但比传统的专车预约服务费少了一半）。但你可以获得更好的服务，一辆高档的黑色豪华汽车和一个按需解决方案。”

现在，格雷夫斯可以放松下来，开始组建他的团队了。瑞恩·米基伦（Ryan McKillen）是其中一名新员工，他同样毕业于俄亥俄州牛津市的迈阿密大学，比格雷夫斯高一届，而且他们有几个共同的朋友。那年早些时候，他们经常在一起聚会，那时候格雷夫斯还在旧金山，也没有结婚。然后，格雷夫斯很偶然地发现，米基伦之前相当享受为其工作的那家会计初创公司破产了。于是格雷夫斯就顺势为优步雇用了他。（因为两个人姓氏不同但名字相同，后来优步的同事便开始以他们名字的首字母称呼他们，这成为优步的一个惯例，并且一直延续到了现在。）

上班第一天，米基伦注意到桌上堆放的书中，几本编程书还是崭新的，而旁边的一本西班牙语 / 英语词典已经破旧不堪了（因为工程师们一直在努力翻译何塞·乌里韦所写代码中的一些指令）。米基伦当时向康拉德·惠兰询问为什么那里有一本字典，而惠兰的回答让他记忆犹新："瑞恩，因为我们的代码是用西班牙语写的。欢迎来到优步。"

奥斯丁·盖特（Austin Geidt）加入优步的路径更是不可思议。她在旧金山北部的马林长大，就读于加州大学伯克利分校。在大学期间，她曾染上毒品。当她最终康复并毕业的时候，她不得不四处漂泊，因缺乏安全感而焦虑，同时极度渴望获得一份工作。她在米尔谷的皮特咖啡馆申请咖啡师的职位，但被拒绝了。就在这时，她看到了贾森·卡拉坎尼斯发布的一条关于优步的推特。她打开了几个链接，然后发送了一封自荐性质的电子邮件给瑞恩·格雷夫斯。不久后，后者便雇用她来优步做市场营销实习生。

根据奥斯丁自己的说法，她为适应新环境付出了不少努力。在她进公司的第一天下午，全公司都去卡兰尼克的公寓参加了一场长达数小时的会议，讨论公司的未来和品牌的意义。讨论持续了整个晚上，在此期间，盖特注意到卡兰尼克在房间里踱步，看起来就是真正掌控一切的那个人。她对于公司充满压力的氛围感到难以忍受。“我的确有点儿吃不消，”她说，“我有严重的冒名顶替综合征，我甚至还什么事情都没做呢。”

在接下来的几个月里，她一直认定她会被解雇。她的角色很不明确——公司甚至一度要求她到旧金山市中心为优步发传单。即使是写一封电子邮件这种小事也会让她感到万分焦虑，因而不得不向自己的哥哥姐姐寻求帮助和建议。格雷夫斯回忆说，有一次在去办公室的楼梯间里，他给盖特提了几个建议，而盖特看起来就要哭了。尽管如此，格雷夫斯始终没有解雇她，而是给她时间找到自己的立足点。后来，他解雇了他招聘的第一个司机运营经理，并将这份职责交给盖特。此后不久，盖特就成为优步早期发展史上最重要的高管之一。

2010 年秋天，优步开始在旧金山得到关注。这个应用程序像病毒一样快速传播起来。一位注册用户从一辆豪华汽车里出来，走进酒吧，然后突然间，他的朋友们就都想知道关于优步的一切。

豪华汽车司机也对此很感兴趣。他们开始一个接一个地出现在优步的办公室。康拉德·惠兰还记得他亲眼看到格雷夫斯向一名司机推销优步，并教他使用这个应用程序的方法。在格雷夫斯说完后，那名司机笑了。他说：“看来你们一定能靠它赚很多钱。”也正是在那个时候，惠兰放弃了自己回归科研的计划。

优步变得越来越有影响力，逐步树立起了正面口碑，甚至在无意中打造出了几个当地明星。索芬·瓦利（Sofiane Ouali）是一个来自阿尔及利亚的移民，他在那年秋天来到了旧金山。他会说 5 种语言，有石油工程师的背景，但他发现，要在一个新国家立足，最简单的方法就是开车。一个豪华汽车公司的所有者对这款新的应用程序很好奇，他雇用瓦利作为司机尝试了优步的这项服务，他将公司最不起眼的一辆车交给瓦利——一辆 2003 年生产的林肯汽车。没过多久，优步的早期用户便在推特上谈论这辆神奇的车，他们称之为“独角兽”。

“我看到了人们谈论优步的方式，以及他们使用的那些积极的词语，我知道它将成为一个大公司。”瓦利说。他后来与优步的第一批用户，包括卡兰尼克、坎普、盖特和布莱恩·切斯基等人成了朋友。

其他人也注意到了优步的声势。那年秋天，出租车司机和出租车公司的老板开始抱怨这些新出现的没有执照的竞争对手，他们开始向市政府和州政府的监管机构投诉。他们称这项服务是违法的，必须关停。2010 年 10 月 20 日，优步上线 4 个月后，当格雷夫斯与特拉维斯·卡兰尼克和加内特·坎普在董事会上讨论第一轮融资时，4 名政府执法人员走进了优步狭小的办公室。

其中两人来自加州公共事业委员会，该委员会负责管理豪华汽车方面的业务，另外两人来自旧金山市政交通局，负责管理出租车方面的业务。

便衣执法人员向他们快速亮了一下徽章，其中一人举起一个写字夹板，上面夹着一封勒令停止通知函和一张瑞恩·格雷夫斯面带微笑的大幅免冠大头照。他在房间里挥舞着照片，问道：“你们认识这个人吗？”

03

无望挣扎：共享经济的先驱们

出租车行业里的每个人都失败了。出租车公司老板失败了，出租车司机们失败了。乘客也不是赢家。有些人选择接受失败，而有些人则拒绝接受。我也身处这个行业，我选择接受这个现实。

—— 汤姆 · 德帕斯夸里（Tom DePasquale），出租车魔法创始人

在优步出租车开始在城市里穿梭载客以及爱彼迎开始提供闲置房屋租赁服务数年之前的某个晚上，一位名叫贾森 · 芬格（Jason Finger）的年轻律师坐在他位于纽约市的办公室里，思考着晚餐到底吃什么这个令人烦恼的问题。

那是 1999 年，第一波互联网热潮的高峰时期。芬格刚从法学院毕

业，在一家名叫“奥沙利文、格雷夫和卡拉贝尔”（O’Sullivan, Graev, and Karabell）的律师事务所工作。不知何故，他承担起了每晚在楼道里奔走，替其他需要加班的年轻同事汇总晚餐订单的任务。他打电话下单，协调付款，然后接应那些在大堂出现的提着湿乎乎塑料袋的送餐人员——这就是他每天都要面对的噩梦场景。

因此，芬格和他的一个朋友决定为此想出一个一站式的解决办法。他们建立了一个食品外卖网站来满足律师事务所和投资银行员工的订餐需求，他们称之为“无缝网络”（SeamlessWeb）。

无缝网络于 2000 年 4 月上线，正好赶在互联网泡沫破灭之际。芬格筹到的钱不足 50 万美元，与后来第二次互联网热潮来临时的投资体量相比简直可以忽略不计。但这家公司所提供的专门服务在一些大牌律所和投资银行的员工中迅速走俏。无缝网络与数以百计的曼哈顿餐馆签约，为客户企业及其员工提供了一种囊括在线浏览菜单、下订单、向公司报销伙食费用，以及协调混乱的餐食配送在内的一站式服务。

这家总部设在曼哈顿市中心三十八街第六大道拐角处的公司发展迅猛。当地的餐厅感谢它为其带来的业务增长，而客户企业也因为它能够解决混乱不堪的月度报销清单这个麻烦而对其青睐有加。

如果说，目前正在美国、亚洲以及欧洲的科技中心抢食分羹的众多按需配送初创公司有一个鼻祖的话，那它应该就是无缝网络了。芬格是最先发现互联网不仅可以在虚拟世界中通过传递信息实现人与人之间的连接，还可以在现实世界中实现实物运送的人之一。他认为如果这个想法在解决餐食配送问题这方面行得通，那么它应该同样可以应用于广义上的物流领域。于是，他据此起草了商业计划书，并希望能把握住这个机会。

他的餐食配送服务——“无缝餐饮”（Seamless Meals），被设定为其整个项目的其中一项服务内容。除此之外，他还有另一个想法，他将其称为“无缝车轮”（Seamless Wheels）。

这个想法就是提供一个更便捷的出租车预约和车费支付的解决方案，就像他们用同样的方法让点餐变得简单那样。芬格在2003年注册了SeamlessWheels.com网站的域名，并在之后的几年里开始向一流律所推介这项服务，例如杜威路博（Dewey and LeBoeuf）律师事务所、伟凯（White and Case）律师事务所和德普（Debevoise and Plimpton）律师事务所。

但他接触过的投资者都对这个项目持谨慎态度。

“每一个我找到的机构投资者都表示了类似的观点，即‘豪华汽车服务是一个很小的市场，只适合纽约市，适合那些在银行工作的高级白领，已有的汽车公司已与许多客户公司建立了长期的合作关系，你在消费市场是找不到机会的’。”芬格说。

一家律师事务所的交通调度员曾建议芬格小心行事，因为有传言说俄罗斯黑手党也涉足了纽约市的豪华汽车市场。这个传言后来变得越来越夸张，比如有人曾对他说，如果说意大利黑手党会直接杀死竞争对手的话，那么俄罗斯黑手党的做法就是杀光你的全家人只留下你自己苟活于世。不过，芬格对这些警告完全不予理会。

后来有一天，芬格在办公室收到了一封语音邮件。消息来自一个未表明自己身份的人，并且此人未留下回复号码。虽然他早就删除了这条信息，但是他和他的妻子斯蒂芬妮（也在无缝网络工作并听说了这一消息）都还记得这封邮件的内容：

> 贾森，我们已经知道你最近一直在向纽约地区的大型企业推销你的用车服务了。我们认为这不是一个好主意。你有这么幸福的家庭，为什么不多花点儿时间陪陪你美丽的女儿呢？你已经在餐食配送这个领域做得风生水起了，为什么还要扩张到其他领域呢？

这条消息就像“一个巴掌打在脸上”，芬格如此形容道。他怀疑这可能是其中一家长期为银行和律所服务的租车公司干的。这家公司不希望在它与其客户之间出现一个线上中介服务公司。斯蒂芬妮也被这个消息吓坏了，她说：“只要一想到有人会在下班后跟着我们回家，我就觉得这件事太恐怖了。”

芬格第一次开始怀疑他的用车业务是否值得他坚持下去。即使不考虑隐藏的威胁，拓展“无缝车轮”业务本身也可能会伤及“无缝餐饮”。试想，如果他们的租车服务没能让一位资深银行高管满意，导致对方不得不一直在机场等车的话，那么这件事一定会损害整个无缝品牌的口碑。那时还不是智能手机时代，他们没有太多的办法协调司机以保证客户得到顺畅的乘车体验。当时的现实情况就是，投资者对汽车出行服务这个概念几乎没有兴趣。

“无缝车轮”继续与原先的律所客户合作了几年，但是在收到那封语音邮件后，芬格在很大程度上放弃了该业务的进一步发展。餐食配送业务则持续增长并扩张，从服务公司客户拓展到服务城市居民。2006年，美国餐饮服务公司爱玛客收购了无缝网络，并向芬格施压，要求他将主要精力集中在纽约以外的地区增长得尤为迅速的餐饮业上。最终，芬格停止了“无缝车轮”业务。

尽管如此，这个故事还算有一个圆满的结局。2011 年，芬格借助筹集的私募资金将无缝网络从爱玛客拆分了出来，并将它的名字缩短为“无缝”（Seamless）。两年后，它与一个刚起步不久，规模还很小的竞争对手 Grubhub 合并，现如今，它已经成为美国行业领先的线上餐饮配送公司了。

但芬格仍然对租车业务念念不忘，并对优步的前期快速发展又羡慕又忌妒。现在他确信“无缝车轮”的出现在当时还为时过早，在智能手机时代和短信服务的普及到来之前是无法成功的。“我回顾自己的一生，确实有一些遗憾，”他说，“但汽车服务并不是其中之一。虽然看上去我好像是在给自己找理由，毕竟它是一个巨大的商机，而我错过了它，但很多事情就时机而言的确不合适。”

尽管“无缝车轮”存活的时间并不长，但它展示了一个无可争议的事实：预约出租车并提交那些用于报销的细碎票据是一个耗时耗钱的商业痛点，并且是一个明显可以用技术来解决的问题。还有其他人注意到了这一点。2007 年，一位来自弗吉尼亚的富庶商人，汤姆·德帕斯夸里，决定在这个领域做出一番事业。

他创立的公司叫出租车魔法（Taxi Magic）。正如搜索引擎阿尔塔维斯塔（Alta Vista）先于谷歌诞生，聚友网（Myspace）先于脸书主导行业，出租车魔法成为优步之前最引人注目的行业先驱：正是这家公司最先抓住——之后又浪费掉了——这个可以彻底改变出租车行业的机会。

20 世纪 90 年代末，德帕斯夸里成立了一家名为 Outtask 的公司，开发了一款在线工具 Cliqbook，它能帮助人们在线预订和管理他们的航班。2006 年，最受欢迎的报销账目应用软件商之一 Concur 收购了 Outtask。德帕斯夸里成为 Concur 的执行副总裁兼大股东，也因此得以处在一个完美的位置观察汽车租赁服务这个市场中蕴藏着的类似的机会。这个细分市场大约占总的商务旅行市场的 10%。第二年，他和长期与其合作的桑德斯·帕蒂（Sanders Partee）以及年轻的俄罗斯工程师乔治·埃里森（George Arison）共同创立了一家名为 RideCharge 的公司。

RideCharge 的初始版手机程序应用于搭载黑莓系统、Windows 系统移动版或 Palm 系统的智能手机，它允许乘客将计价器上的金额输入手机，并通过信用卡自动支付车费。该应用让司机不用再担心弄伤他们的手指，因为此前的手动信用卡读卡器需要他们在收据复写本上来回刮擦，这种设备在出租车上已经使用了太久。RideCharge 的办公室位于弗州亚历山大伍德罗·威尔逊大桥脚下。

2008 年 6 月，随着 iPhone 3G 手机的推出，苹果的 App Store 应用商店正式上线，这家初创企业推出了适用 iPhone 的应用程序——出租车魔法，不久之后，该名称也成为其公司的新名称。这款手机应用程序人气非常火爆，日下载量过万。这款应用让用户只用手机就可以在其所在城市选择出租车公司，叫车并付账。

受出租车行业当时技术水平的约束，出租车魔法并未在很大程度上扰乱该行业。那时，出租车魔法与当时几家主流出租车调度公司的软件进行了整合，后者包括移动知识（Mobile Knowledge）和 DDS 无线（DDS Wireless）等，这些软件都是当时的出租车车队广泛使用的系统。而这种整合的结果是，该应用程序无法在实时地图上显示出租车的位置（这一点优步后来做到了），因为传统调度系统中的位置信息没有那么精确。取而代之的是，这款应用程序设计出了一个基于文本的状态提示页面，可以更新诸如司机姓名以及预估出租车距离等待的乘客有多远等信息。

2008 年，出租车魔法的应用覆盖范围迅速扩大到 25 个城市，它比优步在旧金山早上线了两年。Concur 是其主要投资者，它将这个服务推介给了自己的企业客户。这款应用程序“让你只需要在你的 iPhone 手机上按下几个按钮，即可获得所需的出租车服务”，科技博客 *TechCrunch* 在当年 12 月的一篇对该应用程序的正面评论中写道。

乔治·埃里森和他的团队走访了各大城市，并将该服务推销给出租车公司，而不是直接与出租车司机签约。借此，埃里森也逐步加深了对出租车行业的认识。“这是一个令人疯狂的过程，”他说，“在西雅图，出租车公司甚至不知道调制解调器是什么，他们不知道他们有还是没有这个东西，如果有的话，他们也不知道它在哪里。”

除了普遍的技术上的无知，这个行业还存在其他的问题。司机们经常因为工资和就业状况与他们的老板发生冲突，出租车公司之间也常常为争夺每个城市的市场份额而发生冲突。没有人关心乘客，因为出租车公司与他们之间不存在永恒的买卖关系。（当乘客站在路边招呼出租车时，所有的出租车公司对其而言是平等的。）糟糕的服务不会受到处罚；司机只要向公司支付 12 个小时出车的一两百美元佣金，公司的老板就满足了——他们才不管司机会不会一边跟朋友在电话里聊天，一边像个疯子似的驾驶。

这个出租车调度系统最终无可救药地崩溃了。当乘客用出租车魔法应用程序发出约车请求时，现有的调度系统不是将订单分配给距离乘客最近的出租车，而是将订单分配给该区域待客时间最长的司机。此外，该系统的运作流程还缺乏对司机责任的约束：处于接客途中的出租车司机很可能会为了更丰厚的车费而急穿三个车道去接一个手拎行李箱、目的地很可能是机场的商务人士，而弃使用叫车程序的用户于无尽的等待之中。

出租车公司都不愿对此做出任何改变。“技术突破并不能改善这一现实状况，出租车公司和司机都拒绝对他们的业务运营方式做出最基本的改变。”汤姆·德帕斯夸里说道。

对接下来发生的事情，他也并不感到特别骄傲。2009 年夏天，出租车魔法得到了硅谷投资者比尔·格利的热切关注。格利身高 6 英尺 9 英寸，是知名的风险投资公司基准投资公司的合伙人，也是在线订餐公司 OpenTable 最早的投资人。他一直在寻找类似出租车魔法的汽车服务公司，他认为这类服务能让传统的地面运输变得更为简单和高效。

据乔治·埃里森回忆，格利曾多次访问他们位于弗吉尼亚的办公室，而且一待就是好几周。他认真研读报表，与帕蒂讨论出租车行业，并与德帕斯夸里协商投资条款。

最终，格利给出了口头报价：以 3200 万美元的估值向出租车魔法投资 800 万美元。这本是一个招募这位互联网界的先锋投资者的绝好机会，但是作为公司主席和公司名义上的首席执行官（当时他并没有正式任职），德帕斯夸里拒绝了这个提议。

二人在某种程度上存在理念上的分歧。格利认为出租车魔法有潜力，但不认为它已经开发出了完全对路的产品。他认为有必要将出租车魔法的工作重心从受限于地方政府设置的准入门槛的出租车领域转移至高级汽车和豪华汽车市场，因为后者是严格管制的空白区域。他们甚至讨论了这项新业务的名称，比如“豪车魔法”（Limo Magic）。

但德帕斯夸里相信出租车行业内部会发生改变。由于他本人拥有创立多家公司并出售的成功经历，因此他并不太愿意接受来自西海岸风险投资家的建议，而且如果接受对方的投资，其意见肯定会对公司决策产生重大影响。当时，德帕斯夸里甚至为拒绝格利的提议而感到骄傲。“你们将成为一家敢于对基准投资说不的公司！”据埃里森回忆，德帕斯夸里曾对他的高管这么说。

若干年后，精明的投资人格利表示，虽然最后与出租车魔法公司分道扬镳，但他对德帕斯夸里仍然抱有好感。他说，尽管他当时同意投资，但他并没有为此太过激动，因为这家公司对出租车公司的依赖较为严重，它的调度软件还不够完善，而且 Concur 占有出租车魔法 20%~30% 的股份。“如果汤姆愿意当首席执行官，我可能会更努力地尝试说服他。”他补充道。（德帕斯夸里的确在几年后担任了该职务。）

考虑到后来优步获得了突破性的成功，并且其最有影响力的投资者正是比尔·格利，德帕斯夸里当时的选择可能并不是正确的。他本人也对此心知肚明。“我们可以并且应该与他合作。”这是他现在的说法。

但他仍然坚持认为在当时将业务局限于出租车行业这个决策是没问题的。“我们当时相信这种严格监管的环境会保持下去，”他说，“这个判断背后有合理的依据。在一些城市，出租车牌照的价值已经高达几百万美元。几乎每个城市都设置了相应警力执行出租车法。”

这个决策表明了德帕斯夸里在想象力上的匮乏，他不敢想象一个初创公司在摧毁存在了一个世纪的法则后还能全身而退。“游戏规则已经改变了，”德帕斯夸里说，“包括和媒体沟通的准则、融资的规则。优步所遵循的规则与我被教导的规则完全不同。”

德帕斯夸里现在 55 岁左右，多次成功的创业经历让他变得十分富有。我曾试着接触他并邀请他回忆这次重要的决策失误，但联络工作长达数月都没有成功。2014 年，出租车魔法被优步的猛烈攻势淹没，它改名为 Curb，并以一个低廉的价格被出售给了出租车支付终端供应商 Verifone。在此之后，德帕斯夸里终于给我回了电话。

“可能还存在着很多其他操作层面上的错误，但是与下错赌注相比，这些都是次要的，虽然直到今天，这个行业仍然在抗拒改变。”他告诉我，“这个行业对一丝一毫的改变都没有兴趣。作为公司的董事长和创始人，我应该对此有更好的理解。我当然可以浪费我们彼此的时间讨论我对公司每个季度的状况的具体看法，但到那时，一切已经太晚了。我们最好重新开始，而不是试图扭转局势。”

“谁疼谁知道，”他继续说，“出租车行业的每个人都失败了。出租车公司老板失败了，出租车司机们失败了。乘客也不是赢家。有些人选择接受失败，而有些人则拒绝接受。我也身处这个行业，我选择接受这个现实。”

“我并不为此而感到痛苦，”他滔滔不绝地说道，“我在这个行业赚了很多钱。不管你怎么写事实都是如此。我并不觉得痛苦。优步的豪赌换来了难以置信的回报。即使我失败了，我也是输给了有史以来最成功的公司，输给了比尔·格利这些了不起的人。”

在所有试图打败优步进行交通革命的公司中，最不可思议的一家就是美国电器连锁巨头百思买。2008 年，在“无缝车轮”失败后不久以及出租车魔法刚刚上线的时候，这家电子零售商为促进创新商业计划的落地建立了一个内部孵化器。它鼓励全国各地的店员走出来并分享他们的创业梦想。如果某个员工的想法被选中了，他就可以离开此前所在的展销厅，前往洛杉矶的拉布雷亚公寓生活工作两个月。百思买乐观地将该项目称为“新锐”（Upstart）计划。

像许多企业实行的跟风举措一样，“新锐”计划只持续了一年。没有任何一个公司选中的项目最终开花结果，但其中的确出现了一个有趣的项目。那年春天，一个总部设在洛杉矶的极客小分队（Geek Squad）的技术员提出了一个建议：当他们开车赶往客户家时，如果客户能够通过电子地图看到极客小分队的面包车的实时位置就好了。极客小分队是百思买公司负责前往客户家中组装电子产品的一个部门。这位技术员，丹尼尔·加西亚（Daniel Garcia）被邀请加入“新锐”计划去落实他的想法，公司给他配备了两名实习助手。

该项目持续了 9 周的时间，但在中途，加西亚和他的同事们就意识到他们的想法并不那么有趣。“新锐”计划的发起人，一个名叫约翰·沃伯特（John Wolpert）的 IBM 资深高管建议他们将此技术应用于出租车行业，以同样的方式在电子地图上追踪出租车的运行轨迹。在此之后，其中的一个实习生，毕业于南加州大学的塔尔·弗兰克雷克（Tal Flanchraych）在提到一款新的拼字游戏应用 Scrabulous 的时候灵光一闪，给他们的项目想出了一个名字：Cabulous。

在接下来的几周里，他们一直忙碌于 Cabulous 的工作。沃伯特意识到了该项目的潜力，他建议他的老板把这个项目从百思买那里买下来。而百思买的高管们正被持续恶化的经济危机困扰，所以他们很高兴地放弃了它，甚至拒绝持有股权。

沃伯特在旧金山一个叫作中枢实验室（Pivotal Labs）的初创公司孵化器成立了 Cabulous，雇用了一名开发人员，并开始开发智能手机应用程序。他还开始对司机进行培训。该市最大的出租车公司黄色出租车（Yellow Cab）与一家传统派遣公司签订了为期 10 年的技术合同，另外一家出租车公司卢克索（Luxor）则正在与出租车魔法合作。但另外两家出租车公司，迪索托（DeSoto）和 SF 绿色出租车公司，允许沃伯特直接接触其司机推广服务。沃伯特还记得自己曾长时间地坐在出租车前排座位上向司机了解这个行业，甚至爱上了这些头发灰白的城市出租车司机，后者曾为了拿到出租车牌照等了多年，他们非常渴望获得可靠的收入来源。“那里有很多很酷的家伙，”沃伯特说，“包括老哈利查宾，他现在还在开出租车。他是一个高尚的人。”

沃伯特正在酝酿一个能为那些城市出租车司机提供帮助的服务项目，他希望这个项目能让传统的出租车业务运营得更有效率，并帮助司机提高收入。这是他犯的致命错误。如果说无缝车轮败于糟糕的时机，出租车魔法败于固执己见，那么 Cabulous 的失败则应归咎于过分的文明。

“我想做一个好人。”2016年年初的一个雨天，当沃伯特坐在我位于旧金山的办公室里，盯着窗外疾驰而过的优步出租车时，他对我这么说，“那时候我一心想着双赢——钻了牛角尖。从那以后我学到了更多关于谈判的教训。”

2009年的秋天，该应用程序在苹果App Store首次亮相，比优步出租车上线早了6个多月，并为后来优步的脱颖而出提供了一些可借鉴的元素。

不同于出租车魔法，Cabulous可以在电子地图上显示出租车的图标，乘客既可以在线上约车，也可以拨打出租车公司的调度电话。（他们也可以找到自己喜欢的司机专门召唤他。）这个应用程序还设置了一些讨巧的声音效果，比如当用户打开或退出应用程序时，他们可以听到车门打开和关闭的声音或者喷气机发动引擎的声音。这当然都是些无足轻重的玩意儿，但几年过去后，沃伯特在模仿这些过去的音效时还是笑了起来。

与优步不同，Cabulous没有自动支付服务，乘客还是要根据计价器显示的金额手动支付车费。一开始，Cabulous没有给司机配iPhone手机。沃伯特曾经花了一个下午的时间，通过在波尔克街的甜品店Bob’s Donuts分发免费的甜甜圈和咖啡，对城市中的出租车司机进行了一项非正式的调查，他得到的一个结论就是很多司机都已经拥有自己的iPhone手机了。但他没有意识到，这些司机的手机有许多已接受了“越狱”破解，也就是说，破解后的手机可以脱离美国电话电报公司不稳定的无线网络独立运行。这就导致他们的应用在破解后的手机上运行得很不稳定，而且很多人根本就没在手机上安装他们的应用。

Cabulous 面临的最大问题是没有对司机的数量和车费进行管控，这导致其很难促进司机用户规模增长，满足市场日益增长的需求。所以在周末晚上司机们忙于应付街头招手叫车的乘客时，“他们都不愿意打开应用程序”，塔尔·弗兰克雷克说。他随公司搬到了旧金山居住。他接着说：“在星期五晚上，地图上根本看不到一辆空车。”

在经历了最初用自有资金支撑公司运营的阶段后，2009 年年底，沃伯特着手准备融资工作。三组来自旧金山湾区的天使投资人同意投入总共不超过 100 万美元的资金。这是这家公司犯下的另一个错误——资金显然是不够的。沃伯特当时太过谨慎了。“我们就像带着刀子去参加一场枪战。”他说。

不久之后，一个绝佳的机会向 Cabulous 伸出了橄榄枝。可惜，他们像出租车魔法一样没能抓住它。正值沃伯特准备结束融资之时，一通电话打了进来。沃伯特没能立即辨认出电话另一端那个操着得州口音的人正是比尔·格利。这位风险投资家在得知 Cabulous 正在融资后便很快致电询问对方此轮融资还有多少资金空缺，他一扫对出租车魔法的失望，继续在即将到来的交通革命中寻找最好的投资机会。

接到电话的沃伯特有点惊讶，但他还是如实回答说——这轮融资基本上已经满额了。他向格利提了一个小数目，但格利说这并不足以吊起基准投资公司的胃口。在挂断电话之前，格利提供了一些他自己的看法，包括在运营业务时要有针对性，以及最好首先在特定的社区启动业务而不是面向整个城市启动业务。

也许应该接受格利的投资，时隔几年后，沃伯特陷入了这样的思忖，但那样的话他就不得不放弃那些已经给出承诺的投资者。换句话说，他本应该不留情面地优先考虑最有利于他的公司的结果，而不是顾虑他之前所做的个人承诺。

“我那时还是一个童子军，需要经历岁月的锤炼。”他说。

2010 年 6 月，当优步在旧金山市推出豪华汽车服务时，Cabulous 是它最主要的同城竞争对手。据塔尔·弗兰克雷克回忆，那年春天，他在克雷格列表网站上看到了优步发布的一个职位信息。这个职位的简介写着“优步高级工程师，一家本地充满活力的初创企业”，并表示优步正在寻找工程师来帮助它打造一个“类似 Cabulous”的地面交通应用程序。

优步的第一任首席执行官瑞恩·格雷夫斯也找上了沃伯特，他们相约在码头区的迪兰西街餐厅一起喝咖啡。沃伯特非常友好，但是他对优步的运营方式不屑一顾。“我们不认为会有这么一群豪华汽车司机待在停车场或者机场，随时等待调度员的召唤。”他说。

在特拉维斯·卡兰尼克来到餐厅加入对话之前，沃伯特与格雷夫斯的谈话还是愉快的。而特拉维斯则直言不讳地问道：“你打算进入豪华汽车市场吗？”沃伯特说他不会考虑。他认为这不是一个好主意，并认为如果公司开始为那些接受较低程度监管的出租车司机的竞争对手提供同样的服务，这种做法一定会惹恼那些使用 Cabulous 的出租车司机。那些司机也都知道沃伯特的住址，因为他之前一直在他位于棒球场附近的个人公寓亲自回答司机们提出的技术问题。“我们已经做出了选择。”他确定无疑地告诉另外两人。随后，格雷夫斯和卡兰尼克迅速离开了。

在接下来的几个月里，Cabulous 谨慎地与出租车魔法展开了周旋，拟定了扩张计划，并接连与出租车公司签订合约。与此同时，优步开始凭借其简洁优雅的应用程序与豪华汽车的用车体验积累人气和赞誉，并进一步吸引风险投资，最终将两家公司打得落花流水。

当沃伯特听说旧金山官方向优步发出了第一道印有瑞恩·格雷夫斯肖像的勒令停止函时，他认为这是公正的。监管是有目的的，出租车价格需要接受严格的管控，这样才能确保老年人也付得起从超市打车回家的费用。他知道价格更高的豪华汽车所接受的监管更宽松，但法律规定关于此类汽车的叫车服务其使用者必须提前预约，这就限制了其与出租车竞争市场的能力。

沃伯特认为优步用新技术打破了这一格局：优步允许乘客随时在线呼叫用车，就像他们可以在街上随手招呼出租车一样简单便利。

更令他反感的是，他发现优步使用 iPhone 作为计价器计算车费。传统上，计价器是由城市的计量部门进行统一校准并严格监控的，用于保护消费者免受价格欺诈。他与曾和他进行过友好对话的格雷夫斯在一起参加大都会运输署的一些会议时在电话里争论过这些问题。"嘿，不如我们别去管几十年来的监管规矩了！"格雷夫斯表示。而沃伯特则冲着对方大声叫道："这怎么会是一个好主意？"

"那我想我们没有什么可以继续讨论的了。"格雷夫斯说完就挂断了电话。他们此后再也没有说过话。

沃伯特于 2011 年离开 Cabulous，此时优步的市场占有率已经遥遥领先。他退出了竞争，以便公司寻找一个经验更丰富的首席执行官。多年后，公司更名为飞轮（Flywheel），作为联合营销协议的一部分，该品牌的标志开始出现在旧金山的迪索托出租车的车体上。如今，当沃伯特看到这个标志时，他仍然颇有感触。“虽然我可能没有因此而变得富有，但我仍然改变了这座城市的面貌，”他说，“这让我感到快乐。”

他承认也许选择与出租车司机和出租车公司合作是个错误，后者的发展受制于监管层面，并且很难抗衡优步带来的破坏性的威胁。“这就像观看鲨鱼吞噬一只海豹，”他说，“我们生活在一个强盗资本家的时代。如果你有足够的钱并且找到对的人，你就可以无视任何现有的规则，并且将此种做法作为一种公关的方式。如此，你就可以获得胜利。”

现在，他回到了IBM。当我们的谈话即将结束，他正要出门的时候，他发现自己也陷入了困扰德帕斯夸里的那个问题——他们未能抓住一个巨大机遇的事实即将被公之于众。

“请你不要毁掉我的职业生涯。”他如此说道。

糟糕的决定和不完善的技术还不是优步之前的那些初创汽车服务公司仅有的问题。

一家名叫沙发客的线上家庭住宿共享服务商在爱彼迎崛起的5年前就赢得了大量的支持和关注。导致这家公司最终走向失败的决定性因素不是坏的时机、创始人过于固执或者服务优惠太多，而是理想主义——在残酷的商业世界，理想主义是致命的。

沙发客的灵感来源于一个年轻而潦倒的程序员，他名叫凯西·芬顿（Casey Fenton），来自新英格兰。芬顿的商业愿景与后来布莱恩·切斯基和乔·杰比亚所表达的内容几乎是一致的，并且这一愿景完全体现在了公司颇具分量的使命宣言（“将人们联系起来，为人们提供振奋人心的体验”）之中。尽管爱彼迎（当时还叫“空中飞客”）与沙发客二者的名字听上去似乎都意味着不太舒适的睡眠，甚至可能会让你感觉到早上醒来时的一身酸痛。

与切斯基不同，芬顿在离异家庭长大，他在童年时期一直在新罕布什尔州和缅因州的两个家之间来回。他家里很穷，靠定期领取食品券维生，他是家里五个孩子中最大的一个。他尽自己所能早早地离开了家，在提前完成高中学业后就下定决心看看外面的世界，并立志过上“一种有趣的生活”。

20 世纪 90 年代末，还在念大学的芬顿随便买了几张机票准备前往世界各地旅行，他期盼旅行目的地的当地人可以好心地收留他住上几天。在开罗旅行期间，他和当地的一个出租车司机一起偷偷摸摸地爬上了一座古金字塔；后来他又去了冰岛，因为付不起当地青年旅舍 100 美元一天的住宿费，他便根据冰岛大学学生联络簿里列出的邮箱地址群发邮件，毫不掩饰地询问能否允许自己在对方家中的沙发上借住一宿。

芬顿在这些旅行经历中积累了各种神奇的与当地人交往的经验，他很想与全世界分享这些经验。在 90 年代末，他注册了 Couchsurfing.com 这个网站。在真正开始为推广该网站四处奔波之前的几年时间里，他在阿拉斯加政府工作，同时也为初创企业提供咨询服务。丹尼尔·霍夫尔（Daniel Hoffer），一名曾经酷爱旅游的哈佛毕业生，成为他的创业伙伴。霍夫尔曾招揽芬顿和他们的两个朋友为他做编程工作。

沙发客于2004年开业，吸引了一批喜欢各处游玩的年轻人。相比于积累财富，他们更乐于分享财富。类似于几年后出现的爱彼迎，沙发客的房东和客人需要在网站上填写自己的资料并在住宿期结束后互相评价。在提供这项服务的过程中，创始人充分运用了自己的智慧，在用户能够使用脸书档案关联身份的数年之前，实现了确认用户身份的功能。沙发客会要求用户提供信用卡信息，之后则会向信用卡关联的地址发送一张包含验证码的明信片。如果用户在网站上输入了正确的验证码，他就可以通过验证，完成注册。公司对这项服务收取25美元的服务费，这也是其创立几年来唯一的收入来源。

芬顿为他的公司注入了浪漫的理念。他并非仅仅将网站定义为一个提供住宿的交易平台，而是将其定位为旅客结识新朋友，体验新奇经历，从而使世界变得更温暖怡人的一种方式。为了践行他所宣扬的理念，他在新罕布什尔州将公司注册为一个非营利性组织。多年后，在旧金山市的有机植物咖啡馆（Plant Café Organic）呷着有机绿豆汤，他承认他当年或多或少有些天真。他说："当你不了解公司实体如何运作时，你就会这样做。"

因为非营利性组织的定位，沙发客那时并没有员工，也没有一个真正的办公场所。相反，它有数百名流动志愿者，他们会借助这个网站提供的服务在全世界游走，睡在彼此的沙发上。4位创始人则在他们各自的家里工作，芬顿和霍夫尔有一次曾挤在帕洛阿尔托的一处住所长达数月。这个新兴社区最活跃的成员偶尔会在泰国、新西兰和哥斯达黎加等地方一起住上几个月，努力对该网站进行改进。

到2008年，该公司已经拥有几十名正式员工和超过2000名志愿者，他们身处不同的时区而且流动频繁；公司的网站页面仍然难看过时而且十分不便于操作，但这也不足为奇。这之后不久，爱彼迎就应运而生了。

当时，新罕布什尔州政府刚刚向沙发客发布通知，说明了公司存在注册不当的问题，并告知公司不得继续享受免税待遇。创始人们对于公司的下一步发展无法达成共识。那个时候，丹尼尔·霍夫尔已经从商学院毕业，并在硅谷的安全软件公司赛门铁克担任产品经理。他曾想说服公司的联合创始人让公司的组织性质转变为营利性质，并向客人收取留宿的费用，以此为公司带来一些实际的营收。

而芬顿坚决反对这么做，他认为纯粹的体验不应该掺杂主客之间的金钱交易。相反，他付出了长期且代价高昂的努力，将在新罕布什尔州注册的非营利性公司转变为一个在联邦税收法相关规定下可免除赋税的非营利性机构。

“人生是短暂的，”芬顿在接受采访时这样解释他的想法，“我想做有意义的事情。赚钱很简单。如果你只想着赚钱，那也没问题。但是我想做一些我觉得更有趣的事。”

霍夫尔认为爱彼迎将成为沙发客的潜在威胁。2008 年，在爱彼迎进入 YC 孵化器之前，切斯基和乔·杰比亚还活跃于旧金山市，向他们能够接触到的专业人士寻求商业建议。海军陆战队出身的风险投资家佩奇·克莱格将他们介绍给霍夫尔。就这样，在一个晚上，他们三人相约在旧金山市教会区的一家比萨店见面。

切斯基和杰比亚向霍夫尔请教了不少关于沙发客的问题，比如如何让睡在同一屋檐下又彼此完全陌生的人们建立信任关系。晚餐的气氛是友好的，但霍夫尔感觉到的是他们有麻烦了。“他们切入问题的角度很有灵性，他们看起来也很聪明。我当时就感受到了来自他们的威胁。”他说。

切斯基后来告诉我，沙发客给他的印象并不深刻。“我多年的产品开发经验让我明白一个道理，哪怕有 50 家企业同时做一把椅子来卖，我们也不会担心，因为只有做得最好的才能笑到最后。”他认为，沙发客就像一把制作水准十分业余的椅子，它设计混乱，缺乏待客观念，甚至没有支付系统。“对我来说沙发客和爱彼迎完全是两码事。”他说。将二者进行比较“就像是在说每一件家具都是一样的”。

在那次晚饭后，霍夫尔给芬顿和其他合伙人打了电话，恳求他们放弃公司的非营利性质。但其他人再次拒绝了霍夫尔。他们都厌倦了就这一问题进行的反复争论。

若干年后，他只能徒劳地反思当时为何没有将这个假设付诸现实。切斯基和杰比亚需要一位导师兼伙伴，如果沙发客的创始人能与他们建立起这种关系，他们就能优先接触到这个巨大的机会。“我把我对凯西和其他创始人，以及对沙发客的忠诚放在了首位。”霍夫尔在他目前工作的风投公司的会议室向我缓缓道来，“所以……这就是一个选择。虽然这个选择可能让我丢了 10 亿美元。”

沙发客后来的故事也进行得并不顺利。2010 年，霍夫尔接替芬顿担任沙发客的首席执行官。美国国税局拒绝了该公司的免税申请，仅仅基于一个常识判断：公司为用户节约旅游住宿费用的行为，并不能促进文化的交流或者让世界变得更美好。

突然之间，沙发客不得不开始筹集资金以承担公司转变为营利性组织后需要缴纳的欠缴税款。他们从一群投资者那里募集了 760 万美元的资金，而领投的正是基准投资公司，后者认为这是一个与爱彼迎在突然走俏的房屋共享行业展开竞争的机会。

作为基准投资公司在这笔交易中的合作伙伴，前脸书高管马特·科勒尔（Matt Cohler）也意识到这不是一笔好买卖。在完成公司营利性质的转化后，他解雇了霍夫尔、芬顿，以及公司大部分的员工和所有的志愿者。为此，沙发客的那些狂热用户在各大网络论坛发表了大量尖刻的评论，而沙发客本身的热度也被爱彼迎超越。继任的沙发客首席执行官也只坚持了不到两年的时间。

这里还有一个创业故事要讲。这个故事的主人公是一家叫作 Zimride 的公司。

正如易趣为人们售卖被束之高阁的无用物件提供了平台，克雷格列表允许人们在其网站上出售二手车、日式床垫，甚至他们的业余时间（用来打零工），Zimride 的创始人意识到，同样的道理也可以套用于长途旅行中空闲的车内座位。Zimride 从未真正获得主流关注，但后来，在硅谷和世界各地的初创企业所进行的生存混战中，它扮演了一个不可忽视的重要角色。

故事要从洛根·格林（Logan Green）讲起。格林是一名年轻内向的软件工程师，成长于 20 世纪 90 年代的洛杉矶，对当地混乱的交通状况有深刻的认识。在高中时，格林得到了一份为著名电子游戏人诺兰·布什内尔（Nolan Bushnell）工作的兼职机会，后者是雅达利（Atari）的创始人以及苹果公司的联合创始人乔布斯的第一个老板。格林在嬉皮风盛行的圣塔莫尼卡新道高中上学。那几年，他每天都开着他那辆破旧的 1989 年版沃尔沃 740，穿越拥堵的城市街道，通勤前往布什内尔在普拉亚德雷的游戏公司 uWink 工作。

通勤路程一共只有 6 英里，但差不多要花费半个多小时。“我只记得当时有一种看到每个人都被困在路上的感觉。”他告诉我，“数千人朝着相同的方向前进，每个人都开着一辆车。我想，如果我们能让一辆车载上两个人，那路上的车辆就能减少一半了。”

格林是如此地讨厌南加州的交通状况，因此当他进入加州大学圣塔芭芭拉分校学习时，他决定将他那辆破旧的沃尔沃汽车留在家里，选择使用公共交通出行。“我想试试自己的能耐，去了解出行这个领域的真实状况。”他说。2002 年，在他大学二年级的时候，他听说有一个叫 Zipcar 的东岸汽车共享俱乐部，允许会员在不必自己拥有车辆的情况下自行借用俱乐部的汽车。

在未能说服 Zipcar 在圣塔芭芭拉提供汽车租借服务之后，格林在他的学校发起了一个汽车共享项目。他设法说服学校购买了一小批丰田普瑞斯汽车，又设计了一套系统让学生可以在网站上租借汽车，并通过专门的射频身份卡和接入密码打开车锁。他为这个项目花费了两年时间，有数千名学生使用了他的系统。

不过，对于格林来说，每次回到洛杉矶的家中度假并看望他的女朋友（也是他后来的妻子）伊娃的经历，仍然像一场冒险。在等候长途汽车的乘客队伍中，他可能会遇到刚刚从监狱释放的囚犯，每个人都背着他们装满行李的编织袋。他还尝试过克雷格列表，在“共享乘车”（ridesharing）一词广泛流行之前，该网站已经开设了一个“共乘”

频道。虽然他所经历的几次长途共乘总体来说体验不错，但格林从未在出行过程中感到完全放松——与一个陌生人共乘一辆车，总归是令人不安的。

有了这些经历，格林得以成为圣塔芭芭拉交通局最年轻的成员，并在其中对公共交通系统严峻的经济和政治形势有了深刻的了解。公车出行费用的 70% 来自城市的财政补贴。公共交通的服务质量低下，但每一次关于提高票价和增加销售税的尝试基本上都会在当地的反对声中折戟沉沙。

2005 年的夏天，格林和他高中时期最好的朋友马特 · 范霍恩（Matt Van Horn）决定进行海外旅行。他们原本计划前往古巴，但在当时的美国，这属于违法行为。出于担忧，范霍恩的母亲建议他的儿子改去非洲，并表示愿意承担部分机票开支。

格林和范霍恩开始了他们长达一个月的非洲旅行。他们以南非为起始点，途经纳米比亚和博茨瓦纳，最终到达津巴布韦。出于某种创业者的宿命，两个年轻人对他们在维多利亚瀑布所看到的一切惊愕不已。津巴布韦非常贫穷，很少有人拥有私家车，所以当地人的主要出行方式是挤进无证出租车司机驾驶的面包车。“虽然秩序算不上好，但是效率的确很高。”范霍恩回忆道，“在每个座位都坐满人之前，车子不会开动，而且每个人都只需要付很少的油钱。”

2005 年秋天，回到圣塔芭芭拉的洛根 · 格林升入了大学四年级，关于拼车的种种思维碎片开始一点点在他的脑海中凝聚——克雷格列表上的共乘频道，维多利亚瀑布旁拥挤的面包车，公共交通系统的顽疾。他开始着手构建被他称为“Zimrides”（Zimbabwe rides 的缩写，意指

“津巴布韦出行”）的概念。当时，他的想法就是利用互联网来填满每辆车的空闲座位。

这个时机恰到好处。那年，冉冉上升的社交网络新星脸书开始允许其他互联网公司在各自提供的服务中使用其会员资料，这正是沙发客等提供类似共享服务的公司所缺失的关键要素。在对潜在乘客的真实姓名、照片和社会关系有了初步了解之后，人们会更乐意与他们分享自己的用车。2006 年 12 月，Zimride 的第一款应用程序“拼车”（Carpool）上线，该应用程序允许大学生在脸书上发布信息，指定他们的目的地，为他们寻找与其路线方向一致的拼车司机和乘客。

这款应用的影响遍及全国各地。刚从康奈尔大学毕业的一位学生在发现这款应用后便对它异常着迷。康奈尔大学酒店管理学院的学生约翰·齐默（John Zimmer）知道酒店生意盈利的根本是高入住率和无微不至的服务体验，而现有的交通系统不能满足其中的任何一个条件。“如果你将当前的公共交通和出租车看作一个酒店，那它肯定是你不愿意去住的那种，”他后来告诉我，“它一定会是一家失败的企业。”受 Zimride 拼车应用的启发，齐默通过一个朋友的关系结识了格林，而后他们在并未实际谋面的情况下决定搭伙创业。

两人在业余时间和范霍恩一起为这个项目工作。当时，范霍恩和另外一个研发人员一起搬到了亚利桑那州，并在那里就读法学院。当然，这只是一个小项目。他们在康奈尔大学推广了他们的应用程序，而那里的学生们很快地接受了它。他们还发现，在像威斯康星大学拉克罗斯分校这样的地方，由于很多学生会在假期前往麦迪逊（2 小时车程）或芝加哥（4 小时车程）等周边城市，这款应用很快就普及开来。后来，几位创始人开始直接向学校推广他们的服务。学校只需要每年支付几千美元就可以得到这款应用的定制版本。

受此激励，格林和齐默尝试在硅谷筹集资金。起初，没有投资人想和他们见面。但后来，出乎他们的意料，格林收到了一封来自易趣高管、天使投资人肖恩·阿加沃尔（Sean Aggarwal）的电子邮件，对方在信件中提出了投资意向。格林起初认为这是一个骗局，他让范霍恩陪他一起选择了一个公共场所与此人会面。这次会面约在了加州弗里蒙特的 Coco Chicken 炸鸡店，格林想知道阿加沃尔是不是一个真实存在的人。经过确认，阿加沃尔确有其人，并且愿意当场开了出一张支票给他们。那天他们聊了好几个小时，阿加沃尔也成为这家公司的第一个投资人和顾问。

现在，他们有了一点资金，并且得到了指导。用新注入的资金，约翰·齐默购买了一套青蛙玩偶服和一套海狸玩偶服。两位创始人准备亲自穿着它们在学校里分发 Zimride 的宣传气球。

2008 年夏天，齐默和格林搬到了帕洛阿尔托，住在一个离脸书办公楼不远的地方。对彼此而言，他们是身在异乡的陌生人，也是室友和同事。他们住在一栋公寓楼里一个狭小的两居室里，这栋公寓与未来雅虎的首席执行官玛丽莎·梅耶尔（Marissa Mayer）的后院相邻。在夜晚静坐时，他们可以听到梅耶尔家举办户外派对和颁奖礼的喧嚣声。当一些人的名字被喊到的时候，他们便会迫不及待地在谷歌搜索这些名字，看看他们到底是谁。

在这段时间，他们还目睹了齐默的前雇主，雷曼兄弟（Lehman Brothers），在市场崩盘期间迅速破产一事。随着经济状况的恶化，他们推断拼车软件会马上开始流行起来。“我们坐在那里想的是，这种状况对我们的生意来说是个大好事，”格林说，“但对寻找投资来说又是个坏消息。”

公司在第二年仍在茁壮成长。它引起了风投公司闸门基金一个合伙人的关注，这家投资公司曾因为布莱恩·切斯基在演示过程中网站瘫痪而错过了投资爱彼迎的机会。闸门基金显然已经认识到自己的错误。而 Zimride 公司的两个创始人同样意识到爱彼迎的声誉在不断上升，所以他们在对投资人做报告时大量借鉴了这个提供类似共享服务的创业公司的经验。为这两位创始人对拼车服务所能带来的经济和环境效益的激情，以及他们此前在面对实际经营中的种种困难时表现出的钢铁般的决心所吸引，闸门基金的一位合伙人安·柯浦（Ann Miura-Ko）领投了一轮 120 万美元的投资。

“我愿意帮助那些创业家，即使在股票下跌，事情进展不顺或者大家都不看好的时候，他们仍然展现出了对梦想的热爱，并且有足够的激情去坚持他们所认定的东西。”安的合伙人小迈克·梅普斯（Mike Maples Jr）说道，“创业总是被浪漫化，但是大多数人对如何将自己的想法变成现实一无所知。”

尽管有了新的资本注入，Zimride 依然在按照原本的计划谋求发展。创始人将拼车服务向新一批大学和一些公司推广，比如沃尔玛（他们设计的口号是：“每天用 Zimride 拼车上班！”），并开办网站将服务推向普通民众。公司又在几座主要城市之间增设了一些巴士线路，例如往返于洛杉矶和旧金山的线路，以及从市区到科切拉音乐节、波纳若音乐节所在地的线路。有时候，齐默和格林甚至会亲自开车接送乘客。

2011 年，他们从另一些风险投资人那里又筹集了 600 万美元的资金，并将办公地搬到旧金山以时尚前沿著称的市场街南区。整个硅谷的重心正因为该区日益崛起的初创企业开始向北偏移。

但在格林和齐默进行了几次坦诚的交流之后，他们不得不承认 Zimride 还没有强大到足以改变这个世界。只有当买家和卖家以过去不可能实现的方式实现了相互匹配，并且每个人都节省了时间和金钱之时，互联网共享平台才可能茁壮成长。而即使是最热情的拼车族，其每年使用 Zimride 的机会也寥寥无几。这项服务能够帮助他们寻找同伴旅行者，但最多也只是取代了克雷格列表和大学校园里破旧的布告栏，除此之外就没有什么别的用处了。“我们有宏大的愿景，但它没有得到正确的执行。”格林如此说道。

所有出局者犯过的致命错误都在 Zimride 上集中出现了。几位创始人太温柔了。他们是理想主义者。他们的想法过于超前——智能手机的普及以及社交网络的浪潮在当时刚刚蓄势待发。但他们也很务实，他们相信那个被称为“支点”的硅谷概念。只要有资金在银行里，改变商业模式并寻求更有利可图的市场永远不会太迟。

2012 年年初，公司创始人和他们的工程师在三周的时间内频繁开会，讨论下一步的动向。他们对优步的豪华汽车业务的成功印象深刻，因而对开发移动版本的 Zimride 感到十分兴奋，因为它能够帮助普通市民在一天中的任何时间、在城市中的任何地点分享他们的汽车闲置座位，而非只能在长途旅行或日常通勤时分享。受他们团队中一名员工工位装饰中的那个巨大橙色毛毡胡子的启发，约翰 · 齐默决定给每个平台上的司机分发一个粉红胡子装饰物，用于装饰他们的汽车围挡；

这个胡子装饰物会让这些提供 Zimride 服务的汽车更显眼，并且，对那些对坐上陌生人的汽车心存芥蒂的人来说，这个装饰也显得很友好。

一开始，他们将新上线的服务称为“Zimride Instant”，之后，他们将它的名字改成了一个更具吸引力的词：Lyft。

但让我们先放下 lyft，回溯时间，看看同一时期，爱彼迎在做些什么。

04

增长黑客：爱彼迎的腾飞

孩子，互联网上没有人会付给你 1000 美元。

——保罗·布莱卡斯亚克对他的儿子内森如此说道

格雷格·麦卡杜认识所有这些毫无成功希望的人。在一年半前，与爱彼迎的创始人进行了一次会面之后，这位出生于纽约市的风险投资人对如何整合、精简闲置房屋租赁市场产生了顿悟。旅游行业的小企业主，包括准备出租其闲置房屋的房主，通常只有在当地打广告的预算，而互联网可以让他们接触到世界各地的旅行者。

为研究这个议题，他访问了超过 6 家提供线上闲置房屋租赁服务的互联网公司，如 LeisureLink、Escapia 等，并开始特别关注 HomeAway，一家位于得克萨斯州奥斯汀市的公司，它吞并了多家类似 VRBO 的竞争对手，并致力于创建一个大型闲置房屋租赁网站。麦卡杜花了近一年的时间考察这些公司，但他没有看到它们中的任何一个开发出了特别新颖的运营方式。“这是一个非常细分的市场，你永远不清楚它应该如何在互联网上呈现。”许多年后他谈道，“坦率地说，我已经放弃这个领域，向前走了。”

2009 年年初，他与 YC 创始人保罗·格雷厄姆一起喝咖啡，并讨论起了创业者需要具备的意志力这个话题，而格雷厄姆指着房间里爱彼迎的创始人说，他们就是最佳范例。

那天，麦卡杜向布莱恩·切斯基、乔·杰比亚和内森·布莱卡斯亚克介绍了自己，他为爱彼迎的运营方式深感震惊。众多闲置房屋租赁初创公司的创始人都致力于为旅行者提供更好的体验，而爱彼迎的创始人则试图为房东提供更好的服务。这是麦卡杜及其在红杉资本的合伙人与爱彼迎的创始人在接下来的几个月里召开的众多会议的第一个。借助这些会议，硅谷著名的初创公司孵化器 YC 将从根本上改变这家苦苦挣扎的公司的前景。

实际上，爱彼迎只是勉强获准参加 YC 那年冬天的项目，这部分得益于其不可思议的麦片策略。在爱彼迎的几位创始人获准加入 YC 的创业项目后，布莱卡斯亚克充满歉意地与他在波士顿的未婚妻暂别，搬回了劳斯大街的公寓，并在客厅的沙发上安顿下来。三人驱车 45 分钟到达 YC 在山景城先驱大街的办公室。

在创业孵化器 YC，切斯基、杰比亚和布莱卡斯亚克经常拜访格雷厄姆，他是硅谷最接近《星球大战》中那位尤达大师的人物了。自从在第一个互联网繁荣时期将自己的电子商务公司 Viaweb 出售给雅虎后，他所说的很多话都已成为创业箴言，例如：“一百个人爱你，胜过一百多万人有点儿喜欢你”，“不要担心竞争对手，创业公司通常死于自杀，而非他杀”。格雷厄姆当时 40 岁出头，浑身上下都像是在说“我不在乎你们的社会习俗”：他的日常工作穿着就是一条短裤、一件 Polo 衫和一双凉鞋。

当时，全球经济千疮百孔，失业率飞涨，因此格雷厄姆的建议比平时更发人深省。有一次，他提醒爱彼迎和同期参加那次创业孵化项目的其他 15 家初创企业：投资者受到了惊吓，因此各位创始人必须确保自己的演示文稿里至少包含一张带有一条呈急剧上升趋势的折线的图表，以表明公司的利润在增长。而爱彼迎当时几乎没有任何营收，更别说利润增长，于是几位创始人只好拿这张假想图表开了几句玩笑，并将它贴在劳斯大街公寓浴室里的镜子上。

尽管当时美国的经济状况堪忧，几位创始人仍然下定决心做出他们命运中最重要的转变。他们坚持每天晚上向格雷厄姆及其他的工作人员请教。“在那里，我们都是打破砂锅问到底的学习者。”切斯基说道。

格雷厄姆仍然对家庭共享的概念持怀疑态度，他问了一个直率的问题：这个网站曾经在任何地方实现了它的作用吗？“纽约市区，”创始人回答说，“大约有 40 人愿意提供自己的房子短期租赁给用户。”“那么你们还坐在这里干什么呢？走出去跟这些人交流。”格雷厄姆说。

于是，留下布莱卡斯亚克在公司编代码，杰比亚和切斯基在一个周末飞往纽约，开始会见房东。一个显而易见的问题是，房东并未以有吸引力的方式在网站上展示他们的房子——他们上传的照片模糊不清，通常是用老一代手机随手拍下的。他们将观察到的问题向山景城的导师进行报告。对此，格雷厄姆提到了他在运营 Viaweb 时遇到的类似挑战——当时他不得不告诉那些天真的零售商如何在互联网上销售东西。“他们需要做的就是，教房东推销他们自己的房子。”格雷厄姆说，“这就是爱彼迎当时缺失的要素。”

在那个关于爱彼迎的人们业已耳熟能详的故事中，那年冬天，切斯基和杰比亚定期在周末回到纽约，而在那之前，他们会给房东发电子邮件，告诉他们网站将免费为他们提供专业的摄影师。

有一次，他们租了一台昂贵的相机，艰难地在雪地里跋涉，挨家挨户地敲门，给房主的卧室和后院拍照。“我们有预算压力。我记得我们仔细考虑了每一笔费用，例如三脚架的质量，以及我们是否要找一个更好的替代品，等等。”杰比亚说。

按照硅谷的说法，这种活动无法“规模化”。他们的时间使用是非常低效的。但是，这项行动促使几位创始人开始关注他们早期用户的需求，并认识到大画幅的、颜色明丽的房屋照片以及展现房东良好个人形象的照片能在很大程度上优化网站的使用体验。“保罗是第一个愿意倾听我们说话的人，他说我们可以去做那些可能无法规模化的事情，我们可以打破硅谷的神话，”杰比亚说，“我们可以思考如何创造性地发展业务。”

2008 年到 2009 年的那个冬天，杰比亚和切斯基跑了很多的路。他们通常在纽约度过周末，周二早上飞回旧金山，而布莱卡斯亚克会在机场接他们，然后他们三个人迅速回到山景城以便能赶上 YC 每周的晚餐会。“他们从来不迟到，总是第一个出现最后一个离开。”格雷厄姆说。他开始相信他们——首先是因为这些创业者全身心投入于他们的事业，然后是因为慢慢地开始接受这个概念本身。“今天气垫床的情况如何？”这是他对他们的标志性问候。

但是格雷厄姆仍然难以摆脱这种怀疑：人们真的会在充气床垫上睡觉吗？最终，他将爱彼迎认定为是“易趣级别的商业计划，只不过交易的商品是空间”，并敦促几位创始人对标易趣这个拍卖巨头来考虑其品牌的定位。在创业孵化项目结束之前，几位创始人已经将他们的网站从 Airbedandbreakfast.com 更名为缩写版的 Airbnb.com。

格雷格·麦卡杜也对这个概念感到兴奋。在租赁市场，没有人花时间拜访真正的房东并调查他们的需求，没有人像他们三个人一样灵活运用了新兴的社交媒体工具，如社区聚会组织平台、线上点评平台和推特。

在其他投资竞争对手有机会一窥爱彼迎之前，麦卡杜已经抢在创业孵化项目最终的演示日之前迅速行动，向这家公司介绍了他在红杉资本的一些同事。他们提出了一些很有先见之明的问题。

“你考虑过它的合法性吗？”红杉的长期合伙人马克·克瓦姆（Mark Kvamme）问道。

麦卡杜相信现在就去判断这个创新项目是否与现行的酒店行业监管法规有矛盾之处还为时过早。“这家公司是否能成功，要看它是否为消费者带来了好处。”他当时对克瓦姆这么说。

在演示日的前一天，麦卡杜回到了 YC 的办公室，并在一间侧室中与创始人达成协议，说服他们不要在台上展示他们已经准备好的演示文件。红杉资本，硅谷的招牌公司之一，用 58.5 万美元的投资换取了这家已经苦苦挣扎了一年半、尚未接受充足检验的小型初创公司大约 20% 的所有权。在不远的未来，随着红杉资本参与该公司的后几轮融资，爱彼迎将成为红杉资本迄今为止最赚钱的一项投资，其投资回报率甚至超过了红杉资本的核心投资项目：谷歌和聊天服务软件 WhatsApp。2016 年 12 月，爱彼迎的市值为 450 亿美元。

但是在 2009 年 3 月，爱彼迎距离成功仍然很遥远。在创立公司一年多以后，爱彼迎从 YC 毕业，创始人回到劳斯大街生活和工作，面临着许多和前一年相同的挑战：对于大多数旅游目的地，网站上的闲置房屋数量都非常有限，收入和房源增长乏力。

这家初创企业并没有解决线上交易平台类企业的创始人所面临的“是鸡生蛋还是蛋生鸡”的棘手问题。由于拥有的房源相对较少，他们的网站只能吸引极少的几个试图寻找旅游住宿的客人。客人的稀缺未能激发潜在的房东接受在互联网上向完全陌生的人提供住宿这一非传统观念。

爱彼迎的创始人喜欢谈论他们第一年为引爆市场所做的一些笨拙的尝试，但其中没有什么尝试能够为公司最终实现起飞这件事提供完全的解释。例如，在布莱卡斯亚克留下来编代码的时候，切斯基和杰比亚飞往纽约、拉斯维加斯和迈阿密等城市继续努力寻找新的房源，与他们能找到的所有的房东会面，希望借此吸引到网站的第一批房主用户。

在一次爱彼迎创始人与投资人的会议上，麦卡杜提出了另一个促进公司发展的建议：说服那些有大量房源的物业管理公司入驻网站。那年夏天，切斯基聘请了三个销售实习生专门给这些公司打电话。接下来，他和杰比亚于2009年的秋天访问了欧洲。在巴黎，他们住在一个迷人又热情好客的巴黎当地人的空房间里。在切斯基的记忆中，这是一次神奇的旅行。接下来的一周，他们去了伦敦，住在一个已在一家物业管理公司登记注册过的房子里。这一次房东没有露面，这让他们两人感到很无聊。“我没有感受到关爱和照料，我认为这不符合爱彼迎所倡导的精神。”切斯基说。

他回到旧金山，叫停了电话推销业务。后来，关于爱彼迎是否要将物业管理公司清理出网站成为一个极具争议的话题。实际上，这类机会主义者不管怎样都会涌进网站。城市将被迫考虑如何对付它们，以及是否要像管理传统酒店一样管理爱彼迎。

创始人的工作似乎在很多方面都进展缓慢。麦卡杜还记得他认为他们有点儿“太过于节俭”，不愿去花费他们新筹集到的风险投资。而考虑到后来爱彼迎在全球各地精心打造公司办公场所时表现出来的挥霍无度，这很是讽刺。“一方面，这真是太棒了，”谈到银行里的大量余额时，麦卡杜对他们说，“另一方面，伙计们，我们需要把钱拿来开拓业务。”他们对招入新员工这件事同样表现得如履薄冰，甚至在最初拒绝了雇用客服人员。（当时，打爱彼迎网站所公示的唯一一个电话号码会直接转到杰比亚的个人手机。）创始人花了6个月的时间寻找公司的第一位全职工程师，他们最终选择了YC校友尼克·格兰迪（Nick Grandy），后者为此放弃了自己此前的创业项目。

格兰迪于2012年离开爱彼迎。他还记得他们曾在公寓客厅的一排桌子上工作，而且在最开始的时候常常被销售实习生给房东打电话时的喋喋不休打扰。他记得爱彼迎早期遇到的一个挑战是鼓励房东在网站上回复客人的信息。而他们给出的解决方案就是统计房东的答复率，如“房东答复了 75% 的信息”，该信息会显示在房东的主页上。

创始人每周工作 7 天，但几人相处和谐，即便是工作场合也充满了搞怪的乐趣。他们偶尔会去健身房或在屋顶上闲逛。他们每周都会去福尔松大街附近的公园放松一次，踢踢球或者玩玩捉人游戏（game of tag）。在周五，他们通常会去酒吧喝个尽兴。

最终，他们招揽了 10 名员工一起在这个拥挤的公寓工作。为了保护隐私，切斯基只能在楼梯间面试候选人；员工则不得不在盥洗室接听重要的电话；卧室也变成了办公室。杰比亚一直睡在地板上的一张充气床垫上，直到他在大楼里租了另一个公寓。而切斯基则开始完全依靠房东在自家网站上发布的闲置房间生活，他所有的行李只用一个手提箱就能装下，他甚至曾在一艘停靠在湾区港口的挪威破冰船的船长宿舍住了一个月。他丢下了他的本田思域汽车，每天通过优步叫车前往爱彼迎所在的公寓楼。当时，这个时髦的叫车服务一下子就在整个旧金山流行了起来。“爱彼迎的员工对优步那简洁优雅的应用程序惊奇不已。”格兰迪说，“它启发了我们的团队在 2010 年首次开发出了 iPhone 版的爱彼迎应用程序。”

切斯基的工作在缓慢推进，但与此同时，他也因为他想象的成功没有很快到来而感到沮丧。“我每天都在边工作边思考，为什么成功不能更快地发生呢？”他对我说，“当你创立了一家公司之后，它永远不会以你想要或期望的节奏运行。你想象一切都会是线性发展的，‘我想要这样做，然后事情就会这样发展’。你想象了公司前进发展的每一个步骤。然后你开始了，创业了，你认为每个人都会关注你的事业。但是没有人在乎，甚至连你的朋友也不在乎。”

为了理解最终点燃爱彼迎爆发式流行的火花究竟是什么，我们必须深入了解内森·布莱卡斯亚克——这位高大的、看似镇定的工程师，这位在他的合作伙伴环游世界时总是留在后方的联合创始人。

布莱卡斯亚克当时只有 24 岁，但他很早就被视为一个技术天才了。他使用了当时最前沿的开源编程语言 Ruby on Rails，以一己之力完成了整个网站的编码。他设计了一个灵活的全球支付系统，这个系统能让爱彼迎使用贝宝等多种在线支付服务向客人收费，并在扣除公司佣金后将剩余的费用汇给房东。他还预见性地使用了亚马逊当时刚刚开设的网络服务托管网站，这个电子商务巨头允许企业只在其需要的时候通过互联网远程租用亚马逊的服务器，这项服务在节约成本和提升效率方面的巨大优势将推动整个新商业浪潮的发展。

“乔和我都有疯狂的梦想和愿景。”切斯基这样评价他的联合创始人，“而在不影响愿景本身的前提下，内森总能找到一种方法，将疯狂而不切实际的想法变为可能。”

但这还不是布莱卡斯亚克才华的全部。

内森·安德伍德·布莱卡斯亚克出生于波士顿，他的母亲是一个家庭主妇，他的父亲是当地一家工业设备制造公司的电气工程师。布莱卡斯亚克的父亲保罗教导他和弟弟要始终保持好奇心，勇于探索世界万物是如何运行的。他会让孩子们在家里做一些机械方面的手工作业：他会把废弃的设备带回家，例如一台旧的施乐复印机，然后让他们在后院把它拆开。“对我们家族的人而言，工作不分大小。”他会对他的儿子们这么说。

不久，年轻的内森就被电脑迷住了。据他的家人回忆，在他十二岁那年，一天，他从中学回家，从父亲的书架上拿了一本关于计算机语言的书，如饥似渴地读起来。他甚至在圣诞节要了一本关于微软的编程语言 QBasic 的书作为礼物，并在三个星期内就读完了。

在读波士顿公立高中时，布莱卡斯亚克热衷于越野跑，学习成绩优异，但是在家里，他过着远离传统的生活。在学会编写代码后，他开始编写越来越复杂的计算机程序，并将它们发布在互联网上，接受使用者的自愿捐赠。他早期编写的一个软件共享程序让计算机用户可以在其桌面粘贴数字便签。后来，他编写的另一个程序与当时的一个主流网站美国在线（America Online，简称 AOL）进行了对接，该程序为程序员提供了一个向美国在线的会员的电子邮箱和即时通信账号发送网络消息的渠道。

在布莱卡斯亚克发布这个程序不久后，他便接到了一个电话，对方表示他在互联网上看到了这个程序。这个人承诺给布莱卡斯亚克 1000 美元，要求他写一个类似的可以发送电子邮件的工具。当他把这件事告诉他的父亲时，他的父亲，保罗·布莱卡斯亚克回答说：“儿子，互联网上没有人会付给你 1000 美元。”

尽管如此，布莱卡斯亚克仍然编写了程序并拿到了钱。后来他发现，他的客户本身就是受雇于他人开发这个软件的，对方只是将这份工作外包给了他（而且很可能赚了不止 1000 美元）。这个客户随后将内森介绍给了他的客户以及其他潜在的客户。突然间，布莱卡斯亚克通过为这个新兴行业编写各种工具获得了可观的收入。从业者给这个行当起了一个看似无害的名称——“电子邮件营销”。当然，后来整个世界都意识到它就是垃圾邮件。

在整个高中和大学期间，布莱卡斯亚克一直在为垃圾邮件的制造者们编写定制化工具。他最终开发了一整套电子邮件营销产品以帮助他们组织、协调各种宣传活动，并与那些拼命试图解决垃圾邮件泛滥问题的互联网服务提供商周旋。订单滚滚而来，金钱自然也是。他在不同时期为他的个人公司起了好几个不同的名字，包括“数据矿工”（Data Miners），以及后来的“全球领先”（Global Leads），后者是他在 2002 年于马萨诸塞州创建的，当时他在哈佛大学的第一学年刚刚结束。起初，他不能接受垃圾邮件制造者们用信用卡支付他的报酬，他会让他们在他的网站上输入其银行账户详细信息，然后，他会将这些银行账户的号码打印出来，一一标注每位客户应当支付的金额（通常大约在 1000 美元），之后将收到的汇款拿去银行存起来。“令人惊讶的是，这完全是合法的。”他带着喜悦叙述他早年的成功，“我简直是在印钞票！”

他会在每个星期及每个季度给他的父母看公司最新的财务报告。当然，保罗和希拉·布莱卡斯亚克对此感到非常困惑。“这是一个全新的世界，”布莱卡斯亚克说，“互联网刚刚诞生。我认为没有人真正知道会发生什么，或者知道它是怎么回事。”

布莱卡斯亚克说，垃圾邮件运营这项业务让他赚了将近 100 万美元，足够他支付在哈佛大学上学的学费。但这笔生意也给他带来了一个污点，他被一家名叫“著名垃圾邮件运营商登记簿”（Register of Known Spam Operators）的网站列入黑名单。该网站由伦敦当地一个名为Spamhaus的反垃圾邮件组织负责运维。在介绍“数据矿工”的页面上，Spamhaus称布莱卡斯亚克常用内森·安德伍德和罗伯特·博克斯菲尔德等名字，并且似乎已经开发出了可以借助中转邮箱账户向大量账户匿名发送垃圾邮件的服务。据Spamhaus报告：“数据矿工（又名：内森·安德伍德·布莱卡斯亚克）是中转邮箱账户的主要来源之一，它为垃圾邮件制造者们提供了相应的工具以定位并充分利用这些中转账户。”

布莱卡斯亚克说，2002年，他关闭了他的生意，并决定集中精力应对大学学业，因为工作占据了他太多的时间。据他在哈佛大学的一位同学后来回忆说，布莱卡斯亚克曾告诉他，他收到了来自美国联邦贸易委员会关于他此前所做工作的警告信。（不过布莱卡斯亚克本人并不记得此事。）

在进入爱彼迎工作多年后，他在自己的办公室与我谈到了上面这些经历，并且，对于自己是如何赚到第一桶金的这件事，他毫无歉意。“所有的一切都是新的。”他说，“坦率地说，并没有法律对这门生意做出规定。”严格意义上来说，这句话说得没错——直到2003年，《联邦反垃圾邮件法案》（Federal CAN-SPAM Act）才最终通过，其裁定发送或帮助发送垃圾邮件为犯罪行为。但在此法案颁布前的很多年，垃圾邮件就已经是一个众所周知的灾难了，它让电子邮件用户挫败不已，也让互联网公司不堪重负。

“这也属于充当先驱的一部分，”他说，“创造新事物不仅仅是令人兴奋的，它还关乎探索新领域并意识到其中存在着许多的不确定因素。这个道理在今天尤其正确，而且它已经在爱彼迎得到了证实。爱彼迎所创建的是一个全新的概念，关于它的规则还没有完全建立起来。”

当内森·布莱卡斯亚克从大学毕业的时候，他不仅成长为一名技能超凡的程序员，而且化身为一个硅谷新英雄：增长黑客。增长黑客能够利用技术手段找到聪明但往往饱含争议的方法来提高其产品和服务的用户量。事实证明，布莱卡斯亚克在此领域表现非凡。

内森的存在让爱彼迎在从 YC 创业孵化项目毕业后的一年里实现了神秘崛起这件事变得容易理解了很多。其他两家闲置房屋租赁服务商的规模显然更为庞大：其一为沙发客，但沙发客仍在非营利性质的限制下苦挨，其二是克雷格列表，这块颇为流行且实用的线上广告牌近 13 年来始终没有做出多少改变。克雷格列表的用户群体规模巨大，2009 年，仅在美国，其网站的月均独立访客数量就达到了 4400 万，而关于公寓出租和房屋共享的频道在 570 个城市始终保持着较高的活跃度。

在认识到这一事实后，爱彼迎设计了两个聪明又带点儿狡猾的计划，希望以此夺取克雷格列表占据的优势。虽然爱彼迎一直试图将这些项目的影响降到最低，但这些项目的每一个都烙下了内森·布莱卡斯亚克的鲜明标志。

2009 年下半年，从 YC 毕业的几个月后，爱彼迎似乎建立起了一种新的营销机制，即自动将电子邮件发送给那些在克雷格列表上发布房屋出租信息的人，甚至发给那些已经明确指出不想收到骚扰信息的人。如果待出租公寓位于圣塔芭芭拉，那么这封电子邮件就会这样写："嘿，我给您发送电子邮件，是因为您在克雷格列表上表示您有一栋位于圣塔芭芭拉的很棒的公寓准备出租，我想推荐您将信息发布到圣塔芭芭拉最大的房屋租赁网站之一爱彼迎。这个网站每月有 300 万的页面浏览量。"除了城市名以外，所有这些邮件的内容都是相同的，其发件人的邮件地址通常是一个 Gmail（谷歌邮箱）账户，并且邮件的末尾总会署一个女性的名字。

戴夫·古登（Dave Gooden），另一位在线房地产企业的创始人，察觉到了爱彼迎在 2010 年人气一路飙升，并对它产生了好奇。他怀疑其中有诈，于是亲自在克雷格列表上发布了一些假的房源信息。之后，在 2011 年 5 月，他写了一篇博客文章说明了他所发现的事实，并进行了总结：爱彼迎统一注册了一批 Gmail 账户，并建立了一个系统自动向在克雷格列表上发布房屋出租信息的每个人发送垃圾邮件。他将爱彼迎的行为描述为邪恶的"黑客操作"。"克雷格列表是为数不多的几个仍有漏洞可钻的规模较大的网站，"他写道，"当你进行这样的黑客操作时，你每天都可以轻易接触到成千上万的目标用户。"

在古登发布了这篇文章后，一些技术博客转载了这个故事，这让爱彼迎被迫采取守势。爱彼迎给出的解释是，它聘用的一些第三方营销服务承包商才是给克雷格列表用户发垃圾邮件的始作俑者。"你能从中得到的一个教训是，你必须与你共事的人保持密切的联络，并对其进行持续的管理和指导。"在古登的博客文章发布后，当我在一个行业活动中问切斯基关于此事的看法时，他这么对我说。

几年以后，布莱卡斯亚克又向我提供了关于此事的更多细节信息。

他们通过外包服务平台 eLance 聘用了一个国外的营销服务承包商，并按照其吸引来的新注册房东数支付费用。“许多公司都是通过在克雷格列表寻找细分用户发家的，在积累了一定量用户的基础上，它们会另起炉灶，建立一个使用体验更好的网站来抢夺克雷格列表的用户，从而实现公司的进一步发展。”他说。他还强调，他在克雷格列表上花费的努力并未奏效，因为克雷格列表的用户通常并不意在寻求外地游客短暂租住他们的房间，更多的是在找长期室友或长期租户。“这个计划并没有真正推动任何有意义的业务发展。”他说。

但他们的另一个计划则效果明显许多。在向克雷格列表的用户发起大规模电子邮件攻势的几个月后，爱彼迎尝试了一种新的策略。与试图将克雷格列表的用户吸引至爱彼迎的做法正好相反：爱彼迎允许自己的用户在网站发布经过精心排版的房屋信息，然后，只需简单点击分享按钮，同样的信息就可以直接发布在克雷格列表上。“将你的房屋信息从爱彼迎分享到克雷格列表，能让你平均每月增加 500 美元的收入。”爱彼迎如此向潜在的房东用户进行宣传，“通过将你的租房信息同时发布到克雷格列表上，你的信息将被更多的潜在租客看到，同时仍然能够使用爱彼迎提供的工具来管理和控制你收到的租房请求”。

按照切斯基的说法，这个办法来源于他们的顾问迈克尔·赛贝尔，这对公司而言是一件幸事。此种做法开创了爱彼迎通过打造更具视觉吸引力的能够发布在克雷格列表上的广告实现发展的模式。实际上，他们成功地用此种做法将无处不在的爱彼迎广告嵌入其最大竞争对手的网站。“这是一种很新奇的营销方式。”布莱卡斯亚克说，“没有其他任何一家网站实现过如此完美的产品整合。这一举措对我们来说是相当成功的。”

其他增长黑客也注意到了爱彼迎的这一举措，并对其中包含的精妙技术赞不绝口。克雷格列表网站在数百个城市有不同的版本，每个版本的网站都有不同的网站域名和菜单格式。而布莱卡斯亚克设计了一种方法，让爱彼迎可以将房屋信息无缝衔接地发布到目标网站。“这是一种简单而深入的产品整合，它是近年来我所见到的最令人印象深刻的点对点整合作品之一。”另一位增长黑客安德鲁·陈（Andrew Chen，后来在优步任职）在一篇博文中不无欣赏地写道，“显然，传统的营销人员很可能想不出这样的办法，甚至不知道存在这样的可能性。相反，一个有营销头脑的技术工程师更有可能在解析产品的基础上实现这样的整合。”

几年来，克雷格列表似乎一直并不关心爱彼迎开发出的这个跨平台信息发布工具。这家旧金山公司是电子商务的先驱之一，它小巧、内敛，而且不是那种专注追求增长的公司，这就是为什么该网站的外观在超过十年之久的时间里都没有得到明显的改进。（该公司始终没有回应对爱彼迎营销活动发表看法的请求。）然而，在 2012 年，克雷格列表对这种类型的营销活动突然产生了警惕，并对使用类似策略的几家公司发出了勒令停止通知函。切斯基说他不记得克雷格列表是否给爱彼迎发了同样的通知函。他认为，跨平台信息发布工具同样帮助了克雷格列表，因为“这使它们的广告看起来更精致。很多人原本不会在克雷格列表上发布信息，反而是克雷格列表因此获得了新的用户。”

在克雷格列表明确表示反对后，爱彼迎尽职尽责地撤除了这些工具，但已经为时晚矣。爱彼迎轻松顺利地将克雷格列表的用户和房屋资源拉到了自己的网站。当然，这个新网站本身的确为其用户提供了很多便利，例如，它的网站设计更美观且更容易使用，它一直致力于向用户提供更简单的支付方式，它有更好的应用程序和更安全的体验，它的房东用户和租客用户都必须使用真实身份注册，并且双方都可以查看对方的信息。

布莱卡斯亚克在最初的几年里还发起过几个卓有成效的线上广告活动。例如，如果有人在谷歌上搜索波士顿的公寓，那么他会看到爱彼迎的广告出现在搜索页面的顶部。布莱卡斯亚克和他的营销团队在寻找最便宜和最常用的搜索关键词这方面纷纷成长为专家，并且越来越擅长制作简洁有效的搜索广告。“比沙发客好多了！”——爱彼迎早期的一些搜索广告十分咄咄逼人。丹尼尔·霍夫尔，沙发客的联合创始人之一，曾给切斯基写邮件抗议他们的做法。他说切斯基为此表示了歉意，停止了类似的广告宣传，并送了他两盒奥巴马麦片作为求和礼物。

布莱卡斯亚克还开创了一种聪明的办法——利用脸书当时羽翼未丰的广告系统为爱彼迎打广告。那个时候，脸书首次允许公司客户根据其用户在个人主页上显示的兴趣和爱好来定制个性化广告。举个例子，如果脸书用户在其个人主业表示他喜欢瑜伽，他就会在脸书上看到一个来自爱彼迎的广告，宣称它可以帮助你“把你的房间租给一个瑜伽修行者！”如果有人喜欢喝葡萄酒，他就会看到类似“把你的房间租给一个葡萄酒爱好者！”这样的爱彼迎广告，等等。

脸书的广告在当时还很便宜，而且人们总是更倾向于回应这些十分神奇地说中其心中所想的针对性信息。当然，这多少有些虚假广告的味道，因为实际上爱彼迎并未开设过专门将房屋出租给瑜伽爱好者或葡萄酒爱好者的渠道。但不管怎样，布莱卡斯亚克称脸书的广告效果很棒，并极大推动了公司的扩张。早期员工都对他的技术能力和市场直觉惊奇不已。迈克尔·舍赫尔（Michael Schaecher），一位于2010年夏天加入公司的资深营销人员认为，内森·布莱卡斯亚克“是世界上最好的线上营销专家之一”。

2010年秋天，归功于布莱卡斯亚克的增长黑客策略，以及全球经济萧条导致许多旅行者开始在线上寻找房屋租住机会，爱彼迎火了。其网站在8000个城市的房屋租住预订总数达到了70万晚，同时，它还开发出了一款全新的iPhone应用程序，搭上了智能手机革命的顺风车。

爱彼迎终于看起来像是一家真正的公司了——拥有财务营收以及些许企业礼仪。切斯基开始在网站上和面对媒体时自称首席执行官，正式确立了他从一开始就拥有的公司领导者的地位。根据该公司官方网站的介绍，杰比亚是首席产品官，负责定义“爱彼迎的产品体验”，而布莱卡斯亚克则是首席技术官。公司甚至拥有了一个新的办公室，位于与劳斯大街的公寓隔了几个街区的第十街区的一栋两层楼里。这栋楼的前身是汽车修理店，一楼大门正对着大街，手机信号非常糟糕，而其毗邻的街道则被当地的无家可归者占据。这栋楼就像一个尘土飞扬的仓库，但它是一个真正的办公室，它为新员工提供了正式的办公场所。

创始人意识到他们必须优先考虑客户服务。麦卡杜认为他们应该从红杉资本投资的另一家公司，鞋类零售商 Zappos 那里吸取一些教训。Zappos 是一家非传统的电子商务公司，最初仅聚焦于鞋类产品，并通过免费送货和接受无理由退货赢得了顾客的忠诚度。在麦卡杜与爱彼迎的几位创始人谈了几次话之后，他们便采纳了他的建议，并一同前往 Zappos 位于拉斯维加斯的总部。他们参观了 Zappos 公司装修简单的办公室，受到了其员工的热烈欢迎，并且会见了 Zappos 的首席执行官谢家华（Tony Hsieh）和他的首席运营官，爱彼迎公司未来的董事会成员林君睿。亚马逊在 2009 年 6 月收购了 Zappos，但后者略显桀骜不驯的作风依然如故。

大约在同一时期，爱彼迎还回到了风险资本行业的大本营——沙山路，希望筹集更多的资金。布莱卡斯亚克富有成效的脸书和谷歌广告造价昂贵，因此切斯基必须保持资金充足。看到爱彼迎日益增长的市场机会，麦卡杜希望红杉资本这一次能单独提供这轮融资的所有资金，但切斯基在 YC 孵化器学到了一个道理，即要对给予公司资金支持的风险投资者是否掌握了太多的控制权一事保持警惕，因此，他坚持在这轮融资中引入另一家投资公司。

他找到了一个有意向的投资者，雷德·霍夫曼（Reid Hoffman），后者是领英的联合创始人及董事长，格雷洛克资本的合伙人。霍夫曼说，他一开始还对此抱持着怀疑的态度，毕竟沙发客看起来就不是那么有趣。之后，在一个周末，切斯基在对方位于沙山路的办公室与他见面，他成功地展现出了爱彼迎引人注目的发展前景：爱彼迎作为世界上规模最大的"连锁酒店"，却没有维护实体房产及雇用接待员与服务员的沉重负担。"爱彼迎的理念从本质上将这些存在于我们日常生活中的大部分非流动性资产——一个房间、一座公寓、一栋房子、一个独特的空间——变成可以让大家在市场中进行实际的对等交易的东西，这是一个绝顶聪明的想法。”霍夫曼说，“而我当时的想法就是——‘好吧，我准备好了’。”

霍夫曼之所以可以抓住爱彼迎公司的机会，部分原因在于切斯基接触的其他风投公司仍然没有真正理解这一概念，并且没能考虑到表面风险以外的东西。所谓表面风险，就是指可能会有客人在爱彼迎的房子里受伤，房东的公寓可能遭到洗劫，或者某个房东可能会在房子里装一台秘密摄像机，等等。而他们没有看到的是：这家公司不仅会吸引来自欧洲的二十几岁的年轻人，还可能吸引那些真正的成年人，甚至退休的夫妇——他们希望在旅行时寻求更真实的体验。

当网景创始人及风险投资人马克·安德森拒绝爱彼迎的 A 轮融资邀请时，他与合作伙伴本·霍洛维茨（Ben Horowitz）刚刚建立起自己的风险投资公司。安德森喜欢说他们的公司——安德森·霍洛维茨基金的目标，是每年确定 15 家左右真正重要的科技创业公司并尽可能多地投资它们。该公司花了很长一段时间考察爱彼迎。“马克纠结于爱彼迎所打造的概念是否会成为主流。”切斯基说。安德森·霍洛维茨基金于次年纠正了这一疏忽并领投了对爱彼迎的 B 轮融资，尽管 B 轮投资通常没有 A 轮那么有利可图，但仍有巨大的盈利空间。

另一家风险投资公司是沙山路对面的一家叫“八月资本”（August Capital）的公司。网上视频通话服务企业 Skype 的投资人霍华德·哈顿伯恩（Howard Hartenbaum）在那年秋天多次与切斯基会面，并在后者的旧金山新办公室附近的亚力山大牛排馆请几位创始人吃晚餐。切斯基给哈顿伯恩留下了深刻的印象——在后者看来，切斯基很有风度，充满智慧，并有取得成功的坚定决心。但哈顿伯恩仍然在为具体的投资金额头疼。对此，切斯基凭借爱彼迎早期迅猛的发展势头，提出以公司 6% 的股权换取 450 万美元的投资。

哈顿伯恩认为爱彼迎最终也许能够发展为一家市值 20 亿 ~30 亿美元的公司。因而即便在最理想的情况下，6% 的股权也并不足以影响八月资本 5 亿美元基金的业绩表现，同时也不是一个值得哈顿伯恩努力说服他那些对爱彼迎持怀疑态度的合作伙伴的足够重要的投资机会。因此，他最终错失了这个机会。若干年后，他仍然为此深深自责。他说他没有意识到会有这么多的投资者被创业独角兽崛起的疯狂气氛所俘获，30 亿美元被证明是对爱彼迎最终市值的一次严重低估。“你每天都会犯很多小错误，”他说，“这类错误都不是致命的。但还有第二类错误，这是你无力承担后果的一类错误。你的所有资金往往是在一笔交易中赚到的。如果你错过了它，你就不是一个合格的风险投资人。”

尽管八月资本最终没有投资爱彼迎，但切斯基仍然清晰地记得与哈顿伯恩的那顿晚餐。因为那是他第一次听到这个令人毛骨悚然的名字：桑维尔兄弟。

“这是很可能会发生的事情。”那天晚上在吃牛排的时候，哈顿伯恩告诉三位创始人，“即便来自德国的这三兄弟现在还没有准备好，他们也将很快注意到爱彼迎的良好表现。然后，他们会筹集一大笔钱，在很短的时间内创建一个公司来复制你的模式。再之后，他们会试图让你买下他们的公司。他们会让你痛苦不堪。”

05

血汗和拉面：优步如何征服旧金山

我比过去有进步。我变得更热情、更出色了。不同之处在于，上次创业时我害怕失败，而现在我不再害怕失败。只要有乐趣，我就会行动，去实现它。

—— 特拉维斯 · 卡兰尼克

就在布莱恩 · 切斯基收到警告要小心桑维尔兄弟时，在距离他们更近的美国国内，有人给特拉维斯 · 卡兰尼克和另一家新兴创业公司——优步的一小群员工带来了麻烦。

2010 年 10 月 20 日，四名便衣执法人员首次向优步发出勒令停止通知函，这在公司内部引发了一场大混乱。奥斯丁 · 盖特将传票的照片发送给首席执行官瑞恩·格雷夫斯，当时，后者正在参加优步第一轮融资的董事会会议。格雷夫斯走出会议室，给奥斯丁打电话，然后回到办公室，与特拉维斯·卡兰尼克、加内特·坎普和投资人克里斯·萨卡、罗布·海因斯共同商讨应如何应对当前的形势。这封通知函威胁说要对使用优步服务的每辆车罚款 5000 美元，且公司每继续运营 1 天，其负责人就会被判监禁 90 天。但是，他们到底违反了哪条法律？而在旧金山这个庞大而不可逾越的官僚机构中，又是谁在拼命阻止一家迅速赢得当地科技界支持的公司继续发展呢？

几个街区之外，在南凡尼斯大道 1 号一栋大楼的 7 层，克莉丝汀·哈亚希（Christiane Hayashi）正在准备她的下一步行动计划。

身为大都会运输署出租车委员会的负责人，哈亚希是旧金山市功能严重失调的出租车行业中最具影响力的人物。从加州大学黑斯廷斯分校法学院毕业后，她一直担任旧金山市的副检察长，致力于环境法和 Y2K（千禧年）标准方面的工作。旧金山市热衷于斗争的政治氛围于她而言并不陌生，在这里，相互对立的民主派系斗争不断，腐败常常在不经意间露出水面。她曾在选举部工作过一段时间，在此期间，她成功淘汰了穿孔式卡片选票，那段工作经历让她筋疲力尽。哈亚希和另外两名律师被指控资金管理不善以及签字通过伪造的考勤表。一位特别法律顾问委员会介入了这项调查，并最终还她清白。

她说那段经历让她“一度精神崩溃”。在指控撤销后，她对城市政治感到十分厌倦，搬到了墨西哥恰帕斯州的圣克里斯托瓦尔 - 德拉斯卡萨斯。在那几个月里，她主要的工作就是在当地的一家迪斯科舞厅的家庭乐队里唱歌。据她回忆，她每周要在一幢存在可怕消防隐患的建筑里表演 6 个晚上。这一切的确比不上安全的工作环境和一笔丰厚的政府养老金。2003 年，在危地马拉的丛林中远足时，她偶然遇到了一位政府部门的主管。于是不久之后，她又回到了湾区，开始担任旧金山交通局在市检察官办公室的代表。之后，由于周期性的官僚机构重组，出租车委员会被并入大都会运输署，自那时起，她便接管了出租车委员会。当时，在她看来，出租车行业很有趣，而且这份工作很悠闲。“出租车委员会的工作看起来很容易。”她说。但是，她很快便发现事实并非如此。

哈亚希密切关注城市的出租车系统。她发现该系统的出租车牌照申请等候期长达 15 年，并且其对车主可以拥有的汽车数量设置了上限；此外，市区和机场之外的地方都很缺乏出租车服务。每个人都知道出租车规则需要改变，但没有人能对如何改变达成共识。2009 年，旧金山市市长加文·纽森（Gavin Newsom）要求哈亚希对出租车牌照系统进行 32 年来的首次全面改造，通过对出租车牌照设置纽约式的拍卖流程为城市筹集资金。哈亚希担心拍卖会让大多数司机买不起牌照，于是想出了一套新的规则：将牌照价格提高到 25 万美元，并向司机提供低息贷款，同时减少高龄司机的工作时长。

多年来，很多其他的提议都遭到了出租车司机的激烈反对，这和全美国以及世界各地的出租车行业上演的故事情节大抵相同。出租车司机抵制任何试图增加牌照数量的举措，因为他们推断这些举措会减少他们的收入，并且会进一步让机场和旅游酒店外的街道上的出租车泛滥成灾。出租车司机还大力反对强制出租车授权使用信用卡读卡器的提议，因为他们需要为此承担交易费，并且他们的收入也将被记录并报送给政府。哈亚希指出，出租车司机完全可以通过增加小费的方式来弥补损失，而且乘客普遍希望用信用卡代替现金。但出租车司机们给出的回应是包围运输署大楼并鸣笛抗议。有一位司机在他的车顶天窗上放了一个牌子，上面写着："克莉丝汀滚蛋，离我们远点儿。"

哈亚希一直凭借其机智的应变能力和充足的个人魅力来应对那些暴躁的资深出租车司机，后者对任何改变都充满敌意。但战斗总要付出代价。哈亚希说她因为信用卡和牌照的争议而备受打击，她开始认为她的工作就是吃力不讨好。"我总是开玩笑说，我的工作没什么竞争，因为没有人想做这份工作。"她说，"司机们恨你，因为他们的妻子不爱他们，他们的孩子很丑陋，而这些都是你的错。出租车公司的老板们也不喜欢你，因为他们赚不到钱。任何监管对他们来说都是过度监管。"

几年后，她在伯克利的一个朋友家后院参加烧烤派对时谈到了这些事情。她那时50岁出头，刚从拉斯维加斯过来，她在那里的一家郡法院工作，住在山上的一处农场里。虽然她重拾了曾经的幽默感，但在最开始，让她复述这段往事仍然很困难。在大都会运输署的那些年是她一生中最艰难的岁月。她说："我做那份工作时压力太大了，这就是我后来喜欢住在乡下，并且不想承担任何太重的责任的原因之一。"

2010年夏天，哈亚希的电话开始响个不停，在之后的四年里它一直就没停过。出租车司机被激怒了，一个名叫优步的应用程序出现了，这款应用让出租车司机的竞争对手——豪华汽车的司机也可以像出租车司机一样载客了。

根据法律规定，只有出租车可以搭载那些在街边打车的乘客，出租车需要使用经过政府检验和认证的车费计价器。而对于豪华汽车所提供的专车接送服务，乘客往往需要通过电话向司机或调度中心进行预约。优步不只模糊了两者的区别，它还通过电子技术把 iPhone 变成了计价器，彻底消灭了这一区别。每当哈亚希接起电话，她都能听到出租车司机或车队老板在尖叫："这是违法的！你为什么纵容它？你到底在做什么？"她认识很多这样的出租车司机和车队老板，并尽了自己的最大努力平衡他们的利益与公众的利益，但其结果是既未能服务好乘客，也没能完善这座城市的出行系统。很快，优步就从根本上颠覆了整个游戏规则。"司机的愤怒是合理的，"哈亚希说，"我们坐在这里严格监管这些可怜的家伙，却忽略了正在发生的一切。"

哈亚希知道自己的职责所在。监管豪华汽车是州政府的工作之一，而非市政府的职责。但她发现了一个突破口：这家初创企业自称"优步出租车"，似乎意图将自己定位为出租车公司。她向加州公共事业委员会的执法部门进行了报告。后者的职责是对豪华汽车和私家车进行监管，在接到报告后，他们精心策划了联合勒令停止行动。而在收到通知函后，优步当即要求双方召开协商会议。

11 月 1 日，在南凡尼斯 1 号大厦 7 层的会议室，特拉维斯 · 卡兰尼克、瑞恩 · 格雷夫斯和优步的外聘律师丹 · 罗基（Dan Rockey）与哈亚希以及其他几位市政府和州政府的官员进行了会面。这是优步高管第一次与政府官员讨论其公司服务的合法性，这样的讨论后来还有无数次。格雷夫斯说他们很紧张。"我们不知道我们要面对的是什么。"他说。优步的核心小组事先商定好要以尊重、好学、合作与自信的语气进行谈判。

但不知何故，这场谈判最后以失败告终。卡兰尼克后来说，公共事务委员会的官员是持保留态度的，他们希望得到更多的信息，但哈亚希则表现得“像炸药一样，她异常愤怒，一直在大吼大叫”。哈亚希本人则表示她的声音的确很大，但她并没有大吼大叫。她还记得优步的高管特别“让人讨厌”，其中卡兰尼克表现得尤其“傲慢”。“你不能这样做！”她告诉他们，“你不能自行开设一家餐馆，然后说你们要无视卫生部门！”

据哈亚希说，这场会谈没有促成任何协定，简直“毫无意义”。但这并不完全正确。事实上，优步与城市政府监管人员的首次冲突很可能改变了优步故事的发展进程。

两年以来，加内特·坎普一直想让他的朋友特拉维斯·卡兰尼克更多参与到优步中。从巴拉克·奥巴马总统就职典礼当天早晨的疯狂麦片宣传活动，到他们在奥斯汀西南偏南科技大会的历险，从夏威夷的互联网领域交流会议“Lobby”，到巴黎的互联网大会，坎普已经向全世界宣告：人们完全可以通过智能手机一键召唤豪华汽车。那年秋天，卡兰尼克每周在优步工作几天，与豪华汽车车队签署协议，并组织了与投资者的多次会谈。在与哈亚希和其他政府监管者的关键会议上，他也多次发表讲话。优步仍然是一个小项目，瑞恩·格雷夫斯仍然是优步的首席执行官，但卡兰尼克开始逐步对优步产生信任感。

在结束上一份全职工作之后，卡兰尼克一直处在他所说的“倦怠阶段”。他前往欧洲和南美洲旅行，在旅途中总是戴着一顶傻傻的牛仔帽。回到家后，他将自己疯狂的专注力用于掌握像 Wii（任天堂电视游戏机）网球和“愤怒的小鸟”这样的电子游戏。他已经习惯于这种永不安定的生活，在此期间，他还投资和指导了许多初创企业，并偶尔面向公众讲述他过去作为创业者的失败经历。

坎普知道卡兰尼克非常适合优步。卡兰尼克喜欢钻研复杂业务的细节，热衷于探索建立初创公司的秘密科学。因此，虽然坎普仍忙于运营其新成立的第一家公司 StumbleUpon，但他一直在尝试说服卡兰尼克接管优步。“我真的认为特拉维斯应该运营这家公司。”那年，坎普对优步最早的顾问之一史蒂夫·张（Steve Jang）说道，“他完全能胜任，而且越来越接近那个理想人选了。”

在与哈亚希进行决定命运的第一次会谈时，卡兰尼克告诉朋友他准备找一份全职工作，但不一定会在优步。他担任顾问的一个问答网站 Formspring 已经筹集到 1400 万美元的资金，有望成为下一个大型社交网站。当时，Formspring 也正与他进行谈判，希望他出任公司的首席运营官。据 Formspring 公司的联合创始人埃德·奥罗诺（Ade Olonoh）说，双方的讨论已经进展到很深入的地步，卡兰尼克也接受了这一职位，公司董事会就卡兰尼克的薪酬进行了讨论。卡兰尼克则告诉我，这是他当时考虑的几个工作职位中的一个。

Formspring 是卡兰尼克进行天使投资的 10 家公司之一。他把自己塑造成了一名专门指导年轻首席执行官的颇具亲和力的创业导师，就像硅谷版《低俗小说》中的沃尔夫，他会出手帮助那些陷入棘手处境的公司，协助他们筹集资金或完成谈判。“他的能力体现在解决棘手的难题上，他会让自己成为一个推动者，他愿意并随时准备好撸起袖子上场。”奥罗诺说，“他为自己能作为投资者帮助那些公司而感到骄傲。”

卡兰尼克还挖掘了另一家初创企业 CrowdFlower，其建立的网站允许用户将那些单调乏味的工作任务委托给使用该平台的独立工作者去做，具体方法是拨打网站上的客户支持热线。卡兰尼克与该网站的首席执行官卢卡斯·比瓦尔德（Lukas Biewald）建立了友谊。两年来，他们一周交流几次，这让比瓦尔德成为 Jam Pad 公寓的常客。“他在帮助我的时候是没有任何目的的。”比瓦尔德说。在如何与投资者达成交易、聘用顶级水平的高管以及与潜在的合作伙伴进行谈判等方面，卡兰尼克掌握了丰富的技巧。“卢卡斯，每个人都会给你建议。”卡兰尼克告诉他，“你要去询问建议背后的故事。这个故事往往比建议更有趣。”

特拉维斯·卡兰尼克出生于 1976 年，在一个中产阶级家庭长大，他的老家位于洛杉矶圣费尔南多谷北岭的中产阶级郊区。他的父亲唐曾在美国陆军服役两年，后来成为洛杉矶市的一位土木工程师。他的母亲邦妮的工作则是出售《洛杉矶日报》的广告位。

在格拉纳达山高中读书时，卡兰尼克是一位田径选手，他在 4×400 米接力赛跑中担任主跑，并专攻跳远。他的高中年鉴贴着一张照片，照片展现了他起跳时的英姿：他右腿伸直，牙关紧咬。“我会全身心地投入，”他说，“把所有力量留给运动场。”他曾用了整整一个夏天，开着一辆 1986 年产的老款日产森特拉汽车在社区里转悠推销卡特扣（Cutco）的刀具（这是当时的学生们常做的一项兼职工作），并且成功完成了价值 2 万美元的交易。此外，他偶尔会因为他“犀利”的装束成为朋友们开玩笑的对象。

卡兰尼克在数字方面很有天赋，他在学术能力评估测试（SAT）

的数学部分得了满分，并因此成为其所在社区的 SAT 数学辅导老师。“我可以在 8 分钟内完成一份理论完成时间为 30 分钟的数学试卷。”他说，“但如果让我去做语文测试，我很快就会觉得肩膀疼，脖子也酸；我需要用掉整整 30 分钟的时间，而且会感到压力重重。数学对我而言就像吹泡泡一样简单。”

高中毕业后的那年夏天，他和一个同学的父亲创办了一家 SAT 培训公司，名字叫作“新路学院”（New Way Academy）。那位同学的父亲是一名当地韩国教会的成员。他们通过教堂为培训学校打广告，而最终有数百名孩子报名参加了培训课程。在加州大学洛杉矶分校学习的第一年，每个星期六的早晨，卡兰尼克都会穿上白色衬衫，打上领带，前往培训学校上课，这堂课的名字叫“1500 分及以上”。这个名字本身就是对学生和家长进行的一种推销。“我辅导的第一个学生成绩提高了 400 分。”几年后，他如此吹嘘道。

卡兰尼克在大学期间仍然住在家里，他攻读的是计算机科学学位。但那是 20 世纪 90 年代末，对于那些兴趣点在创业和计算机的人来说，互联网的诱惑是不可抗拒的。1998 年，卡兰尼克在大学四年级的时候辍学了。他与另外 6 个同学共同开发出了互联网最早的搜索引擎之一——Scour.net。该网站几乎与谷歌在同一时期推出。通过这个网站，人们可以在大学网络上搜索其他联网的学生电脑中的多媒体文件，包括电影、电视节目和歌曲等。当然，其中大多数的多媒体文件都是供人免费在线托管和下载的，这显然侵犯了作品版权。

在该网站创建的第一年，《洛杉矶时报》《华尔街日报》和许多其他媒体对该公司进行了报道，网站用户因此飞速增长。创立网站的这

7 个大学同学蛰居在大学生联谊会附近的一套两居室公寓里，每天都在那里工作、吃饭和睡觉。“任何有卫生观念的人都会对那个地方的环境感到不适。”该公司的联合创始人杰森·德勒格（Jason Droege）说。他后来加入了卡兰尼克所在的优步。

Scour 在大学校园里风靡一时。1999 年 6 月，Scour 网站的页面浏览量达到了每天 150 万，在之前的两个月里，平均每天都有 90 万游客访问网站。卡兰尼克是该团队最早的成员，他自封为这个编程团队中唯一的商人，并担任了这家公司的战略副总裁，负责发展投资者和媒体合作伙伴。据德勒格回忆，22 岁的卡兰尼克已经习惯了在工作时来回踱步。你总能看到他把手机贴在耳朵上，全身心投入于寻找能够帮助他们这家初创企业的人。

当谈论这些早期的创业经验时，卡兰尼克表示自己是一个长期“不走运的”创业者——一个人苦干多年，却似乎从来没有得到任何转机。线上交易进入开荒时期，艰辛的旅程也从那时开始。1999 年，Scour 网站从超级经纪人、前迪士尼总裁迈克尔·奥维兹（Michael Ovitz）和超市大亨雷恩·伯克尔（Ron Burkle）的投资公司那里筹集到了数百万美元。奥维兹的侵略性是他众所周知的特质，他希望借助其他的互联网资产来为他自己的电子商务网站 Checkout.com 添砖加瓦，并且一直试图最大限度地发挥投资杠杆的作用。经过 9 个月的谈判，双方终于在原则上达成了交易。因为谈判拖了太长的时间，急性子的创始人尝试了招揽其他投资者，而奥维兹则为此在洛杉矶高级法院起诉了 Scour，指控其违背了协定。

当尘埃落定后，奥维兹和伯克尔总共获得了公司 51% 的股权，而几位资历尚浅、易受影响的 Scour 创始人则从残酷无情的巨头大联盟那里得到了宝贵的教训。无论如何，Scour 发展得欣欣向荣——至少在开始阶段如此。创始人搬进了奥维兹在贝弗利山庄设立的豪华办公室，雇用了 70 名员工，并着手学习商业知识，阅读奥维兹的工作人员提供给他们的书籍，其中包括孙子所著的《孙子兵法》和罗伯特·格林所著的《权力的 48 条法则》。卡兰尼克和他的同事认为，他们可以与版权所有者合作，创建一种更加经济、有效的方式供用户在互联网上传播媒体资料。当他们发现另一家完全无视规则的文件共享服务商 Napster 不仅允许用户搜索文件，还允许用户来回传递文件时，Scour 迅速迎头赶上，推出了自己的新技术——Scour 交换（Scour Exchange），这项技术让音频和视频文件的交易变得更加容易，且不需要支付费用。

不久之后，好莱坞便意识到了“点对点”文件共享的影响，并迅速展开行动致力于粉碎它。实际上，卡兰尼克和他的同事在此之前就与当时所有的主流音乐和电影工作室进行过会面，并且认为会谈进行得很顺利。但在 2000 年 7 月，33 家媒体公司，包括所有主流的音乐和电影行业组织，集体在法庭上起诉 Scour，要求后者支付高达 2500 亿美元的赔偿。“这起诉讼是关于盗窃的。”传奇人物，美国电影协会主席杰克·瓦伦蒂（Jack Valenti）说道，“技术可能会让盗窃变得更容易，但不会让它变得合法。”

Scour 的盟友四处逃散，甚至连投资者奥维兹也选择离开。后来，卡兰尼克宣称，其中一个同事曾威胁他说，如果他继续将奥维兹卷入这场争吵，就会给他点儿颜色看看。奥维兹否认自己曾威胁过卡兰尼克。在谈论到卡兰尼克时，他态度友好，称赞当时的卡兰尼克是一个虽然年轻但表现出色的谈判者，只不过他没能在整个行业反对文件共享时看清大局。“特拉维斯没有意识到我们在这件事上犯了错误。”在 2015 年的技术产业会议上，奥维兹对我说，“我们没有意识到我们在知识产权的世界里制造了无数敌人。但当所有愤怒的音乐和电影公司以及每一个拥有知识产权的个体都开始起诉你的时候，你就能意识到这件事了。这件事并没有让特拉维斯感到烦恼，但我对此厌烦透了。”

与 Napster 的律师一样，Scour 的律师也相信公司应受到 1998 年的美国《千禧年数字著作权法》“安全港”条款的保护。该条款规定：互联网公司不用为其用户的活动承担责任。他们争论道，Scour 并没有托管这些内容，只是指向了内容所在的地址链接。但是，这家初创公司显然不可能与整个传媒行业的联合力量对抗。为逃避诉讼，它在 2000 年秋天解雇了大部分职员，并宣布破产。“那时我们才真正了解了世界是如何运转的，”德勒格说，“这和你本身对与错毫不相关。”

在破产法庭，经过 15 分钟的拍卖流程后，该公司的资产以 900 万美元的价格出售给了一家鲜为人知的俄勒冈公司。那年，卡兰尼克年仅 24 岁，他不得不见证他为之奋斗的一切，他放弃大学学业追求的梦想，被强大的公司和他们昂贵的律师团队践踏。

这种创伤性经历可能的确会让一位年轻企业家变得更为坚强，但你不能否认这种经历非常令人痛苦。“我们那个时候是真的倒闭了。我每天可能会睡上 14 个小时。”他说。在公共场合，他试图继续表现得镇定而自信。“我就像在玩一个我称之为‘一直伪装，直到成功’的游戏。换句话说，我基本上就是在与现实对抗。如果你对抗了太长的时间，或者你处于失败状态太久，它最终会压垮你。”

尽管遭遇了重大挫折，卡兰尼克仍然准备好掸去身上的尘土，进行下一次尝试。他开始和 Scour 的其中一个共同创始人迈克尔·托德（Michael Todd）会面，商讨重新开发 Scour 的基础技术一事，并计划将它作为一个工具出售给媒体公司，以帮助它们在互联网上传播内容。当时的带宽费用很高，大约为每兆 600 美元（我们今天使用的宽带互联网的费用大约为每兆 1 美元），而点对点网络可以降低成本。他们将新公司命名为“红旋风”，并将新公司的标志设定为在原来的 Scour 标志之上加上两个半月形的标志。卡兰尼克说这是一笔关于“复仇”的生意，并认为他的做法可以达到令他满意的讽刺效果：“这个生意的基本想法与 Scour 的点对点技术相同，只不过我将起诉我的 33 名诉讼当事人变成了我的客户。”他说道，“现在那些起诉我的人要付钱给我了，这听起来相当不错。”

但事实上，这个计划并未成功。

2001 年，卡兰尼克试图筹集资金。但当时恰逢互联网泡沫破裂，硅谷变成了一座“鬼城”。在帕洛阿尔托的一间酒吧里，一位风险投资人告诉他，所有的软件革新都已经完成了，再没有什么新事物可以发明了。9 月 11 日，他计划与丹尼尔·列文（Daniel Lewin）在洛杉矶会面，列文是流媒体公司阿卡迈的创始人之一，这家公司的总部在波士顿。但列文当天乘坐的是美国航空 11 号班机，他不幸在那场恐怖袭击中丧生。

红旋风在韦斯特伍德有办公室，拥有 7 名全职和兼职员工，其中大部分来自 Scour，还拥有为数不多的付费客户。从公司创立伊始，失败的氛围就很浓烈。托德和卡兰尼克在公司战略上无法达成一致，而与此同时，带宽的价格在不断降低，这让产品的优势越来越不吸引人了。卡兰尼克声称，他发现托德没有正确扣缴公司的工资税，并且曾在未与他商量的情况下试图偷偷将技术团队打包出售给另一家公司。托德因为这些争执离开了红旋风，但他不认同卡兰尼克对这个故事的描述，在临走前，他只留下了一句话："特拉维斯是一个特别善于讲故事的人。"

托德在谷歌找到了一份工作，并立即挖走了卡兰尼克身边的最后一位软件工程师。27 岁的卡兰尼克现在真的是孤身一人了。他在父母家里住了一年，没有固定的收入，但仍在寻求与微软和美国在线这样的公司进行交易，并且只能眼睁睁地看着这些交易计划纷纷流产。"想象一下连续 6 年每天听到 100 多次'不'是什么感受吧。"几年之后他对我说，"有时甚至连你的朋友都会劝你说：'伙计，你需要做些别的事情。'在那种情况下，继续往前走就意味着孤军奋战。"

卡兰尼克尝试了一些不寻常的方式来吸引关注。2003 年，在霍桑市县政府登记处拿护照时，他注意到一辆电视台新闻直播车停在登记处门外。他对此感到好奇，便去询问电视台的工作人员为什么在那里聚集，并了解到他们正准备采访未来的加州州长候选人。这些候选人正在那里登记参加当年的选举，他们都意欲罢免并取代当时的加州州长格雷·戴维斯（Gray Davis）。作为一名美国公共事务电视台的忠实观众，卡兰尼克表示对此很感兴趣，并报名参加了选举。之后，他花了几天的时间在家附近的何尔摩沙海滩拉票，向众日光浴者讲述他的文件共享平台，并试图获得 1 万个签名，这样他的名字就能出现在选票上。不过，他最终只得到了 15 个签名。“我能说的就那么几句，我没有太多话可以讲。”卡兰尼克回忆道。

卡兰尼克可能并不真的认为自己是一个合适的州长候选人，但他固执地相信他可以让红旋风走向成功。互联网巨头马克·库班（Mark Cuban）从这家公司中看到了机会，尽管卡兰尼克当时没有固定的员工，马克还是在 2005 年向这家公司注资 100 万美元。这就足够保证公司继续经营了。“我喜欢把那几年称为我的血、汗水和拉面时光，”卡兰尼克说，“我一直坚信我们所做的事情是有意义的。”

有了新的资金后，接下来卡兰尼克要做的事就是：搬到硅谷去。他在旧金山以南 20 英里的圣马特奥找到了一间小办公室，并借助他的说服力和个人魅力招揽了 4 名工程师。戴维·巴雷特（David Barrett）是第一个与卡兰尼克签约的，后来他成为云软件公司 Expensify 的创始人。他说，卡兰尼克“对公司当时的状况完全开诚布公”，“他很有说服力，说话很令人信服，并且十分坦率”。他还发现卡兰尼克的热情很有感染力。“如果你有一大堆数据，那么我们能够为你提供一个移动数据的方法。”巴雷特说，“问题是，全世界只有三家公司想要这么做。”

看到公司发展势头良好，卡兰尼克便在旧金山租了一个新办公室，但这间办公室要一个月后才能搬进去。卡兰尼克没有干等着搬家，而是把整个公司先搬到了泰国。在那里，他们在咖啡馆和一幢可以俯瞰莱利海滩绵延起伏的海岸线的房子里每天工作 18 个小时，致力于重新改写红旋风的代码。这是一次富有成效的“修行”之旅，也是卡兰尼克第一次开展他所谓的“工作旅行”活动。这一优良传统从红旋风延续到了之后的优步。

回到湾区以后，卡兰尼克从八月资本（那个后来错过了爱彼迎的投资公司）那里筹集到了更多的资金，重新开始为红旋风寻找一个完美的退出方案。卡兰尼克再次展示了自己的推销技巧。他锁定了卫星电视供应商艾科思达（EchoStar）作为客户，并于2007年以1870万美元的价格将整个公司卖给了阿卡迈。双方还达成协议，即如果公司的某些经营指标达到了预期值，则卡兰尼克可以拿到额外分红。根据硅谷的衡量标准，这次退出利润微薄，但对卡兰尼克来说，这是一个巨大的解脱。在经历了6年的拮据困窘和默默无闻后，他净赚了数百万美元。“他本可以并且也应该在最终出售公司前就放弃一切。”八月资本的大卫·霍尼克表示，“这笔钱是他应得的。”

卡兰尼克经历了他一生中最艰苦的时期，但他一如既往地表现出了自己屡败屡战、坚韧不拔的一面。就在同一时期，他和几个朋友一起去了旧金山的一家夜总会，同行者就包括Napster的共同创始人和脸书的投资人肖恩·帕克（Sean Parker）。当晚聚会结束时，大家都已经喝得醉醺醺了，卡兰尼克在夜总会外面等他的朋友出来。正在这时，一名专横的保镖叫他从门口走开。卡兰尼克只挪了几步。“继续走。”保镖命令道。卡兰尼克又迈了一步。“接着走。”保镖威胁说。“我没有触犯法律。你得告诉我我到底哪里违法了。”卡兰尼克对峙道。

当附近的警察赶到现场时，保镖正试图强行将卡兰尼克挪开，而后者则用双手死死抓着路边的一个停车计时器不放。卡兰尼克因妨碍行人通行被捕，据说他在市内监狱待了8~10个小时。后来，帕克得知事情经过，交了2000美元将他保释出来。

“恐惧是疾病，勤奋是解药。”卡兰尼克几年前在芝加哥的一次创业分享会上如此说道。“你在2001年成立了一家公司，运气‘不错’，是吧？你不能指望融资，不能指望销售额，不能指望任何事情。你只能咬紧牙关，拼命努力，疯狂地向成功冲刺。没有什么更好更简单的办法了，你只能这样做。”

为了庆祝红旋风的最终出售，卡兰尼克买了一双带有文字图案的袜子，上面印着他的新座右铭：“血，汗和拉面。”

现在，卡兰尼克需要做出抉择。他的朋友加内特·坎普有意让他出任优步的首席执行官。但在2010年，优步只是一家小公司，仅有6名员工，在旧金山只有少数的豪华汽车司机使用该平台，公司缺乏拓展业务的方法。它的口号——“每个人的私人司机”，更多地凸显了品牌的奢侈和排他性，因而缺乏对大众市场的吸引力。卡兰尼克不愿取代瑞恩·格雷夫斯，或者说至少他足够聪明，知道当时的硅谷十分推崇马克·扎克伯格这样的创始人，如果投资人撤换了公司最初的首席执行官，此举很容易引人侧目。

当时，已颇具规模的问答网站Formspring也对卡兰尼克发出了邀请，但这家公司没能像优步那样引起他的兴趣。优步的系统是建立在复杂的数学运算基础之上的。如何想方设法地在高峰时期吸引更多的司机，并将汽车引导到需求量最大的区域，这是优步所面临的最大挑战，也是卡兰尼克对公司当时的表现感到不满意的地方。优步拥有足够多这方面的数据去实现这个功能。事实上，创始人和董事会成员逐渐意识到，优步将比历史上任何一家公司拥有更多关于人们如何在城市中移动的数据。“本质上我是一个工程师，而数学在其中意义重大。”几年后卡兰尼克这样对我说，“我的快乐源于复杂。”

优步的财务状况看起来也很不错。这家公司的数据呈现出了一种难以捉摸的“负流失”（negative churn）现象，即使用该服务的用户更倾向于继续使用它，并且会逐渐增加使用频率，而不是选择卸载应用。换言之，一旦人们注册成为优步的用户，他们就变成了一个个高收益的储蓄账户。用户的终身价值似乎是不可预知的，甚至也许是无限的。根据早期的一项内部评估，在可预见的时间内，每名注册用户每月会为公司带来 40~50 美元的收入，以及 8~10 美元的利润。“这就相当于一台永动机，虽然它不可能永远运行下去，但它意味着乘客支出增加的速度超过了我们的用户流失率。”卡兰尼克在那年给投资者的一封电子邮件中写道。

这些指标在初创公司中极为少见，正是它们吸引了巨额投资，并推动了公司业务快速扩张。当时的优步就是一张白纸，卡兰尼克可以在上面施展自己所有的才华，借助自己来之不易的经验实现自己的雄心壮志。

但仅有这些还不足以扭转局面。在那年秋天的一次演讲中，卡兰尼克仍然称自己为初创企业顾问以及《低俗小说》中的沃尔夫。之后，他与克莉丝汀·哈亚希进行了那场充满敌意的会面。

这次会议将卡兰尼克重新推回到了他已非常熟悉的关于新技术与过时的做事方式之间的战斗中。在随后的几个星期里，他实时地把与城市政府监管人员的谈判情况告知优步董事会。之前，优步一直是作为一家出租车公司在进行市场推广的，而现在，优步不得不停止这一做法，但这仅仅是其中一个相对容易达成的妥协。在禁止令生效时，创始人们已经决定将“出租车”（Cab）从“优步出租车”（UberCab）这个名字中去掉。与此同时，投资人克里斯·萨卡正在与环球音乐集团（Universal Music Group）进行谈判。这个集团此前注册了uber.com的域名。对此，克里斯提议用优步公司2%的股权（在那时大约价值10万美元）来购买该域名。环球音乐集团也从优步那里得到了一个承诺，即如果优步最终没有成功，优步需要归还此域名。

加州公共事业委员会要求优步登记注册为一家豪华汽车公司，或者，严格来说，登记注册为一家汽车租赁服务运营商。但优步的律师认为，该公司可以证明自己仅仅是连接司机和乘客的中间人，而不是真正的车队运营商。他们认为，优步最多只能算是与奥比兹公司（Orbitz）一样的豪华汽车公司，就像艾派迪（Expedia）也可以被视为航空公司一样。在2010年年底的后续裁定中，公共事业委员会同意了公司提出的上述要求，而优步在此期间也从未停止运营。这令克莉丝汀·哈亚希惊愕不已，她试图说服市检察署授予其监管优步的权力，但她失败了，而优步赢得了胜利。

卡兰尼克后来表示，优步在旧金山的第一次战斗增强了他个人对公司的信心，当时他正准备在这家公司发挥更积极主动的领导作用。他在2012年曾对我说：“在那一刻，我意识到这场战斗是正确的，无论是出于何种原因。”后来，他在一个科技播客的采访中又补充道，与大都会运输署的斗争使他回想起过去10年全世界关于点对点传输技术的所有诉讼和冲突。“最棒的就是我已经见识过了这样的斗争。”他说，“所以我认为我已经有一套应对它的合适方案了。让我们面对这件事吧。当它真正发生时，我觉得这就像是回到老家一样熟悉和轻松。”

在与哈亚希的第一次会面结束之后，卡兰尼克花了数周时间与加内特·坎普以及天使投资人克里斯·萨卡和罗布·海因斯就他出任首席执行官的薪酬进行谈判。他用某种方法计算出，作为公司创始人和顾问，他需要将自己目前持有的 12% 的股份提高到 23%，但拒绝解释他得出这一结果的原理。虽然其他董事会成员不希望自己的股份被稀释，但他们最终还是默许了这一要求。罗布·海因斯说：“我为优步做过的最好的一件事，就是在与特拉维斯的谈判中彻底失败。”

最后，卡兰尼克亲自把这个消息告诉了瑞恩·格雷夫斯，并将它视为一个促进紧密合作、建立更友好的伙伴关系的机会。即便瑞恩真的对这次降职感到愤怒或失望，那他也把这些情绪隐藏得很好。格雷夫斯说：“我重新审视了我当初希望从这次创业中得到的东西。”格雷夫斯的头衔变成了总经理，后来又变更为运营副总裁。他记得自己曾对卡兰尼克说过：“只要我们之间仍然是一种合作关系，只要这对我来说不仅仅是一个工作职位，我就没问题。我来这里不是为了找一份工作，我来这里是因为我完全认同这家公司的经营理念。只要是这样，一切都好说。我相信你。”

他们在 2010 年 11 月 23 日签署了最终文件，并在一个月之后通过多个科技博客发布了相关信息。关于卡兰尼克的全职加盟，格雷夫斯在优步的网站上写道，他对此感到“热血沸腾”（“superpumped”）。这个狂热的短语后来成为优步员工的励志格言。卡兰尼克表达了自己努力进取的激情和野心，这些理念被他从 Scour 和红旋风带到了优步。

“最重要的是，现在我要全身心投入优步了。”他写道。

担任优步首席执行官的兴奋和喜悦充盈着我的全身，为了能看到优步走向美国和世界上的所有主要城市，我将不惜一切代价。接下来会发生什么？公众对城市出租车的失望正在降低。城市交通的可靠性、效率、责任制度和专业性正逐步得到改善。优步所进入的每个城市都将变成一个更加美好的地方，如果你住在这个城市，你的交通状况将会被永久改变，而当变化发生的时候，人们会赞美优步的。

克莉丝汀·哈亚希与优步的斗争产生了另一个意想不到的结果：这家年轻的初创公司得到了硅谷科技博客的广泛宣传。出于强大的口碑效应，优步的用户数量开始以每月 30% 的速度增加。

这家公司暂时入驻了首轮资本公司（First Round Capital）在当地设立的办公室。在那里，他们领略了桌上足球以及风险投资生活的种种其他乐趣。每隔几天，卡兰尼克就会带着新的数据激动地冲进罗布·海因斯的办公室。有一次，他跑进办公室，宣布优步在刚刚的一个小时内完成了 35 单交易！这是新纪录！“我记得自己盯着特拉维斯说：‘伙计，我想你没有退路了。我想这次是来真的了。’”海因斯说，“而他只是恶狠狠地冲我笑了笑。”

卡兰尼克已经准备好全身心投入另一场创业冒险中去了。他停止了天使投资方面的工作，停止了面向其他公司的咨询服务，甚至和自己交往了很长时间的女朋友分手。他向一位对此感到无法理解的同事解释道："我意识到我对这家公司的热情比对她的更多。我应该找一个我对对方的喜欢程度至少和我对这家公司的喜欢程度不相上下的人。"他在很早的时候就表现出了对竞争对手的敌意，这预示了未来即将发生的冲突。他的一位朋友转告他，一个优步的潜在竞争对手在推特上发表了对优步的批评。在给这位朋友的电子邮件中，卡兰尼克写道："他们出于错误的原因进入了这个我所见过的最复杂的行业之一，他们严重低估了他们即将承受的打击，而我会毫不留情地对他们挥拳相向。"卡兰尼克签署了任职协议，对优步倾注了自己的全部心血。

首先，卡兰尼克必须解决优步在早期就出现的一些问题。优步应用程序的功能之一是告知用户他们所在地区有多少辆汽车可供召唤。但当用户打开应用程序时，他们往往会发现其所在地区没有汽车可用。这个现象被创始人称为"零点"，它频繁发生，总是让卡兰尼克和坎普感到十分气愤。在他们看来，这并不是应该提供给用户的"优步体验"。为了解决这一问题，优步不得不招募新的司机，预测何时何地会出现需求峰值，并鼓励司机前往这些社区。

这需要彻底改变公司的定位。卡兰尼克意识到，尽管优步倡导"每个人的私人司机"这一理念，但实际上它并不是一家真正提供豪华汽车叫车服务的生活方式公司。它是一家科技公司，它必须熟悉自己的内部指标。"这是一家需要依靠数据运行的公司。"卡兰尼克告诉同事。他加大力度招贤纳士。在那年的12月，他招募了新任技术总监柯蒂斯·钱伯斯（Curtis Chambers）。他们第一次见面是在阿卡迈。钱伯斯进入优步后开始研发新的调度系统，以取代最初由奥斯卡·沙拉萨开发的系统，那个原始系统已经摇摇欲坠，是工程师康拉德·惠兰用

“唾沫和胶带”粘在一起的。

优步高管则致力于应对季节性的需求波动，这是他们首次注意到这一问题。城市交通网络的日、周和季度节奏都开始显现出来了。万圣节期间的交通会一直很拥堵，而感恩节期间的交通通常很顺畅，其背后的原因是人们在感恩节期间更习惯待在家里。他们预计，在圣诞节假期，乘车高峰应该会出现在平安夜，据此，他们首次尝试了一些保持供求平衡的举措。优步招募了尽可能多的司机，并将当晚的车费提高到了平时的两倍。它还增添了一个摇奖系统，授予少数用户贵宾资格，将这部分用户的车费锁定在日常价位，并赠予其几十辆汽车的独家叫车权限。之后，卡兰尼克和其中几位工程师临时转移到了洛杉矶的玛丽安德尔湾，以便近距离观察这些行动的全面展开。这也是优步的首次工作旅行。

过载的服务器、断断续续的服务，以及急需升级的应用程序——新举措首次试点的效果并不是很好。但它让公司走上了一条备受争议的道路，那就是把价格调整作为应对需求波动的一种方法。

2011 年开始，卡兰尼克又有了一个大动作：到了优步着手进行第一轮融资——A 轮融资的时候了。他考虑与基准投资公司的比尔·格利合作。比尔曾在种子轮融资阶段对优步表现出了兴趣。

自那以后的 9 个月里，格利一直在密切关注优步的发展，这位前佛罗里达大学鳄鱼队的篮球队队员称这段时间为“游走于篮筐下”。就像订餐软件 OpenTable 整合餐厅、房地产网站 Zillow 聚合房地产信息一样，格利觉得优步有机会用同样的方式在线上平台整合城市交通，他对此很有野心。在特拉基市，他与克里斯·萨卡一起骑车兜风，谈论关于这家公司的种种信息。之后，他连夜赶到旧金山市，与卡兰尼克在 W 酒店的酒吧共同度过了两个小时，敲定了之后的交易条款。

格利发现了一个绝佳的机会，但同时他也很幸运。他曾经尝试投资出租车魔法和 Cabulous，但均以失败告终。如果他成功投资了这两个优步的竞争对手，那么他后来就不可能投资优步了。现在他已经意识到，优步摆脱了城市出租车的运营监管和价格管制，能为他带来更丰厚的回报。

基准投资公司差一点就因为一个恶作剧而毁了整个交易。与基准投资公司的合伙人约定会面之前，卡兰尼克在门罗帕克市的沙山路拜访了其竞争对手红杉资本。在等待卡兰尼克时，格利和他的合伙人马特·科勒尔打开优步应用程序，看到一英里外的红杉资本办公楼前正停着一辆优步汽车。由于优步还没有开始在硅谷运营，他们猜测这辆古怪的空车是卡兰尼克叫的车。科勒尔用手机上的优步应用召唤了这辆汽车。因此，当卡兰尼克结束与红杉资本的会议准备离开时，他发现车不见了。卡兰尼克不得不穿着正装皮鞋一路跑到基准投资公司。他到达约定地点时满头大汗，还迟到了。当天晚上，基准投资公司给卡兰尼克送去了一双跑鞋。“我们也不知道我们之前为什么会认为那是个好主意。”格利在提到这个恶作剧时说道。

卡兰尼克并没有因此怀恨在心。基准投资公司发起了一轮 1100 万美元的融资，让优步这家羽翼未丰的初创公司的估值达到了 6000 万美元。红杉资本和巴特利风险投资公司等基准投资公司的竞争对手也曾经考虑过投资优步，但它们最终错过了这个机会，它们要么是错误估计了这个机会的大小，要么是低估了这位新任首席执行官的毅力。

“Scour 和红旋风都很厉害。”格利说，“突然之间，特拉维斯如虎添翼。他常常觉得自己有义务面向全世界的企业家展现出自己的最佳表现，将优步运营得尽善尽美。”

在经历了过去的失败之后，卡兰尼克这位好斗的首席执行官迫切需要证明自己，而格利作为一位经验丰富的投资者，深谙建立互联网交易平台的红利和挑战，他们二人可谓是强强联合。卡兰尼克和格利一致认为，优步现在资本充足，公司的当务之急是从旧金山扩张到全世界的各个主要城市。

第二部分

帝国的建立

06

战时首席执行官：爱彼迎的双线作战

平时的首席执行官与战时首席执行官不可同日而语。

——本·霍洛维茨

2011 年，笼罩在硅谷上空的来自金融危机的阴云开始消散。脸书在 1 月一马当先，宣布公司注册用户超过 500 万，在这之后，它从以高盛集团为首的投资集团那里募集了 5 亿美元。领英在同年 5 月上市，市值很快达到 40 亿美元。虽然“独角兽”这个称谓还要过几年才会出现，但那时已经是独角兽的时代了——不是索法恩·瓦利 2003 款白色林肯汽车，而是估值超过 10 亿美元的科技创业公司。那一年，流式音乐服务平台声破天（Spotify）、云存储公司 Dropbox 和支付服务公司

Square 成为那个人人都想尽快加入的独角兽俱乐部的初始会员。

空气中再次弥漫起乐观的气息，人们相信生而逢时的互联网初创公司能够乘着这股技术趋势融合的浪潮飞速发展。

这种情绪上的转变也得益于资本的滋养。债券市场虚假繁荣，股市毫无生机，但吹捧着前代硅谷新秀公司高回报率的风险投资家仍能以快速增长和财富创造的美梦吸引投资者。俄罗斯风险投资家尤里·米尔纳（Yuri Milner）来自数字天空科技，他在几年前曾因以 2 亿美元投资脸书换取脸书 2% 的股份一事遭到业内嘲笑。而那年 3 月，他在洛斯阿尔托斯山买了一栋房子。那是一座 18 世纪法国城堡风格的豪宅，你可以在其中俯瞰金色旧金山海湾的全景。在硅谷，这就是“笑到最后”的证明。

对于那些外行的观察者来说，闲置房屋租赁网站爱彼迎看起来似乎并不能驾驭这股浪潮，更不用说成为新趋势的引领者了。2011 年年初，它的员工仍然挤在位于旧金山市场街南区第十大街的办公室里。办公室内手机信号很差，办公室外则是露宿街头的无家可归者。这家初创公司几乎完全由两位联合创始人运营，两人都拥有设计专业的学位，其中一位还有计算机科学学位。

但事实上，爱彼迎正在暗中蓬勃发展。内森·布莱卡斯亚克作为高级产品经理发起的多项举措已经开始发挥影响力。归功于布莱恩·切斯基和乔·杰比亚对公司发展历史的精彩再现，媒体的充分报道让这家公司发展得更加迅速。世界各地的房东为网站带来了富有多样的选择——从新威尼斯海滩的两居室到法国南部的城堡，从加州北部的树上小屋到哥斯达黎加的一架退役的波音 727 飞机的机舱。由于用户大多是旅行者，爱彼迎的口碑得以十分快速地在全球传播，简直就像冬季的流感病毒。

对于首席执行官切斯基来说，爱彼迎的蓬勃发展是其进入商业精英圈子的敲门砖。2011 年 3 月，他应邀在投资银行艾伦公司（Allen & Company）主办的亚利桑那州科技大会上发言。从设计大会到麦片营销活动，他娓娓道来爱彼迎不可思议的创业历程，让观众着迷不已。几个月后，他又受邀参加该投资银行在爱达荷州阳光谷举办的年度富豪和名人聚会。现在，他可以同奥普拉·温弗瑞、沃伦·巴菲特和比尔·盖茨这些人打交道了。有一次，他发现自己竟然在向著名女演员坎迪丝·伯根（Candice Bergen）解释房屋共享这个想法。“我一直在想，墨菲·布朗要向我走来了，墨菲·布朗知道爱彼迎，”切斯基说，“这种感觉越来越强烈，就像一架飞机，到达了一个又一个新的高度。”

5 月，切斯基与特拉维斯·卡兰尼克实现了他们的第一次会面。在纽约召开的国际创新大会（TechCrunch Disrupt）上，切斯基和卡兰尼克同时应邀出席一个名为“破坏线下业务”（Disrupting Offline Businesses）的小组讨论会。自从瑞恩·格雷夫斯在 2010 年邀请他喝咖啡，向他征求关于运营初创公司的建议后，切斯基就变成了优步的粉丝，同时还把他的员工转化为狂热的优步用户。卡兰尼克曾一度考虑过开创自己的房屋共享企业 Pad Pass，所以他们两人有很多共同话题。在讨论会的前一天晚上，卡兰尼克突然给切斯基发了一封邮件，建议他们“见面好好聊聊”。他们在曼哈顿市中心共进了晚餐。在这顿晚餐上，切斯基发现，这位优步的首席执行官既游刃有余又风度翩翩。

然而第二天，他看到的是一个激进得多也自信得多的卡兰尼克，对方穿着一双粉红色的袜子参加了他们的联合采访。主持人埃里克·舍恩菲尔德（Erick Schonfeld）来自科技公司新闻网站 *TechCrunch*，他向切斯基求证关于爱彼迎正在进行一轮大规模的融资，如果融资成功，则其估值将达到 10 亿美元，进入独角兽行列一事的报道是否属实。“很抱歉，我不能对此发表评论。”切斯基答复道。

“你为什么要否认 10 亿美元的估值？”卡兰尼克插嘴说道，并用大拇指敲着自己的腿。（那时优步的估值只有 6000 万美元。）“就让别人这么说好了。”

切斯基难以置信地瞥了他一眼。

舍恩菲尔德指出，两位首席执行官都在与地方政府最初的斗争中幸存下来。在旧金山，对优步的运营禁令被取消了，虽然卡兰尼克为了突出此事的戏剧性效果夸大了禁令的影响。“我还以为我要蹲 2 万年牢了。”在听众热烈的掌声中，他如此说道。切斯基则考虑到这场讨论会参加者以外的听众，坚持表示“当地政府在实际上是支持爱彼迎的”。他故意忽略了那时刚刚通过的一项纽约州法律，其禁止纽约市居民以短于 30 天的时间出租他们的房子。

他们两人有很多共同点。卡兰尼克那年 34 岁，切斯基那年 29 岁，两人都是年轻的首席执行官，引领着硅谷乐观主义精神的复兴。他们自信、富有魅力，并没有意识到与竞争对手和监管机构之间的迫在眉睫的冲突。当世界向他们敞开大门时，他们两个人都会积极主动地寻求机会；尽管道德标准有所不同，但在某些时候，他们都选择了残酷的做法——那正是建立帝国的时代。

虽然切斯基本人并未承认之前采访者所提出的报道消息属实，但他实际上已经完成了一轮巨额融资。那年春天，他开始寻找新的投资人，并找到了一个乐于接受其想法的听众。随着爱彼迎的房屋预订量实现了每月 40%~50% 的增长，*TechCrunch* 将其称为“初创企业界的黑马”。放弃了爱彼迎 A 轮融资的安德森·霍洛维茨基金在一场激烈的筹资竞争中击败了其他顶级风险投资公司，顺利拿到了 B 轮融资的领头资格。它领投了总额达 1 亿 1200 万美元的 B 轮融资，投资方包括尤里·米尔纳的数字天空科技、亚马逊创始人杰夫·贝佐斯的个人投资基金和演员艾什顿·库彻（Ashton Kutcher），这轮融资让公司的估值一跃达到 13 亿美元。

这轮融资是安德森·霍洛维茨基金的杰夫·乔丹（Jeff Jordan）领投的，他是易趣的前任总裁。乔丹此前曾经认为爱彼迎是他听过的“最愚蠢的主意”，但到了后来，在艾伦公司的投资会议上，当他意识到爱彼迎和当初的易趣之间的相似之处时，他激动得几乎要从座位上跳起来。

乔丹说：“这家公司已经把一个小点子变成了一个影响力巨大的商业计划，就像易趣那样。”

尽管对爱彼迎的发展十分乐观，但乔丹和他的合伙人仍然认为他们的投资存在 4 个风险：

安全性：如果客人破坏了房东的房子或公寓会怎么样？

国际竞争：海外的创业者是否会克隆爱彼迎的网站？

监管：城市政府是否允许房东继续不受限制地出租他们的房子？

管理人员招聘：由切斯基、杰比亚和布莱卡斯亚克三人组成的领导小组正负责运营这家公司——三方制衡。但这是一个难以长久维持的安排。他们能找到他们信任的新高管吗？

所有的这些担忧很快就会被证明并非杞人忧天。“我们所做的一切都是有风险的。这就是所谓的风险资本。”乔丹说，“这家公司显然有一个特别值得注意的优点，但它也有一些瑕疵。布莱恩知道这些瑕疵是什么。”

而最迫切的问题是，切斯基是否做好了准备。

那年春天，爱彼迎的工程师在其网站和手机应用上发现了一些非同寻常的情况。他们发现有自动软件程序一直在访问该网站，收集、“挖掘”房东发布的个人数据。不久之后，他们就听闻有其他的住房分享网站开始通过电话、电子邮件甚至是以销售人员个人的身份与他们身在欧洲的房东用户取得联络。爱彼迎很快就意识到发生了什么：克隆者来了。

大多数成功的互联网创业公司都遭到过来自世界各地的投机创业者的抄袭，爱彼迎也不例外。第一个克隆者名为9flats，于2011年2月出现。它由史蒂芬·乌伦巴赫（Stephan Uhrenbacher）创立，总部设在汉堡。此人还创立过一家名为Qype的公司，是美国消费者点评网站Yelp的翻版。乌伦巴赫为9flats筹集了大约1000万美元，并表示他也想成为线上旅游产业的“全球参与者”。（这家翻版公司的广告语是：“不在他乡做异客，四海之内皆家园。”）

另一家成立于当年4月的克隆公司对爱彼迎产生了更大的影响。

这家公司名为 Wimdu，其总部设在柏林，是由桑维尔兄弟创建、投资并运营的，他们就是哈顿伯恩曾提醒布莱恩·切斯基注意的可怕的德国三兄弟。Wimdu 的网站和爱彼迎有着相似的浅蓝色配色方案和搜索栏，Wimdu 搜索栏中的默认问题是“你想去哪里？”，可以说与爱彼迎的“你准备去哪里？”几无差别。Wimdu 厚颜无耻地在其主页底部打出广告，称其网站背后的“概念”已被美国有线电视新闻网络（CNN）和《纽约时报》等媒体广泛报道。但是这些报道都是关于爱彼迎的，而不是关于 Wimdu 的。

马克（Marc）、奥利弗（Oliver）和亚历山大（Alexander）三兄弟那时都不到 40 岁。他们在德国科隆长大，他们的父母都是有自己的私人律师事务所的律师。三兄弟从小就很亲近，他们一直在探索如何将他们三人的才华结合起来并进一步创造价值。在马克取得了法学学位，奥利弗和亚历山大取得了管理学学位之后，他们搬到了硅谷，并分别在第一代互联网公司中找到了工作。但他们的目的并不是在美国技术行业谋求职业发展，而是观察和学习。在 1999 年返回德国后，他们创立了一个名叫“阿兰多”（Alando）的德文拍卖网站，该网站的外观和运营方式与易趣一样。“阿兰多”很快在德国站稳了脚跟。在公司创立的 4 个月后，易趣以 4300 万美元的价格收购了它，这让桑维尔兄弟迅速跻身百万富翁行列。而这只是一个开始。

在接下来的 10 年里，桑维尔兄弟陆续创立并投资了模仿脸书、婚恋交友网站 eHarmony、推特、Yelp、Zappos 以及 YouTube 的克隆公司，并通过出售这些公司赚取了数十亿美元，而其出售对象往往正是这些克隆公司的模仿对象。他们并不为此感到歉意，并提出“宝马并不是汽车的发明者”这一理由为自己辩护，他们认为真正重要的是执行力以及你如何创建和运营一家初创企业。他们夜以继日地工作，在全球各地奔波，以惊人的速度进行招聘和交易。有关他们独特的工作习惯的故事都颇具传奇色彩。他们的同事说，马克·桑维尔在长途飞行期间也不忘锻炼身体，他会放平座位，然后进行 30 分钟的空中脚踏车练习。而奥利弗在满世界出差时通常只会随身携带一个小公文包，包里只装着一条内裤和一件干净的衬衫。每天早上他都会在宾馆浴室里把不准备穿的那件衣服洗干净，然后把它们留在宾馆里晾干。

桑维尔兄弟把军事动员和战斗术语融入了创建互联网初创公司的艺术中。在 2011 年写给他们在创业孵化器“火箭网络”（Rocket Internet）的同事的电子邮件里，奥利弗·桑维尔用他惯用的生硬的英语，向那些正在开发家具销售网站的同事表示：“必须明智地选择闪电战的时机，（在）每个国家（征战的经历）都会以血淋淋的事实告诉我何时是决战的时刻……现在，是时候决定我们是拼死去赢得胜利还是干脆放弃了……我不接受意外。我要你们三个都确认这个行动计划：你们必须用鲜血签下你们的名字。”

该邮件被泄露给了 *TechCrunch*。奥利弗·桑维尔之后为他的强硬口吻和使用了德国军事历史上一个臭名昭著的术语而道歉。

来自桑维尔兄弟的挑战日益逼近，大多数美国初创公司都对此表现出了恐惧和无力感，并得出结论：妥协比战斗容易得多。在创办 Wimdu 的一年之前，桑维尔兄弟创立了一个名为 CityDeal 的网站，它是团购网站 Groupon 的克隆。桑维尔兄弟以此从火箭网络那里筹集到了 2000 万欧元的资金，并迅速将其发展为欧洲领先的团购网站。他们与另一个名为 DailyDeal 的 Groupon 欧洲克隆网站展开了激烈的竞争。根据卡罗琳·温特（Caroline Winter）在《彭博商业周刊》对桑维尔兄弟的报道，桑维尔一度向 DailyDeal 的许多雇员提供了工作机会，并承诺如果他们跳槽，公司就会向他们提供晋升和涨薪的机会。桑维尔兄弟还散布谣言说 DailyDeal 快要破产了。奥利弗·桑维尔并没有为他们使用了这些战术而道歉。“我认为这些都在商业竞争的范围之内，没有破坏规则。”他对温特说。

2010 年，Groupon 以 1.26 亿美元收购了 CityDeal，并决定让桑维尔兄弟继续负责分公司的经营工作。这是一个巨大的错误。自 2011 年 IPO（首次公开募股）后，由桑维尔兄弟运营的欧洲分公司长期遭受技术问题的困扰，并因为每日两封（而非一封）的团购营销电子邮件疏远了他们的客户。据 Groupon 的一位前高管回忆，奥利弗·桑维尔与 Groupon 的首席执行官安德鲁·梅森（Andrew Mason）经常就每天向客户发送多条信息是不是一个好主意而争论。尽管两封团购营销电子邮件成功促进了营收增长，但这一举措削减了网站的新颖性和交易质量。梅森于 2013 年被免除了首席执行官的职务，部分原因就在于 Groupon 的欧洲业务一直以来存在的种种问题。

这就是布莱恩·切斯基在 2011 年突然面临的严峻挑战。在那年春天，他刚刚听说了 Wimdu 公司。在发现这个新竞争对手的几个星期后，切斯基接到了来自盖·奥西瑞（Guy Oseary）的电话，后者是艾什顿·库彻在爱彼迎的共同投资人，同时也是麦当娜和 U2 乐队等著名音乐人的经纪人。奥西瑞告诉切斯基奥利弗·桑维尔想和他谈谈，并严肃地建议爱彼迎可能不得不做一笔交易。

切斯基打电话给奥利弗，奥利弗在电话里表现得很冷淡，并坚持说他渴望自己构建、发展 Wimdu。尽管如此，他仍然提出可以立即飞往旧金山，这样他们才能进行面对面的交流。

一切都以令人难以置信的速度发生了。几天后，切斯基、杰比亚和布莱卡斯亚克，以及投资人格雷格·麦卡杜和雷德·霍夫曼，与奥利弗·桑维尔在芬威克和韦斯特律师事务所的办公室见面。（爱彼迎在第十大街的办公室实在有些简陋，并且它的会议室是不隔音的。）切斯基吃惊地看到奥利弗从机场直抵事务所办公室，手边只有一个手提电脑包。“在我的记忆中，我从来没有见过哪个人在出国旅行时是可以不带换洗衣服的。”他说。

奥利弗自信地向他们展示了 Wimdu 的网站，以及其姐妹网站，面向中国市场的“爱日租”（Airizu），并提出了他们准备在世界各国招聘 400 名员工和经理人的远大计划。爱彼迎的创始人当时仍在考察和讨论每一位前来应聘的员工，并且为员工的“文化契合度”一事煞费苦心。他们在旧金山仅有 20 名员工，还有另外几十名员工则散布在世界各地处理客户服务方面的工作，这些人大部分时间都在自己的家里工作。奥利弗建议爱彼迎和 Wimdu 建立“合作伙伴”关系。但这句话的潜台词很清晰：奥利弗正拿着一把子弹已经上膛的枪瞄准爱彼迎的头部，而赎金就是收购协议。一场激烈的战斗不可避免。“我们几人只能互相看着彼此，然后说：‘糟了。’”切斯基说，“这件事实在令我们印象深刻。”

会议结束后，他们还和奥利弗在星巴克一起喝了杯咖啡。在这之后，创始人们终于坐下来开始讨论达成这笔交易的可能性。切斯基向杰比亚和布莱卡斯亚克征求意见，希望寻求共识，但三人难以达成一致。他们知道，真正能占据业界主导地位的房屋共享服务必须是全球性的，如此才能为旅行者提供最多种类的住宿选择，无论他们想去哪里旅游。他们也知道，奥利弗并不认同他们的价值观、设计情感，以及他们关于建立一个紧密团结的社区的愿望。奥利弗表现得如此冷酷无情，几位创始人在私下里都将他称为“将军”。

为了收集他们强大对手的更多信息，几周后，几位创始人和董事会成员格雷格·麦卡杜乘飞机前往柏林访问了 Wimdu 的办公楼。在柏林旧城区经过翻修的工厂里看到的景象让切斯基大吃一惊：一排排的员工，大多是 20 岁出头的样子，在酷暑中肩并肩地坐在办公桌前工作，而办公楼里连风扇都没有——简直就是血汗工厂。

奥利弗为爱彼迎公司的创始人安排了一次参观。在很多员工的个人电脑桌面上，他们都看到了同时打开的 Wimdu 网站和爱彼迎网站。“这就是我们所做的，”奥利弗毫无歉意地对他们说，“你们美国人进行创新，而我和我的‘蚂蚁大军’可以迅速建立起公司并发展壮大。”奥利弗还告诉他们，Wimdu 已经从火箭网络和其他欧洲风险投资公司那里筹集了 9000 万美元，其业务规模已经是爱彼迎在德国的业务规模的 9 倍了。

参观之旅结束后，几位创始人与麦卡杜共进晚餐。他们回到在附近租住的爱彼迎的房子后彻夜未眠，讨论他们拥有的选择。切斯基再次试图让几人达成共识，并保证一切都会好起来。但他们现在左右为难。一方面，他们不可能在忠于自己价值观的前提下与桑维尔兄弟达成合作，但另一方面，如果他们不能快速在欧洲展开招聘工作，建立一家在当地运营的爱彼迎分公司，并采取一些类似的残暴手段，他们就不可能与桑维尔兄弟展开竞争。并且，他们也不可能坐视不管。“我们准备离开柏林，做一些我们在这次旅程开始之前本不打算做的事情。”麦卡杜回忆说。

其中一个选择是找到一位能够肩负起当地分公司领导责任的管理好手，并寄希望于他快速拓展业务以对抗 Wimdu 和其他克隆网站。第二天，他们在柏林机场的咖啡店会见了一位候选人——名叫奥利弗·荣格（Oliver Jung）的德国企业家，他是经纪人盖·奥西瑞推荐给他们的。

荣格身材高大，戴着眼镜，和桑维尔兄弟一样有创立克隆公司的黑历史。在过去的几年里，他投资了一个名叫“星”（Xing）的克隆领英网站；一个会员制购物网站“超越货架”（Beyond the Rack），这家网站复制的是美国知名购物网站 Gilt ；还有一个叫作 DeinDeal 的总部在瑞士的交易网站。他也和“将军”一样令人紧张。当几位创始人告诉他爱彼迎公司的困境时，他开始在咖啡店来回踱步，戴着蓝牙耳机命令他在巴塞罗那、巴黎和其他地方的同事登上飞机，开始协调应对。他很了解桑维尔兄弟，他们曾共同投资过几家初创公司。“我知道奥利弗·桑维尔有多疯狂，”荣格说，“我很尊敬他，但我也很害怕他。”

当创始人回到旧金山后，切斯基确信爱彼迎不会与桑维尔兄弟合作。但切斯基还不知道桑维尔兄弟是否能和同样唯利是图的奥利弗·荣格共事。目前，他们还不清楚谁将带领爱彼迎应对这场他们面临的最大挑战。那个星期的一天，麦卡杜和切斯基在一家泰国餐馆共进晚餐。麦卡杜坚持认为只有切斯基才能胜任这一角色，尽管这位 29

岁的首席执行官几乎没有出国旅行的经历，尽管他对如何构建一个大型的全球组织和如何管理公司几乎一无所知，或者坦率地说，尽管他完全不知道应该如何在不需要联合创始人达成一致意见的前提下做出抉择，但切斯基仍然需要挺身而出，并承担起与他的头衔相匹配的责任。

"你是创始人团队中唯一一个直觉准确的人，你知道这家公司应该成为什么样子，并且你拥有领导它的动力和激情。"麦卡杜告诉他说，"所以，是的，我们会雇用奥利弗·荣格，我们必须引入资深人士。但你也必须经常坐飞机出差，花很多时间去学习如何建立和运营一个大型的全球组织。你准备好迎接这个挑战了吗？"

切斯基还没来得及回答这个问题，几周后，一个全新的、与此毫不相关的危机爆发了。

> 在这难熬的三天之前，我刚刚结束了一整周令我精疲力竭的商务旅行，回到了家。但让我没想到的是，我面对的是一间遭遇彻底洗劫的公寓。

一位姓名缩写为 EJ 的房东在她的 WordPress 博客上如此写道。她位于旧金山的家被一位通过爱彼迎网站预订租住一周的客人蓄意破坏并洗劫一空。

> 他们在我锁着的衣柜门上砸了一个洞，还发现了我藏在里面的

> 护照、现金、信用卡和我祖母的珠宝……他们翻遍了我所有的抽屉，穿了我的鞋子和衣服，然后把我的衣服随意地堆在壁橱里一摞潮湿、发霉的毛巾上……虽然正值酷暑，但他们仍然使用了我的壁炉和多根Durafame生产的人造原木将我的很多私人物品烧成了灰烬……从浴室里散发出的无比恶心的气味也令我毛骨悚然。

EJ失去了一切。

她对爱彼迎怒不可遏。这件事彻底揭穿了爱彼迎所说的房屋主人与旅行者之间相互信任的假象，因为显而易见，他们对人性的信任是错误的。她对公司最终对她的恳求做出回应表示了简单的肯定，并在博客中提到爱彼迎的客服团队"太棒了，他们对这一罪行给予了充分的关注"。但她在不久以后就会改变说辞。

EJ的博客帖子在最初发表的一个月内基本无人问津。然而，在7月下旬，当来自安德森·霍洛维茨基金的投资被公开之后，这一事件迅速成为黑客新闻（Hacker News）的热门话题。这家颇受欢迎的线上新闻媒体是由爱彼迎的第一个支持者YC孵化器运营的。该网站的用户纷纷对该事件提出了自己的想法，并开始了一场关于普通人的诚信问题的冗长争论。*TechCrunch* 创始人兼首席博主，以专横作风闻名的迈克尔·阿林顿（Michael Arrington）注意到这个线索，并写了一篇关于该事件的文章，题为"爱彼迎的危机时刻：房东用户的家被彻底摧毁"。

阿林顿和切斯基谈过这篇文章。切斯基告诉他，公司知道这件事，并愿意为 EJ 提供资金方面的援助，帮助她找到新的住房，尽可能满足“她想到的任何能让她的生活轻松一些的要求”。为了迅速行动从而进一步控制这一事件的不利影响，切斯基随后为科技新闻网站亲自撰文，强调爱彼迎的高管们对这一事件“极为震惊和愤怒”，而且自始至终一直与 EJ 保持“密切接触”。

正是这篇文章让爱彼迎真正惹祸上身了。

切斯基的文章发布后的第二天，EJ 重返博客，充满愤怒。事实证明，爱彼迎并没有兑现他们所承诺的赔偿，也没有提供任何替代的临时住所。（根据我与爱彼迎现任和前任员工的多次包含矛盾信息的谈话，这笔钱要么从未被批准，要么从未汇出。）与她进行交涉的第一个人是爱彼迎的“头脑”，布莱卡斯亚克。当时，他临时填补了此前离职的客户服务主管所留下的空缺，而切斯基正在面试众多此岗位的应聘者。EJ 在新的博客文章中写道：布莱卡斯亚克说“他对我的博客文章，以及这篇文章对公司的发展及当前一轮融资的潜在负面影响非常关注”。这位首席技术官建议她关闭博客或更新一个“剧情反转”的新故事。

EJ 表示她现在基本上处于无家可归的困境。她恐惧万分，并且在此情况下还“面临破产”。有些读者表示希望汇款给她，但她告诉他们把钱留着，希望他们“在下次旅行的时候预订一个舒适、安全的酒店房间”。

这是一次毁灭性的谴责。在接下来的 5 天里，一场由推特用户推动的无法止歇的舆论风暴将爱彼迎卷入狂风暴雨，并且拒绝平息。众多科技新闻网站发布了一篇又一篇关于爱彼迎在无法保证居民财产安全的情况下将陌生人聚集在他人家中的新闻。如果这位房主的家在这种有条不紊的破坏面前不堪一击，那么对其他人来说，他们将会面对什么呢？众多愤怒的评论者提议前往创始人的住宅进行抗议，“洗劫门”成为推特上的热门话题。多家主流新闻媒体也报道了这一事件，包括美国有线电视新闻网、《今日美国》以及《旧金山记事报》。切斯基、杰比亚和布莱卡斯亚克让硅谷的批评者们抓住了一个新把柄，他们有了新的理由认为科技初创公司和它们之前的每一家10亿美元公司一样贪婪和冷漠。

就在一年前，这家初创公司的三位创始人和几名员工还围坐在劳斯大街公寓里的一张桌子旁讨论他们的未来。切斯基说：“我们的公司正在被当作一个成年人来看待，但我们还没有真正长大。”但他知道这是一个不够充分的借口。每位精明的投资者都曾对他们提出过，入室盗窃或其他犯罪将是共享房屋的一种可能的后果。然而，爱彼迎对此并没有做好准备，还犯下了疏忽大意的错误，这对一个当时估值刚刚达到13亿美元的公司来说是不可接受的。切斯基说：“人们提出了很多值得探讨的好问题，比如一家价值10亿美元的公司怎么会把事情做得一团糟。”

EJ还提出了一些根本性的问题，这些问题关乎网站用户安全以及爱彼迎在房东和租客之间扮演的仲裁者角色。在这个事件发生之前，切斯基完全认同纯粹主义者对线上交易平台的理解：用户应该通过对自己的体验给出评价来互相警示。不值得信任的行为人会因为糟糕的评价而被赶出平台，也即被网站的自然免疫系统拒绝。

这是一种关于互联网的自由主义观点，散发出一阵阵硅谷“万金油”的虚伪味道。事实上，在严重违反道德惯例的行为或犯罪行为发生后，负面评论就几乎毫无用处了。但是，由于切斯基和他的同事对线上平台的自我监管拥有信心，他们并没有在客户服务或客户安全方面进行足够严肃认真的考量和投入。爱彼迎公司当时拥有 130 多名员工，而客户服务部门的主管是由布莱卡斯亚克和公司的审计员斯坦利·孔（Stanley Kong）兼任的，与此同时，其他的创始人则仍在寻找一位高管来运行这个部门，这一事实已经足够说明问题了。切斯基说："我们把自己看作一家产品和技术公司，而客户服务看起来并不属于产品或者技术。"

在三位创始人眼中，EJ 的第二篇博客文章发布后的一周可以说是他们职业生涯中最困难的一周。他们此前已经告诉自己和每个人，爱彼迎致力于把人们聚在一起，让世界变得更加美好。但现在，这家公司间接助长了一起严重的犯罪行为，并带来了恶劣的影响。在那疯狂的一周的一个晚上，三位创始人从公司出发向南驱车 40 分钟前往他们的第一位创业导师——保罗·格雷厄姆的家。保罗从未见过他们如此落魄。"人们只想看着你们受罪。"保罗·格雷厄姆在厨房里对他们说，"他们想要的是一盎司的血。只要倒在那把剑上，承担责任，大家就会放下这个话题做其他的事了。"

在接下来的几天里，切斯基将他的投资者和顾问聚拢到身边，并对他们做出了适当的忏悔。公司表示将推出 24 小时客服热线，将客户支持人员的规模提高一倍，并组成一个独立于客户服务部门的内部信任与安全部门，专注于防止欺诈行为和处理糟糕服务体验方面的问题。该公司同时还开始着手启动用户身份验证方面的工作，例如：为了让客户的身份信息更加明晰，公司要求客户手动确认他们的电话号码或将其脸书账户连接到爱彼迎平台。

该计划的核心产品被称为“爱彼迎的保证”。在此前加入爱彼迎董事会的安德森·霍洛维茨基金的合伙人杰夫·乔丹，曾在易趣推出过一个类似的程序，叫作“买方保护”，它适用于解决买家和卖家之间的纠纷，并会为在交易中受委屈的顾客提供退款。乔丹提出这个程序在爱彼迎也能发挥作用。切斯基原本打算将保证金设定在 5000 美元这个价位。但随后不久，马克·安德森在一个晚上来到爱彼迎的办公楼，对陷入困境的创始人表达了支持，并建议他们将公告中的保证金金额“增加 1 个零”，将房东的赔偿金提高至 5 万美元。这对当时的爱彼迎来说是一个高风险的决定，因为该公司没有保险，必须自己承担一切费用。

爱彼迎实际上是将巨额的风险投资押注在这一前提下：困扰 EJ 的悲剧是极为罕见的。（转年，爱彼迎将担保金增加到 100 万美元，由英国伦敦劳埃德保险公司承保。）“这就像是一场走投无路之下的冒险。”杰夫·乔丹说，“他们愿意相信大多数人都是好人，以及几乎所有的旅行都是以快乐为目的的旅行。”

爱彼迎还雇用了危机公关公司布伦斯威克（Brunswick），这家公司建议切斯基给他们的客户写一封信。他们给出了一份草案，但切斯基认为这份草案听起来有点儿像例行公事，而且十分含糊其词。他被相互矛盾的建议困扰，开始不确定自己的直觉是否准确，因为他之前所做的一切只是让事情变得更糟。最后，他决定与客户坦诚相见，他与爱彼迎早期的营销主管利加雅·提希（Ligaya Tichy）一起重新写了这封信。

按照格雷厄姆的建议，切斯基完全是本着负荆请罪的态度写的。“在过去的四个星期里，我们真的把事情搞砸了，”他写道，“我希望这能为其他企业提供一个宝贵的经验，让他们意识到在危机时刻不能做什么，以及为什么你要坚持自己的价值观，并相信自己的直觉。”他接受了安德森的另外一个建议：把个人电子邮件地址附在这封信的最后。

切斯基在周末和董事会成员通了电话，宣布了他们准备实施的这些举措。8月1日上午，这封信通过电子邮件发送给爱彼迎的100万名用户，并接受了众多媒体的仔细剖析。正如保罗·格雷厄姆预言的那样，这场互联网风暴平息了，乌合之众放下了这件事，去做其他的事了。一些旁观者对此表示失望，因为看着冉冉升起的初创公司陨落和烧毁是一项令人兴奋的消遣。

EJ事件淡出公众视线，但是暗流仍在涌动。那年夏天，给EJ的家造成毁灭性破坏的客人——19岁的费思·克利夫顿（Faith Clifton）在旧金山被逮捕，罪名是盗窃财物、持有冰毒和诈骗。

EJ，这名30多岁的活动策划人的真名是艾米丽，她决定继续向爱彼迎施压。根据前爱彼迎员工的叙述，双方在当年进行了调解，爱彼迎同意支付她一笔可观的和解补偿金，双方还达成了一项保密协议，让整个事件尘埃落定。后来她拒绝了我的采访，她在一封电子邮件中写道：“这件事是我生命中一个重要的篇章，但我已将其深埋很久，不愿再重新提起了。”切斯基和爱彼迎也拒绝讨论EJ事件的结局。

公司平息了这场风波，在这个创立以来最大的挑战中幸存下来，并为其客户增加了新的保护措施。但无论如何，这一事件都无法改变人性。上文中那名前爱彼迎员工表示，向EJ支付的私人款项，是公司向那些经历了可怕遭遇，甚至悲剧性事件的用户提供的首批赔偿。

同年夏天，爱彼迎搬到了新的办公地点，位于旧金山繁华的波特雷罗地区的罗得岛街 99 号，仿佛整个痛苦的故事没有发生过一样。

切斯基和杰比亚第一次有机会在他们的工作空间展现他们的设计灵感。这间办公室被他们放满时髦的长桌子、埃姆斯椅、豆袋椅，还有一个可以让员工小憩片刻的树屋，卫生间的墙上则挂着一个羚羊头装饰。三个会议室都是仿照爱彼迎网站上展示的供游客租住的房间来设计的。此外，办公室的墙上还印着一句励志名言："生活如此美好。"

那年 8 月，爱彼迎举行了一个聚会来庆祝乔迁新居。来客们伴着说唱歌手 MC Hammer 的歌在屋顶上跳舞，玩滑雪球，喝鸡尾酒。中途，创始人还站在椅子上向众人发表了讲话。乔·杰比亚穿着身前有蓝白相间褶边的白色燕尾服，戴着巴拿马草帽出席了聚会。科技媒体界一致把这次奢华的庆祝活动解读为另一个不可避免的科技泡沫的佐证。但当时只是 2011 年夏天，他们还没有见识到任何真正能被称为泡沫的疯狂增长。

尽管表面一派祥和，但爱彼迎实际上仍然处在战时状态。在柏林机场的那次会议之后，奥利弗·荣格已经有一个月没有收到布莱恩·切斯基的消息了，因为切斯基此前一直被困在 EJ 事件中。在过去的几周里，尽管荣格认为自己加入这家创业公司的机会越来越渺茫，但他对这家公司的前景越发充满热情。一次，他和一位马德里的老朋友喝咖啡，巧合的是，这位老友已经通过爱彼迎将他的公寓出租了 6 个月，并把这笔收益拿来旅行了。他甚至没有看到过爱彼迎投放的广告，仅仅是因为看了关于这家公司的新闻报道，就去尝试了这项服务。荣格由此看到了爱彼迎的服务覆盖全球的可能性，而且达成此目标所需要付出的客户获取成本很可能相当低廉。

最终，在那年夏末，荣格打电话给切斯基询问后续，而切斯基则告诉了对方这则消息：他决定不与桑维尔兄弟及其克隆公司 Wimdu 合作了。据红杉资本的合伙人林君睿回忆，切斯基当时已下定决心，他告诉其他几位共同创始人、公司员工以及投资者："他宁可与恐怖分子战斗至最后一刻，也不愿意在谈判中屈服。"在一次简短的电话通话中，切斯基直截了当地向几乎一言不发的奥利弗·桑维尔告知了自己的决定。切斯基已经为全球协同应对挑战做好准备，他邀请荣格来美国共商此事。

通话转天，荣格乘飞机前往旧金山。当他抵达爱彼迎位于罗得岛街的办公室并目睹了这家公司古怪的工作仪式，比如午餐瑜伽和每周一次的全公司踢球比赛后，他彻底震惊了。他曾经听说过 Wimdu 的血汗工厂和"蚂蚁军团"，而爱彼迎的情况则完全是 Wimdu 的反面。"我感觉这家公司只有 30 个人待在办公室，而且每个人看上去都很放松。"荣格说，"有人在打乒乓球，有人则带了一只狗来上班，因为那天是它的生日。不仅如此，每个人都为这只狗庆祝了生日。"

荣格最初的反应是恐慌：哦，上帝啊，看来 Wimdu 会彻底击败爱彼迎。之后，切斯基出来迎接他，并把他介绍给公司的每位员工。荣格在连续的面谈中度过了一天，最后还和麦卡杜通了电话。麦卡杜对他进行了连珠炮似的发问，包括他将聘请谁担任地区经理，他准备如何建立一支全球团队等问题。到了傍晚，切斯基和他的合伙人似乎都对荣格很满意。当荣格最终签订了一份以个人名义投资爱彼迎的合同，并受聘担任爱彼迎国际扩张行动的领导者时，切斯基告诉他："这将是你一生中做过的最好的交易。"荣格此前已经在欧洲和以色列向多家初创公司投资了数百万美元，但切斯基的话是正确的，这笔交易的价值从数量级上就打败了之前的一切。

切斯基撰写了爱彼迎国际扩张行动的商业计划。而奥利弗·荣格所创建的每个新的区域分公司将负责拓展可供出租的房源，并为房屋所在社区提供支持服务。旧金山团队负责开展基础技术研发工作，并协调营销和宣传以制造用户需求。他们的目标是提供 Wimdu 没有也不愿意复制的事物——爱彼迎的使命感，以及在内部用户之间建立起一个亲密的互动社区。切斯基指派他最早的雇员莉莎·杜博斯特（Lisa Dubost）与荣格共事，并选择爱彼迎的新任国际业务主管马丁·赖特尔（Martin Reiter）审查新员工的招聘工作，确保公司在所有新区域的负责人都能体现公司的价值观，符合爱彼迎的整体形象。

那年秋天，荣格在世界地图上钉上图钉，认真思考阻挡桑维尔兄弟发展势头的最佳方法。他先后在柏林、伦敦、巴塞罗那、哥本哈根、莫斯科、巴黎、印度和巴西的圣保罗等地设立了新的分公司。当年 6 月，爱彼迎收购了德国一家规模较小的克隆公司 Accoleo，并在汉堡开了一家分公司。荣格走遍欧洲和亚洲，每天与地区经理候选人进行几十次面谈，就像是在进行闪电约会一样。在每次面试结束前，他都会问候选人："你对这个机会有何感觉？"如果候选人被潜在的可能性深深激发，并且足够讨人喜欢，荣格就会把这名候选人送到旧金山，让切斯基对其进行最终面试。

爱彼迎为每位新的地区经理提供了一套线上工具，以监测当地业务的健康状况。除此之外，他们还为其提供了一个被切斯基称为“盒子里的办公室”的工具包，其中包含一本建立类似爱彼迎总部的工作环境的指南，以及各种道具，比如一个便携式的乒乓球桌，以及Zappos创始人谢家华写的《传递幸福》（*Delivering Happiness*）和苏斯博士写的《哦，你要前往的地方》（*Oh，the Places You'll Go*）两本书。“布莱恩总是很担心如何将爱彼迎的文化传递出去——每个地区的爱彼迎分公司让人感觉如何？”杜博斯特说。她后来成为爱彼迎的商务旅行副总裁，并于2016年离职。

一些新的地区经理将切斯基视为他们的榜样。在莫斯科，荣格雇用了一位Groupon前高管，尤金·米罗波利斯基（Eugen Miropolski），他很快就将自己的家租了出去，开始像切斯基在旧金山所做的那样租住城里的爱彼迎公寓。在巴黎，麦肯锡公司前顾问，奥利维尔·格雷米伦（Olivier Grémillon）计划举行社区聚会来迎接新的房东用户，他还设立了24/7客户支持热线，配置法语使用者为接线员，为房东和客人提供全天候服务。

2012年1月，爱彼迎公开宣布其分布在全球各地的国际分公司开业。三位创始人都出动了，每个人都去参加了在不同城市举办的发布会，并在巴黎和柏林会合举行庆功会。据切斯基回忆，他差不多有18天没睡过好觉了。他们对新员工进行了培训，发表了关于爱彼迎社区的激情和潜力的演讲，会见了数百位房东，送出了无数个拥抱。“这给了你一种感觉：这家公司不是纯商业导向的。”印度德里最早注册的房东用户之一纳林·杰哈（Nalin Jha）说。他在参加了该公司召开的第一次本地会议后，于同年申请注册了该服务。他的申请很快就被地区经理通过了。“这虽然只是一个小小的拥抱，但它暗示了这家公司是有灵魂的。我正在成为这个社区的一部分——这是一件非常有吸引力的事情。”

奥利弗·荣格认为，在美国境外，桑维尔兄弟有一年的领先优势。但 Wimdu 的优势并没有持续多久。正如桑维尔兄弟的 Groupon 克隆公司一样，Wimdu 是一个欠缺内涵的公司，其发展的基础是大量没有人情味的销售电话——没有当面拜访，当然也没有拥抱。爱彼迎拥有更强大的技术支持，由布莱卡斯亚克和他在旧金山的工程师团队提供，并受益于全球网络。前往欧洲旅行的美国游客似乎并不在意 Wimdu 在早期建立的行业主导地位，而前往美国旅行的欧洲游客在寻求替代的住宿服务时则不得不求助于爱彼迎。

Wimdu 徘徊不前，并逐渐沦落为房屋共享市场的一个无足轻重的参与者。2013 年，Wimdu 的中国子公司爱日租停业，它在欧洲以外的业务也遭到大幅削减。爱彼迎已经向硅谷证明：战胜克隆者要比收购克隆者更好。“你能对克隆者做的最坏的事就是让他们留下自己的孩子。”切斯基对奥利弗·荣格开玩笑说，“克隆者们都不想要他们的孩子。他们把孩子造出来就是为了卖掉它。”与此同时，爱彼迎继续展翅高飞。2012 年 1 月，该公司宣布，自开业以来，爱彼迎的用户已累计预订其出租房屋 500 万晚，而到了 6 月，这一数字又更新为 1000 万。

爱彼迎的国际扩张行动是成功的。同年，荣格又在新加坡和香港增设了分公司。到 2012 年年底，欧洲已经成为爱彼迎最大的市场，而巴黎是其占据市场份额最大的城市。

不过，爱彼迎的努力并不完美。尽管各地区的分公司的业绩表现都很不错，但荣格最终还是在 2013 年年初离开了爱彼迎公司。其中一些分公司合并了，另一些分公司则因过于依赖拥有多处房源的房东而遭到淘汰，因为爱彼迎更倾向于让那些分享自己的主要住宅的用户受益。在美国总部，迅速的海外扩张引发了一波又一波的焦虑。对于习惯于小规模公司的员工而言，他们更熟悉每个人都相互认识的环境，因而意识到现在世界各地有数百名从未谋面的新同事这件事让他们感到很不适应。“原本，每个人似乎都清楚这家公司所发生的一切，但现在，他们突然变得一无所知。”切斯基回忆说，“这是非常有争议性的一项行动。人们不喜欢这种变化。”

切斯基虽然对这种内部分歧感到不悦，但他努力学着接受它。在 2011 年的混乱中，他找到了自己的立足点，并完全接纳了他作为公司最高层决策者的工作。他制订了一个行动计划来应对 EJ 事件造成的混乱，并选择与桑维尔兄弟战斗，而不是走那条看起来更轻松的道路——与他们合作。他仍然会听取他的同事以及其他创始人的意见，但在那一年之后，他不再一味寻求共识。相反，他会调查并收集各种意见，然后相信根据自己的直觉所做出的决定。

“就是从这个时候起，我开始尝试以一种更有意义的方式承担爱彼迎首席执行官这个工作职责，”几年后他告诉我，“我改变了自己的风格。我希望‘混蛋’不是他们用来描述这种风格的第一个词。但 2011 年是我必须真正成为一名首席执行官的一年，我要成为爱彼迎的守护者，我要让人们相信它，要为它筹集资金，要将我们从真正的危机中解救出来。当我们从 EJ 事件走出来的时候，桑维尔兄弟已经成为比我们刚刚陷入 EJ 事件时更为强大的对手了。”

随着城市逐渐意识到人们把家变成临时酒店所带来的问题，切斯基的勇气很快就会面临进一步的考验。他必须向持怀疑态度的立法者和监管机构证明，爱彼迎的意图是纯粹的，它对城市的影响是富有建设性的。这将是他面临的最严峻的挑战，也将是切斯基的新朋友——同样致力于共享经济扩张运动的特拉维斯·卡兰尼克即将面对的一个更为严峻的挑战。

07

优步的行动手册：扩张开始了

我从未见过哪个创业者像特拉维斯 · 卡兰尼克那样努力地工作，他生活的每时每刻都离不开优步。

— 施欧文 · 彼西弗（Shervin Pishevar，门罗风投合伙人）

在给门罗风投其他合伙人的邮件中写道

对特拉维斯 · 卡兰尼克来说，优步不仅仅是一个能带来巨额回报的投资机会，或者一个前景不错的创业项目。他在 2011 年年初曾对朋友和同事说，优步的蓬勃发展让人充满了动力—这是他整个职业生涯中梦寐以求的创业成就。

卡兰尼克已经准备好将所有精力投入新事业，并希望他的员工也能够像他一样努力工作。面对那些他内心认为可能会阻碍优步顺利发展的人，他表现出了异乎寻常的强硬姿态，将他们驱逐出了核心团队。他认为优步一定会冲出旧金山，征服全世界。

与爱彼迎的策略不同，在开展国际布局之前，优步还有很多工作要做。爱彼迎在上市后很快就成为一家全球性公司：在与创业圈克隆王桑维尔三兄弟的竞争的驱动下，切斯基和他的同事们必须通过正面进攻来争取市场主动权。相比之下，优步的计划是有条不紊地进入每一个新的市场，并在每个城市招聘正式员工，依靠这些员工招募司机、向乘客推广其服务，以及与监管机构沟通协商。不同于切斯基选择的那条看上去更轻松的发展路径，卡兰尼克建立全球帝国的过程将非常艰辛。

卡兰尼克的首个目标是纽约，全美国一半的出租车司机都在这个城市里拉客。不同于卡兰尼克的家乡洛杉矶根深蒂固的汽车文化和拥堵的高速公路，纽约是全美人口最密集的大都市，城市居民都不愿意拥有自己的汽车。这意味着，如果优步能够在纽约获得成功，那么它也许就能在任何地方获得成功。

为了推进其业务在纽约的扩张，优步雇用了刚从康奈尔大学毕业的马修·库奇曼（Matthew Kochman）。库奇曼在大学三年级时创办了一个名为 MESS（Moving Every Student Safely，意为“为每个学生提供安全乘车服务”）快运的校园巴士租赁项目，该服务允许姐妹会和兄弟会的成员在线上预订巴士车票，从而减少聚会后酒后驾车的可能性。这个项目发展得很快。有很多次，高大帅气的库奇曼本人就坐在巴士前排，用对讲机与巴士上的同学们交谈，逗他们开心。

毕业后，库奇曼搬到了纽约并成立了一家公司，该公司能够帮助父母通过短信为孩子支付打车费用。他与一家伊萨卡市本地的出租车公司达成合作，共同对这项服务进行了测试，他还联系了乌干达的一个技术开发小组签订合约，共同搭建这项服务。但乌干达开发小组最终没能实现这项服务的目标功能。正当库奇曼开始怀疑这个项目是否可行的时候，他在旧金山举办的一次技术会议上读到了一篇关于优步的文章。随后，他给瑞恩·格雷夫斯发了电子邮件，并约他见面喝咖啡。在那次会面中，库奇曼的经历和他的年轻活力给格雷夫斯留下了很深的印象。几周后，格雷夫斯给他发了电子邮件，问他是否有兴趣成为优步在旧金山之外的第一位总经理。

在曼哈顿下城区百老汇与格兰德街拐角处的一处共享办公空间里，库奇曼设立了优步在旧金山之外的第一间办公室，并在头几个月里努力开拓优步在纽约的业务。但受制于一条极少实行又极其重要的监管规定，优步在旧金山市成功的市场推广难以复制到纽约。根据复杂的城市出租车规定，为城市交通提供服务的司机（按监管机构的说法，即出租车司机）必须依附于某个实体组织，要么是专业的出租车公司，要么是能够调度车辆、分配乘客的小型本地组织，同时，所有此类车辆都必须配有相应的许可证。但卡兰尼克拒绝将优步注册为实体组织，他担心这将让公司陷入疲于应付监管机构提出的各种额外费用和牌照要求的泥潭。不仅仅在纽约，优步在其他其准备进入的城市也会面临同样的问题。他觉得优步应该尽量远离监管机构的控制。尽管相关的监管法律很少被真正执行，但优步在严格意义上其实是在逐步引导出租车司机违反规定，注册为优步的司机。

到了 4 月，库奇曼已经找到了一些愿意冒险的出租车司机，他们希望利用载客前后的空当来赚钱。借助这些司机的支持，优步开始在纽约的五大行政区测试服务。次月，这项服务在当地的一个技术界的线下聚会上悄然启动，但当时，平台能够调度的车只有为数不多的几辆。库奇曼承受的压力可想而知。更让他焦虑的是，卡兰尼克还想在 6 月的国际创新大会上与布莱恩 · 切斯基共同亮相，向公众宣布优步进驻的第二个城市——纽约。于是，库奇曼雇来两名新员工，其中一个负责监督司机方面的运营，另一个负责向乘客推广该项服务。为了促进业务增长，他们开始为注册成为用户的司机和乘客提供福利，就像他们在旧金山做的那样：优步给司机提供装有优步应用程序的 iPhone 手机，并向他们担保了每小时 25 美元到 35 美元的最低进账；而那些用优步打车但没有被司机接单的乘客则会得到 10 美元的补贴。但没过多久，优步就入不敷出了。

由于平台上少得可怜的汽车数量，当时的纽约用户使用优步打车的等待时间长到难以忍受。据库奇曼回忆，在创新大会当天，优步在纽约的城市街道上只拥有大约 100 辆车。（对比一下近期的数据：2016 年，优步在纽约市拥有超过 3.5 万名活跃的司机。）当这个世界上最大的媒体市场的客户注册优步并试图使用其服务叫车时，他们发现，他们要么没车可用，要么就需要花费 10 分钟以上的时间等车。卡兰尼克对此很失望，他在演讲中说："当消费者的需求超过我们能够提供的服务时，等待时间及其他方面的体验就很难达到合格的标准，这并不是我们想要看到的结果。"

接下来的几个月，库奇曼处在令人抓狂的精神压力下和日夜不停的工作状态中。“我们需要更多的车！”卡兰尼克在电话里对他咆哮。

“你需要加快速度。”格雷夫斯给他的建议听上去毫无用处，“你必须得苦干一番。”

而且，对于优步在纽约面临的迫切问题，库奇曼和卡兰尼克的看法并不一致。卡兰尼克仍对与克莉丝汀·哈亚希和旧金山市交通局打交道的经历耿耿于怀，他鼓励库奇曼无视纽约出租车与豪华汽车委员会（简称纽约车委会）及其规定，并认为这些规定以保障消费者安全为幌子，其实质目的是保护传统出租车集团行业的利益。

库奇曼对此建议不置可否，但他在进入优步前就曾成功获得伊萨卡市议会的批准，得以在政府允许的前提下运营 MESS 快运，而且他很擅长与监管机构打交道。因此，库奇曼不顾卡兰尼克的命令，与纽约车委会的代表碰了面。在会面中，他告诉对方：“我们肯定也不希望付出努力推广一项会让城市陷入停顿状态，因而会被立即关停的服务。”

卡兰尼克听说后勃然大怒。据库奇曼回忆：“他脸色铁青，恼怒至极，说我不服从管理。”但发完火，卡兰尼克还是乘飞机抵达了纽约，和他一起访问了纽约车委会。这是优步与纽约车委会的第一次会面，也是一次成功的会面。卡兰尼克向车委会表示，优步平台上的车辆不是随叫随到的，其运营方式与出租车并不一样。但注册优步平台的汽车的确符合法律对出租车的定义，并且乘客同样需要提前预订，只不过提前预订的时间是上车前 5 分钟而不是上车前 60 分钟。车委会副局长阿什维尼·查布拉（Ashwini Chhabra）——在三年后加入优步并成为其政策规划部门的负责人——在最开始只要求优步平台显示司机的驾驶证件和隶属单位即可。

优步获得了监管部门的首肯，但仍然没有招揽到足够的司机。为了寻找一个完美的解决方案，正如卡兰尼克与格雷夫斯最初在旧金山所做的那样，库奇曼去拜访了几家豪华汽车公司。有一天，他冒险去了布鲁克林，在离郭瓦纳斯运河一个街区远的一间办公室里，他见到了联合运输集团（Corporate Transportation Group）的乌克兰籍创始人爱德华·斯林宁（Eduard Slinin）。这个集团是一个由十几家汽车公司组成的伞式联盟组织。如果库奇曼能争取到斯林宁的支持，那么联合运输集团下属公司的汽车资源就可以解决优步面临的供应困境了。

库奇曼花了两个小时的时间向斯林宁和另外 7 个面无表情、穿着细条纹西服的公司高层解释优步正在做的事情。然后，他听到了一大堆关于为什么优步不可能在纽约获得成功的理由：监管机构的反对，司机无暇查看智能手机上的订单，各大银行和律师事务所已经与各家豪华汽车公司建立起深厚的关系。据库奇曼回忆，谈话结束时，斯林宁告诉他："听着，我喜欢你。但我建议你不要在纽约发展优步，这对你没有好处。"

库奇曼很挫败，并认为斯林宁所说的话意味着对他的人身威胁。（在后来的一次采访中，斯林宁否认他曾威胁过库奇曼。）当卡兰尼克听到此事后，他表现得很平静。"如果你真的被干掉了，你知道这会带给我们多大的压力吗？"他开玩笑说。但库奇曼很生气，就像贾森·芬格在前几年创办无缝车轮后遭到威胁的感觉一样，他担心自己以后走在街上要警惕身边经过的每一辆出租车。

库奇曼认为，卡兰尼克昂扬的斗志可能会对优步的发展不利。他在与行政运输集团（Executive Transportation Group）的谈判中取得了很大的进展，该集团在纽约有大约 2000 辆豪华汽车。但当他带着卡兰尼克前往集团办公地与对方的董事会开会时，对方开始怀疑这项合作是否能正常进行，并且给出了充分的理由。会议结束后，他们两人在优步上叫了一辆车。卡兰尼克对库奇曼说："我们要在背后捅他们一刀。"这个说法后来被卡兰尼克否认了，他说他当时是真心想跟对方寻求合作的。

但无论如何，优步与豪华汽车集团的结盟都会注定走向失败。优步最终会向司机们提供稳定的乘客来源，给予他们优渥的佣金分成，而在这之前，司机们不得不将这笔钱上交给像联合运输集团和行政运输集团这样的豪华汽车集团。

库奇曼还记得，从与行政运输集团的会议回来的路上，卡兰尼克还跟他谈到了杰克·多西（Jack Dorsey）。对于这位推特和 Square 的联合创始人，卡兰尼克一直怀着敬畏而嫉妒的复杂情绪。杰克·多西在 2008 年被推特解雇，但他随后又成立了支付公司 Square，再次以更加优雅的形象出现在大众面前。可见，互联网创业的成功可以让一个人摆脱黑历史，重塑其公众形象。

"路上，特拉维斯向我透露，杰克在其职业生涯早期所展现出的形象与现在完全不一样。在离开推特之后，他从公众的视野中消失了。在那段时间里，他开始进行自我反省。然后，他重新回到人们的视野，并彻底脱胎换骨。"库奇曼回忆说。

到了那年春天，卡兰尼克和库奇曼的关系已迅速恶化。卡兰尼克希望看到优步在纽约实现快速增长，从而向投资者展示成果，以筹集更多的资金帮助优步扩张到美国的其他城市。

而库奇曼则认为卡兰尼克扰乱了优步的正常发展，对优步未来的设想太不实际——每天与投资者会面，然后在其位于曼哈顿下城区的优步办公室构想一些与汽车服务看起来并不相关的业务，例如未来的优步也许能提供送餐服务。此外，库奇曼还曾在私下无奈地表示，他在大学时期已习惯成为人群中的焦点，但在优步，他的光芒完全被特拉维斯掩盖了，媒体的关注点永远在特拉维斯身上。

之后不久，他们的关系就完全破裂了。库奇曼认为，他作为优步在旧金山以外的第一个总经理，理应成为公司的主要股东之一。但当他在纽约雇用新员工时，他发现在由基准资本和比尔·格利主导的A轮融资启动之前，原本应属于他的那部分股权份额就已经被分配出去了，而非他原来以为的在融资之后才分配。这意味着他的股权比例远远低于他之前的预期，因为初创企业的新投资者会稀释老股东的股权。库奇曼很恼怒，他认为自己被故意误导了。两人在索霍区的蒙德里安酒店进行了一次剑拔弩张的会面，他暗示卡兰尼克当初在面试中有意隐瞒了实际的薪酬待遇。

但卡兰尼克根本没心情听他讲话。"你是个雇员。我们付给你薪水。你还是干你的活儿去吧！"他说。

库奇曼后来决定孤注一掷。他写了一封邮件，发给了他在康奈尔大学结识的首轮资本公司的合伙人，比尔·特伦查德（Bill Trenchard），特伦查德是优步的天使投资人。他在邮件中列举了一系列针对卡兰尼克和格雷夫斯的投诉，并表示优步的领导层内部普遍缺乏信任，对未来没有信心，至少有 5 名优步的早期员工正在考虑离开；“管理者完全听不进去别人的意见”。库奇曼在邮件的最后建议“重组管理层”，并恳请特伦查德将这封邮件转发给优步的其他投资者。

然而什么都没有发生。几个星期后，怨气未消的库奇曼再次邀请卡兰尼克共进午餐。卡兰尼克为自己在上一次谈话中对库奇曼的冒犯表示了抱歉，但库奇曼还是宣布自己打算辞职。他提前三个月提出了辞职申请，并于当年的 9 月离开了优步。因为没有待满一年，他也没有拿到被分配给他的 5 万股期权。库奇曼万万没有想到：短短几年后，他放弃的这些股票的价值就超过了 1 亿美元。

我在 2015 年年初第一次见到库奇曼。他在提及卡兰尼克给自己的待遇以及优步对其竞争对手和司机所采取的激进的商业手段时仍难以释怀。但几个月后第二次见面时，我惊讶地发现，库奇曼的怒气平息了，语气也变得柔和：他终于能坦然面对自己因年少轻狂而错过的机会。

“在 23 岁的时候，我制订了一个计划，在设想中，这计划最终会逼走特拉维斯，然后由我来顶替他的位置。这就是我那个计划的真实意图。”在威廉斯堡的一家咖啡馆里，库奇曼向我坦诚表示。这家咖啡馆离库奇曼的新公司 Buster（主要运营巴士出租业务，但不久之后就倒闭了）很近。他说，从优步离职以后，他向媒体披露了优步遇到的问题，提醒有意向的年轻人不要去那里工作，并建议风险投资公司不要投资优步。他还为 Lyft 和 Hailo（一家英国的租车服务公司）提供咨询服务。

“在我和特拉维斯的最后一次会面里，我已经尽了最大努力尝试着和他达成一致了。”库奇曼说，“而我想说的是，尽管我们对很多事情的意见不一致，但毫无疑问，特拉维斯是一个非常出色的家伙，他建立了一个庞大的企业，而我为自己曾经是其中一员感到自豪。”

离开优步后，库奇曼曾试图与卡兰尼克取得联系，但对方没有回应。对此，库奇曼并没有怪罪对方。他说他最近做了一个很真实生动的梦，他梦见他和卡兰尼克一起在花旗球场观看大都会棒球比赛，讨论过去发生的事情。库奇曼叹息道：“但这永远不会发生。他恨我。”

在进入优步工作之前，奥斯丁·盖特一直漂泊不定。在应聘咖啡师被拒后，她作为第一个实习生留在了优步。在工作中，盖特努力让自己成为一个难以被替代的角色。但她在优步的第一年过得并不容易，她清楚地意识到，差不多每个人都在一边做事，一边夸大自己的功劳。

意识到自己的处境后，盖特要求自己要更有建设性地思考问题。那年 3 月，瑞恩·格雷夫斯解雇了另一名早期员工史蒂芬·施迈塞尔（Stefan Schmeisser），随后任命盖特负责优步司机的运营工作。因此，她有了充分的机会做出改变。一天，她在旧金山的办公室里完成了针对一名司机的培训，之后她走到外面去喝咖啡，刚好看到了那个司机钻进了一辆粉红色的小货车。于是她突然想到，公司应该对车辆进行检查，以确保车辆符合优步当时的高标准。

后来，她又决定对优步司机进行测试，以确保他们至少大致了解所在城市的地标（此时的优步应用程序还没有实现乘客直接输入目的地后自动导航的功能）。她委托一位林肯汽车的司机，索芬·瓦利，帮她收集出租车司机入门考试的相关资料。之后，在瓦利和其他司机的帮助下，她修订了试卷，变更了其中的一些问题，以满足优步高端用户的期望。例如，优步会问司机是否知道丽思卡尔顿酒店的具体位置，但不会问他们是否了解城市监狱在哪个方向。

那年，盖特通过电话沟通与纽约的库奇曼实现了紧密合作，并震惊于库奇曼对卡兰尼克有如此多的抱怨。7月，卡兰尼克选定西雅图作为优步拓展业务的第三座目标城市，并正式启动优步在全美的扩张行动。他派盖特和格雷夫斯在新的城市设立分公司并组建一个当地的团队。盖特当时刚刚在旧金山签下了一个公寓的租约，还没来得及住上一晚。在接下来一年半的时间里，她一直在各地出差，拓展当地业务。

盖特和格雷夫斯参照纽约的三人架构建立了西雅图的运营团队：首先，总经理负责监管全市的整体业务，并直接对营收增长负责；总经理需要具备企业家的旺盛精力和积极进取精神，并且在与监管者的谈判中要保持足够强势的态度。其次是运营经理，通常需要扮演类似于管理顾问或投资银行家这样的分析型角色，对注册司机的数量增长负责，确保每一个使用优步应用程序的乘客都有车可叫。最后是社区运营经理，他需要擅长营销活动，并且富有创造性，其主要工作是激发人们的叫车需求。

这一三人架构成为优步早期在每个新城市设立分公司、组建当地团队的模板。它就相当于优步的特警队，让优步得以快速融入当地市场，并迅速开展新业务。“这对于一家科技公司来说是非常新颖独特的。”在关于优步首次扩张豪华汽车业务的采访中，卡兰尼克告诉我，“以往的技术公司只关注产品和工程，管理者在总部坐享其成。当它们进行扩张行动时，它们只不过是启动了另一台机器。但是当我们扩大企业规模时，我们必须拥有更多的车，并确保平台上的每一位司机都能提供相同质量的服务。”

在卡兰尼克和格雷夫斯的支持下，盖特完善了这个扩张模板的其他方面，并将其全部记录在一份在线谷歌文档中，作为优步进驻新城市的指导手册。手册内容丰富，包括：招揽司机时可以通过浏览 Yelp 上的豪华汽车公司排名，或者前往在机场等候区等待接客的豪华汽车聚集区；新城市分公司的启动仪式应该邀请尽可能多的当地媒体和科技界名人来参加，同时，最好选择一位当地的名人作为这个城市的第一名优步司机，并鼓励这位名人在其个人博客进行宣传推广；等等。

优步还采用了一些额外的策略来吸引司机和乘客，比如提供补贴和优惠福利，以及一个很关键的基本动作：在每个新入驻的城市开设一个独立的优步推特账户。那份谷歌文档被视为公司的工作手册。“而开拓西雅图的计划成了我们对工作手册进行第一次迭代的好机会。”盖特说。

9 月，盖特在优步进驻的第四个城市——芝加哥待了几周，并在当地举办了一个正式的发布会。随后，她奔赴波士顿开设第五个新的分公司。对一个蛰伏了三年的公司来说，这一切都在以闪电般的速度发生。在旧金山市中心，优步总部现在在办公共享公司火箭空间（RocketSpace）那里拥有 6 张办公桌，卡兰尼克每天就在这里观察每个城市的市场运营状况，并将其与旧金山的早期经营状况进行比较。每一个地区的总经理都有责任将其所在城市的优步业绩曲线保持在旧金山的早期业绩曲线之上。在一旁观察的比尔·格利对此印象深刻：

“我目睹了数百名企业家为了迅速打入其他城市的市场而付出了失去原有市场的代价，而我从来没有担心过优步会出现这个问题，它的扩张行动是一个系统性工程，其决策过程包含大量的数学应用。”

在波士顿举办完发布会的第二天，盖特接到了格雷夫斯的电话，公司希望她到纽约任职，因为马修·库奇曼带着手下的员工们离职了。优步在这个全美最大和最重要的出租车市场中迫切需要支援：司机数量增长缓慢，而且纽约车委会已经被出租车司机们对优步的投诉弄得焦头烂额，正如旧金山市交通局曾经遇到的情况一样。政府官员表达了对优步的监管合规性的担忧，并发出了勒令禁止通知函。

因为不喜欢住酒店，盖特在曼哈顿东村租了一间爱彼迎的房子。她将会在那里住上 5 个月。很快她就发现，通过优步叫车从她住的地方前往位于布鲁克林绿点区的优步纽约分公司的这段路程每天都充满了不确定性——可用车辆很少，而等待时间很长。而且，大型出租车公司拥有明显的竞争优势，它们粗暴地要求优步将司机的最低薪酬水平上调至离谱的地步，如此才允许其司机使用优步的手机应用。优步必须重新考虑策略。卡兰尼克也不得不放弃他的固有信念，做出一些妥协。

第一步是与纽约车委会展开深入对话。为了在纽约取得突破，以及应对在每个城市都会面临的一系列监管挑战，卡兰尼克雇用了他的第一个说客：布拉德利·图斯克（Bradley Tusk），他是当时的纽约市长迈克尔·布隆伯格（Michael Bloomberg）的前助理和竞选经理。卡兰尼克在优步位于市中心的办公室与图斯克见面，并询问他的收费标准。图斯克告诉他，他的咨询费用是一个月 25000 美元。

“现金支付吗？你做了一笔不错的生意。”卡兰尼克若有所思地说，“用部分股权来代替可以吗？”

图斯克同意了，他获得了优步的5万股，恰好与刚刚被马修·库奇曼放弃的股权数额一致。这份合同很可能是自从说客这个不寻常的职业诞生以来最值钱的一份合同。

图斯克加盟后，优步高管们开始定期拜访阿什维尼·查布拉以及他的上司——纽约车委会主席大卫·亚斯基（David Yassky）。事实上，对于在博隆伯格领导下的商业友好型政府而言，他们倾向于支持一家试图改变纽约出租车行业的科技创业公司。这个行业太过顽固，不仅抵制对车辆进行现代化改造，还拒绝在车上安装信用卡读卡器，乘客们对此怨声载道却又不得不接受。不过，得到了政府支持的优步，第一步还是要遵守他们的规则。为了吸引纽约的司机，优步不得不在纽约注册一个实体公司。

卡兰尼克一直以来都表现得非常争强好胜，但他作为“规则破坏者”的公众形象在当时还未成形。他明白，此时在纽约注册一个实体公司符合优步的长期利益。按照纽约车委会的规定，任何拥有实体公司10%及以上所有权股权的人必须到申请机构接受指纹采集并亲自签署企业申请表格。2011年10月19日，加内特·坎普、比尔·格利和特拉维斯·卡兰尼克在单调乏味、亮着白炽灯的纽约车委会分支机构会合，排队等了一个小时。“这是格利第一次不得不去做一件他觉得十分难以理解的事情。”坎普说道。

登记为实体公司只是优步纽约战略的第一步。在仔细研究了优步纽约最初7个月的订单数据后，优步的高管们意识到，他们可怜的车辆供应量根本无法覆盖 300 平方英里的城区范围。如果不能快速增加车辆数量，或许他们可以选择把已有的车辆投放到最繁忙的街区。因此，盖特和纽约的运营团队开始引导司机到那些乘客最有可能接受单价 35 美元的豪华车型的地方，例如华尔街、上东区和索霍区等。

优步进一步将纽约分割成不同的目标区域，其高管称之为“索霍战略”，这个战略将在即将到来的全球突击战中起到重要作用。对更有可能使用优步的潜在用户群体来说，在他们日常出入的地区投放充足的车辆能够确保良好的用户体验，如此，他们就会将优步推荐给周围的朋友，这就刺激了用户需求的上涨，反过来吸引更多司机入驻优步。“到那时我们才清晰地认识到，把旧金山市场的解决方案照搬到纽约并不一定奏效，我们需要因地制宜。”瑞恩·格雷夫斯说。

索霍战略收到了立竿见影的效果。优步的工程师开始熟练地监控这项服务并识别出需求最旺盛的乘客群体。乘客用户的等待时间在逐渐下降，优步对纽约司机群体的吸引力则稳步上升。通过注册为实体公司，优步司机利用智能手机应用程序提供载客服务不用再冒着违反法律的风险。在这两个关键的变化完成之后，同旧金山一样，优步在纽约所提供的高端汽车服务的订单量开始迅速增长。

这个局面进一步鼓舞了特拉维斯·卡兰尼克。那年秋天，他意识到优步必须跨出美国，拓展到全球一线城市去击败模仿者。于是他要求优步的工程师为优步进驻其第六个市场——巴黎，做好技术准备。卡兰尼克希望在法国互联网大会上正式宣布优步进驻巴黎，这也是优步开拓的第一个国际城市。卡兰尼克选择在法国互联网大会发布此消息是有原因的：正是在三年前的大会上，他和坎普谈起了这个当时还在设想中的关于按需用车服务的计划。

那时，优步已从之前的共享办公空间迁至一处单独的办公地，位于市场街 800 号大厦的第 7 层。公司圆形会议室的窗外正对着城市的核心商业地带。在新办公地点工作的员工有 20 名，主要是工程师和数据科学家，另外还有十几名员工在外地工作。

卡兰尼克希望在短时间内实现优步在海外城市的扩张，但这一想法遭到了工程师们的反对。在巴黎启动优步服务需要一系列的技术准备，包括接通当地的信用卡，自动将欧元转换为美元，同时还要将这个应用程序的语言从英文翻译成法文，等等。

卡兰尼克则一如既往地坚持自我，要求他的团队更加努力地工作以实现这一目标。“不要问‘它能实现吗？’，只问‘它应该如何实现’。”据一个雇员回忆，卡兰尼克当时经常跟工程师们这么说。

卡兰尼克去巴黎参加法国互联网大会的时候仍然坚持在酒店房间里通过 Skype 与公司员工保持联系，他远程监控工程师们的工作进度并提出苛刻的要求。每个人都在没日没夜地加班，大多数人都睡眠不足，缺乏耐心。有一天在办公室，米娜·拉达克里希南（Mina Radhakrishnan，优步的新产品总监，前谷歌经理）对同事们喊道：“有没有人能让特拉维斯闭嘴！”当时，卡兰尼克正在指责他们没有按时准备好优步落地巴黎的技术。

据该公司的第一位工程师康拉德·惠兰回忆，在巴黎发布会的前三周里，他们每天都待在办公室，从早上 7 点半工作到午夜，包括周末。“特拉维斯让我印象最深刻的一件事就是，他对我们说：‘看，优步正在走向全球，而且马上就要正式在巴黎启动了。’但每一个工程师都没有信心，纷纷表示：‘这是不可能的，这么多的工作，我们根本不可能完成。’但我们最终搞定了，虽然它并不完美。对我而言，这是我在优步体验到的诸多重要时刻之一。对我来说，特拉维斯这个家伙总是实打实地向我们展示什么叫‘一切皆有可能’。”几年后，惠兰告诉我。

卡兰尼克按计划在法国互联网大会上介绍了优步的服务。但优步的投资者对此既惊叹又有些担忧。“（巴黎的发布会）没有任何意义，一点儿都没有，”当时卡兰尼克最亲密的顾问之一，喜欢穿牛仔衬衫的天使投资人克里斯·萨卡说，“我们那时还没有进入洛杉矶、休斯顿这些市场空间巨大的汽车服务市场。但正是这种纯粹的野心展现出了投资者与世界上最伟大的企业家之一之间的区别。我们可以看到所有不去做这件事的理由，而特拉维斯知道这件事终会成功。”

整个 2011 年，卡兰尼克反复思考优步实行动态定价这一举措的合理性。为了鼓励更多的司机在节假日夜晚接单，优步在旧金山的跨年夜里将乘客的乘车费用提高了一倍。通过让乘客支付更高的费用刺激更多的司机上路，同时减少部分低收入乘客的订单，优步保证了高峰时期平台供求关系的平衡。这项举措还可以帮助解决出租车行业存在的最大问题之一：乘客在最需要打车的时候无车可打，例如在醉醺醺的周末晚上、假期或者下雨天。

“在跨年夜、万圣节或大型音乐节当日，乘客的打车需求通常非常高。”在那年 8 月的“本周初创公司”（*This Week in Startups*）播客节目上，卡兰尼克如此解释道。当时，优步还没有真正出台动态定价的具体方案。“在上面这些情况下，人们要花很长的时间叫车，通常要按20次按钮才能叫到一辆车。所以，将车费提升到与需求相匹配的水平是合理的。这就是古典经济学。”

但在优步内部，并不是每个人都同意这个经济学原理以及卡兰尼克在那一年扩大动态定价机制应用范围的尝试。许多员工认为，动态定价可能会影响用户对优步的忠诚度，而且也不一定能激励司机。据瑞恩·格雷夫斯回忆，关于如何称呼这种价格变动，大家的意见也不一致。卡兰尼克认为，“动态定价”这个名字并不完全准确，因为这个价格永远不会低于基准价格。他认为“峰时加价”的表述更准确，而且本身就包含了关于“涨价”的信息，而这正是这个方案的关键所在。“这个名字设计出来就是希望达成令人望而却步的效果的。”格雷夫斯说，“它是在鼓励一部分乘客去选择其他的交通工具。”

优步在万圣节前夕再次进行了一次峰时加价的测试，将峰时价格提高到了基准价格的两倍。这个过程是接受人为干预的：6个城市分公司的总经理当晚在Skype聊天室集合，监控优步车辆使用此项服务的情况。如果出现可用车辆减少的情况，经理们就会提高叫车价格。而在旧金山，卡兰尼克直接将这个新的定价功能纳入了优步后台。

但卡兰尼克认为，要想在需求爆发的时间段真正实现供需平衡，优步必须完全取消价格上限，让市场这只无形的手来决定叫车价格。对此，所有来自优步内部的反对意见都被驳回了。因为该公司的首要目标是确保随时随地有可用车辆，无论是白天还是晚上，而峰时加价举措可以帮助优步实现这一目标。

在新年夜，卡兰尼克和优步大部分工程师都跑到哥斯达黎加一边度假一边工作。当时的工程师团队在凯文·诺瓦克（Kevin Novak，曾担任密歇根州立大学核物理学研究员）的领导下开发了一个可以自动根据可用车辆的减少提高打车价格的算法。在哥斯达黎加的海滩上，卡兰尼克和同事们实时观察着这个新的不设上限的定价算法在各大城市的应用状况。但他们看到的是一场灾难。“我们知道这会很艰难，但我们不知道会那么艰难。”卡兰尼克说，“我只有72个小时……”他的声音越来越小，一点点沉浸在了关于那个晚上的糟糕回忆之中。

午夜过后，纽约和旧金山的打车价格上涨了7倍。乘客不得不为较短的车程支付超过100美元的费用。被激怒的用户涌到社交媒体上抱怨自己的糟糕体验。虽然优步向用户显示了诸如“1.8×”或“2.5×”这样的提价倍数，但用户要么没看到，要么没能理解这个数字的含义。优步即将面临第一次严重的公关危机。

“虽然我很高兴自己安全回家了，但昨晚我的车程只有1.5英里，而优步却收了我107美元，这实在是贵得离谱。”一个纽约人在推特上吐槽道。

卡兰尼克在哥斯达黎加目睹了一切，而他的第一本能就是反击并捍卫他心爱的品牌。“在你约车之前，车费的加价幅度就已经在应用上注明了……这只是一个选择……选择使用该项服务的人已经决定好如何花自己的钱了。”他在推特上回复了一个用户。他还对另外一个为3分钟的车程支付了63美元车费的用户说：“‘在收费时被高价吓坏了’这个说法并不公平，我们的记录显示你在叫车之前在不同的时间段里看到了4次关于价格上涨的通知。”

当然，指责用户没有任何意义。商家坐地起价的故事一直是科技博客以及《纽约时报》《波士顿环球报》等主流媒体关注的焦点。卡兰尼克指出，从历史上看，油价一直是随着供给条件的变化逐步上涨的，在过去的 70 年里，人们只能接受它，并不断适应地面运输价格的上涨。

私下里，优步的高管们都知道优步这次搞砸了。芝加哥分公司的一位经理，同时也是瑞恩 · 格雷夫斯在大学里认识的一个朋友，艾伦 · 佩恩（Allen Penn）表示，公司还在研究新的算法会如何影响价格，以及用户会如何反应。他说："我们的信息传递不够明确，在会花掉多少钱打车这个问题上，我们没有跟用户沟通好。"即使是卡兰尼克也对自己在媒体上引起的轩然大波感到有些懊悔。在这件事过去几个月后，他告诉我，在价格上涨的沟通细节上，甚至连字体大小和措辞都是很重要的。"我们试图在一个晚上改变已经持续了数十年的打车车费固定这一模式。人们难以避免会对此感到焦虑。"

优步的投资者克里斯 · 萨卡对卡兰尼克的危机公关处理方式很恼火，并提到了 2006 年脸书用户在脸书首次在信息流中加入新闻推送这一变更提出抗议后，马克 · 扎克伯格对用户的反驳所引起的巨大争议。（"冷静一点"，这是扎克伯格在他的个人博客上对脸书用户的回复。）"你不能粗暴地跟用户说：'自己去习惯这件事吧！'你必须这样说：'我们正在努力解决这个问题，这是一个好建议，我们将进一步改进我们的应用程序。'"萨卡说。

当时，卡兰尼克似乎坚信，峰时加价只是适用于特殊节假日的价格调节工具。“我认为随时变化的打车价格不是我们想要的结果，”他告诉《纽约时报》，“但是在万圣节和新年的时候，我们还是会使用这个工具。”

后来，一位同事帮助他改变了想法。迈克尔·鲍（Michael Pao）当时刚从哈佛商学院毕业，他改变了卡兰尼克对招聘MBA员工的反感，加入了瑞恩·格雷夫斯的运营团队。他在芝加哥工作了几个星期，然后在10月搬到波士顿。在那里，他遇见了奥斯丁·盖特，后者当时正忙于组建一个当地的团队。由于一直找不到合适的地区总经理，鲍便主动承担了这份工作。

鲍在波士顿住了6年，他很熟悉这个城市一到周末就出现的交通不便问题。由于波士顿的大多数酒吧会在凌晨1点钟左右关门，因此，在周五和周六的晚上，很多醉醺醺的乘客都会在这个时间点摇摇晃晃地走到大街上打车。而出租车司机不想被弄脏车后座，更不想跟酒鬼扯上麻烦，于是都会选择在这个时间点之前赶回家。

优步平台上的司机也自发地做出了同样的行为。鲍仔细研究过，如果他不能解决这个问题，优步恐怕很难在波士顿实现业务增长。于是，鲍开始通过进行关于调整车费的试验来试探市场反应。在第一个星期，他让乘客的车费保持不变，但在晚上增加了付给司机的车费。对此，司机们虽然仍然不情愿在夜间载客，但大多数还是选择逗留至酒吧打烊之后。事实证明，司机的工作时间是非常灵活的，优步可以通过提高车费的方式促使某个时间段的车辆供应增长。接着，鲍又在第二周将波士顿的优步司机分成两组：第一组司机享受了夜间车费加价的待遇，而另一组则没有。结果不出所料，获得较高车费的司机在高峰时段出车时间更长，载客次数更多。

鲍得到的统计数据结果是在此前的峰时加价测试中没有被发现的。他把这个结果展示给了卡兰尼克，并表示通过在特定时间向司机支付更多的车费，他可以让车辆供应增加70%~80%，并减少2/3的未完成需求。卡兰尼克被说服了，峰时加价机制在优步公司内部得到了认可，尽管外界对其在新年夜所做的试验给出了负面回应。此后，无论是媒体排山倒海的批评，还是监管机构的敌意，抑或是乘客们对激增价格的反感，都没能再让卡兰尼克对此举措的实行摇摆不定了，因为他有数据作为支撑。

“我们的原则很清楚。”他在2012年对我说，“第一，优步永远是一个可靠的打车服务。永远。对一个城市来说，你不可能对城市中的某些其他交通系统给出同样的评价，事实上，所有的交通系统都不行。”

“第二，我们只在乘客数量激增的时候实施动态定价，或峰时加价。随着车费价格上升，有更多的司机愿意接单，这就意味着乘客等待的时间会更短。事实上，动态定价意味着遭遇打车难问题的人会变少，人们有了更多的选择。”

当然，这只是故事的一部分。通过加价将服务提供给有能力支付额外费用的人，优步解决了需求高峰期车辆短缺的问题。但这个经济学游戏的另一面是残酷的，乘客们不愿意因为身处高峰时段而为同一段路程掏额外的钱。批评家们后来将这个策略与卡兰尼克的推特头像联系了起来——当时，他的推特头像是安·兰德的《源泉》这本书的封面。“这不是一个政治声明，”卡兰尼克在回答《华盛顿邮报》记者的问题时说，“这只是我很喜欢的一本书，我是个建筑学爱好者。”①

无论如何，卡兰尼克对峰时加价机制的坚持至少给一位旁观者留下了深刻印象。“特拉维斯是一个真正的企业家。”亚马逊创始人兼首席执行官杰夫·贝佐斯告诉优步的董事会成员比尔·格利，“大多数首席执行官面对这种情况可能都会向舆论屈服。”当时，亚马逊也正处在铺天盖地的质疑声中。

2011 年秋天，特拉维斯·卡兰尼克再次计划融资。与即将从幕后释放出的敌意相比，围绕峰时加价的质疑根本算不了什么。

虽然公司规模仍然很小，但优步的增长表现让人眼前一亮。9 月，根据优步与投资者分享的数据，优步平台上的订单成交额达到了 900 万美元，佣金收入达到 180 万美元，活跃用户数达到 9000 人，其中旧金山的用户占比 80%，而优步在其他城市的发展速度也在不断加快。在投资者会议上，善于推销的卡兰尼克提出了一个诱人的愿景：优步将成为一个像联邦快递一样的全球品牌，在未来，它很可能以更低的价格水平推出新的汽车服务。高盛总裁加里·科恩（Gary Cohn）说：“这些图表中的所有数字都让我大吃一惊。”他和卡兰尼克在优步位于市场街的办公室见过一面。会面结束后，他回到高盛说服高盛拿出 500 万美元投资优步。这为这家投资银行与优步建立起紧密的合作关系奠定了基础。

并不是每个人都参与了这场盛宴。以数字天空科技的创始人尤

① 《源泉》的主人公是一名建筑师，其设计风格被当时的社会视为异端，全书呈现了安·兰德对个人主义的崇尚和赞美。——译者注

里·米尔纳为代表的投资者只听了几分钟就拒绝了优步的融资邀请，理由是卡兰尼克并不是像脸书和谷歌的首席执行官那样的内向的技术天才。其他几家公司则表示有兴趣再了解一下。但卡兰尼克明确倾向于投靠安德森·霍洛维茨基金，这家硅谷顶级风投机构位于加州门罗帕克的沙山路，当时才刚刚成立两年。这家公司在几个月前领投了爱彼迎的 B 轮投资，并帮助这家房屋共享创业公司成长为一头独角兽。

布莱恩·切斯基也倾向于安德森·霍洛维茨基金。该公司由企业家马克·安德森和本·霍洛维茨共同创立，以对创业公司的较高估值而闻名。卡兰尼克和切斯基都希望争取安德森的新合伙人杰夫·乔丹的好感，后者是线上平台动态研究方面的专家。

起初，安德森·霍洛维茨是最积极的投资人，他对优步这家初创公司的估值超过 3 亿美元。但马克·安德森后来改变了主意。根据《名利场》的报道，在与卡兰尼克共进晚餐的时候，安德森说优步的财务状况还不足以支持如此之高的估值，他准备将估值调低为 2.2 亿美元。

虽然对于估值下调感到失望，但卡兰尼克暂时同意了新的条款。可是，在看到合同细则时，他彻底傻了眼。由于预期之后会有大量新员工加入，安德森·霍洛维茨基金希望优步建立一个庞大的期权池（将股份分发给新的高管和雇员）。对之前的投资者和员工来说，这意味着他们的股票将被进一步稀释。这是个致命的错误，卡兰尼克觉得自己受骗了。幸运的是，他还有一个备用计划。

出生于伊朗的施欧文·彼西弗是硅谷最古老的风险投资公司之一，门罗风投的合伙人，他也一直在争取优步这一次的融资名额。彼西弗留着胡子，喜欢与人拥抱，也很容易多愁善感。作为一位企业创始人，他的履历好坏参半，而作为一位风险投资人，他是硅谷新兴投资者的代表。彼西弗的商业经验有限，但他拥有极强的社会关系网和感召力，不仅善于鼓励别人，还是一个思想领袖，能接受日新月异的新趋势，也愿意公开表达对所投公司的支持——不论是发推特，还是用所投公司的 logo 改造自己的发型（这件事他做了两次）。最重要的是，彼西弗在东西海岸都拥有完美的人脉网络，而且还有马克·安德森无法提供的资源：与名人和政治家打交道的机会。这迟早会派上用场。

卡兰尼克喜欢彼西弗，当他之前决定和安德森·霍洛维茨基金合作时，他曾委婉地拒绝了后者，但彼西弗亲切地告诉卡兰尼克：如果这轮谈判在结束前出了任何问题，请随时打电话给他。和安德森·霍洛维茨基金谈崩后，正在参加都柏林一个技术会议的卡兰尼克立即打电话给彼西弗，询问他门罗风投是否仍对投资优步感兴趣。彼西弗当时正准备在突尼斯的一个活动上发表讲话，同时调养他疼痛的背部。尽管如此，他还是立即登上了飞往都柏林的飞机。

在都柏林，卡兰尼克和彼西弗走在鹅卵石铺就的街道上，一边喝啤酒一边谈论优步的未来。彼西弗嗅到了巨大的商机，他愿意以 2.9 亿美元的估值为优步提供 2500 万美元投资，他甚至都没有要求在优步的董事会获得席位。这意味着卡兰尼克可以推迟将董事会的决策权转移到投资人手里的进程，虽然就长期而言，这是不可避免的。彼西弗说，卡兰尼克的创业精神和优步所提供的令人着迷的服务都让他印象深刻。彼西弗回忆说，当时，每个优步用户平均每月叫车 3.5 次，会向 7 个朋友推荐这一应用程序。“根据这些数字，我预计他们将在一年内实现1亿美元的总收入。”彼西弗说，“事实上，他们在6个月内就达成了这个目标。”

卡兰尼克现在需要做出一个重大的决定，他必须为此征求意见。迈克尔·罗伯逊（Michael Robertson），一位圣地亚哥的音乐产业创业者，他在卡兰尼克创立Scour的时候与后者相识的，他接到了卡兰尼克的一个电话。这位优步的首席执行官跟罗伯逊解释说，他现在手上有两笔可选择的投资交易，一个是与一位几乎没人认识的投资者（彼西弗）进行的一笔好交易，另一个是与一位比较知名的投资者（安德森）进行的一笔不太有价值的交易，他不知道他现在该如何抉择。“你不需要获得一个风险投资家的认可，你已经过了那个阶段了。”罗伯逊告诉他，“现在的关键是获得更多的资本。资本就是力量。你拥有的资本越多，你的选择就越多。”

卡兰尼克接受了这个建议，并在都柏林谢尔本的酒店房间外与彼西弗签署了一份投资协议。10月28日星期五这天，卡兰尼克给加内特·坎普、优步的其他董事会成员以及芬威克和韦斯特律师事务所的律师发了一封电子邮件，告知他们这笔交易的达成。他在电子邮件中写道：“我们在过去的24个小时里可能没有通过信，所以你们可能想知道我跟安德森·霍洛维茨基金之间到底发生了什么。是这样的，他们在给出一个已经很低的估值（2.2亿美元）的基础上要求我们建立一个很大的期权池，如果你计算一下这些数字就会知道，这显然让我们难以接受。因此，我决定与安德森·霍洛维茨基金正式说再见。优步即将正式进入下一阶段。”

这一轮投资洗牌将为优步带来广泛的影响，也将为优步未来的一个新的竞争对手带来影响。安德森·霍洛维茨基金在意识到这个严重的错误后领投了 Lyft 的最早一轮融资。而优步与彼西弗的交易间接导致了卡兰尼克与他的一个亲密好友关系破裂。

在接下来的几个月里，彼西弗充分发挥了其在社交媒体上建立的巨大关系网络，为优步争取到了多位好莱坞明星和硅谷名人的支持。优步的新投资者包括演员索菲亚·布什（Sophia Bush）、奥利维亚·穆恩（Olivia Munn）、爱德华·诺顿（Edward Norton）、艾什顿·库彻和杰瑞·莱托（Jared Leto）；歌手 Jay Z、杰伊·布朗（Jay Brown），以及“小甜甜”布兰妮和她的前任经理人亚当·莱韦尔（Adam Leber）；还有天才经济人威廉·莫里斯（William Morris）和音乐经理人特洛伊·卡特（Troy Carter）。在科技领域，彼西弗为优步引介了杰夫·贝佐斯和谷歌的首席执行官埃里克·施密特。所有这些知名人士的投资都在 5 万美元到 35 万美元之间。截至 2016 年，他们所持有的的股份价值已经增长了 20 倍。

还有其他人也参与了这轮融资：布莱恩·切斯基。这位爱彼迎的创始人表示是卡兰尼克本人亲自邀请他参与的。“我知道这家公司的发展空间很大，但我不知道到底能有多大。”

一些优步早期的投资者对这种滚动式的、看起来永无休止的融资方式表示了质疑。让他们尤为不安的是，这轮融资结束后，优步给予了这些知名人士同早期投资者一样的待遇。那时，优步每进入一个新市场，其增长的速度就会进一步提升。优步正在不断壮大，而人性中的贪婪也开始抬头。

优步最早的天使投资人克里斯·萨卡比绝大多数人更早意识到了这一巨大的潜在机会。萨卡的投资履历十分辉煌，他参与过很多初创公司的早期融资，他会选择性地翻倍投资，从其他投资者那里购买更多的股份。这些准备卖掉手中股份的投资者要么希望套现，要么对承受持续的风险不感兴趣。凭借娴熟的投资手法，加上他与推特联合创始人埃文·威廉姆斯（Ev Williams）一直保持良好联系，萨卡在推特的高速成长期积累了大量财富。

现在，他希望对优步采用同样的策略。起初，卡兰尼克看起来很听话，但他很快就开始改变主意。萨卡试图重新收购 2010 年优步为获得 uber.com 的域名而出售给环球音乐的股权，但卡兰尼克抢先一步夺回了股权。接着，萨卡与几位早期投资者达成协议，打算从他们那里购买部分股票，但他需要得到优步董事会的批准才能完成交易。卡兰尼克拒绝了这一交易，他担心这会改变公司向新员工发放股票补偿的市场价格。卡兰尼克认为萨卡正试图出售优步的股票，虽然萨卡坚决否认了这一点。

萨卡与卡兰尼克曾是多年的密友，他们曾一起在 Jam Pad 公寓里花费数小时的时间进行头脑风暴，也曾一起在萨卡位于塔霍湖的家中度假。带着卡兰尼克和加内特·坎普到华盛顿特区参加奥巴马就职典礼也是萨卡。而正是在这次典礼上，卡兰尼克和坎普意识到了手机叫车服务的巨大市场需求，并决心创建优步。而现在，优步却横亘在两人中间。卡兰尼克以公司为家，将自己的所有奉献给了这家公司的宏伟前景。在他看来，萨卡只为他自己着想。

2011 年，由于收购股票一事，两个人的关系越来越剑拔弩张。在一次面向施欧文·彼西弗及其名人朋友的融资宣讲活动结束后，两人的矛盾被彻底激发了。卡兰尼克需要萨卡签署一系列结案文件。萨卡后来表示，因为要照顾刚出生的孩子，他当时已经有好几个晚上都没有睡好觉了，在极度疲惫的状态下，他没有仔细阅读文件就签了字。事实上，这份文件包含一项协议，其内容是剥夺首轮资本在优步的部分董事会权利。

萨卡在发现了这项协议后非常生气。因为这项协议不仅关乎他自己，还关乎首轮资本的乔什·科佩尔曼（Josh Kopelman，罗布·海因斯的搭档）。从萨卡刚开始做天使投资起，科佩尔曼就给了他很多的帮助和指导，但现在，萨卡的失误导致科佩尔曼的利益也受到了损害。虽然早期投资者通常会自愿放弃诸如董事会席位以及在未来轮参与投资等权利，但萨卡他们并不愿意被剥夺上述权利。“听着，我还要在这个行业继续干下去呢！”萨卡向卡兰尼克抱怨道。

不久以后，卡兰尼克到萨卡位于圣莫尼卡的家里过夜。当他们在厨房里聊天时，萨卡又提起了这件事，而卡兰尼克冷冰冰地回答道：“你应该学会先阅读文件，然后再签字。”卡兰尼克的冷酷惹怒了萨卡，他和妻子把卡兰尼克赶出了家门。

萨卡继续以观察员的身份出席董事会会议，但不久后，萨卡就不再出席会议了。关于这件事情的来龙去脉，各方都有不同的说法，但起始点是一致的，那就是2012年9月萨卡与彼西弗之间进行的一次对话。根据萨卡的说法，当时他们正在谈论如何支持卡兰尼克迅速成长为一名成熟的首席执行官，而萨卡突然想到，是否能以彼西弗的名义对当时那项协议的签名问题提起诉讼。

而根据彼西弗的说法，萨卡当时表现得十分直接粗暴，在他的压力下，彼西弗别无选择，只能签署这份起诉优步的文件。

接下来发生的事情就完全清晰明了了。彼西弗立即打电话给卡兰尼克并报告了这次诉讼可能带来的威胁。然后，卡兰尼克给萨卡打了电话。对此，萨卡回忆道："他在电话里冲我大吼大叫：'你竟然要起诉我！混蛋！'"

几个星期后，萨卡准备参加原定的优步董事会会议。但卡兰尼克直言不讳地告诉他，他在优步将不再受到欢迎。萨卡则表示他反正也要来公司，和对方"谈个明白"。卡兰尼克回应他说，如果他那么做，那么公司保安会送他离开。后来，芬威克和韦斯特律师事务所向萨卡寄了一封信，信中声明他不能再以观察员的身份参加优步的董事会会议，也无权继续获得任何有关公司的保密信息。

在接下来的几年里，萨卡多次发送道歉邮件，并多次尝试和解。在《福布斯》杂志的一篇文章中，他甚至重新讲述了一遍整件事情的发生过程，并表示这一切仅仅是因为他想要购买更多优步的股票，但这些话只有一半是真的。直到本书出版，卡兰尼克与萨卡仍未达成和解。

2012 年年初，曾在某家葡萄酒电商公司担任营销总监的乔希·莫勒（Josh Mohrer）取代马修·库奇曼正式担任优步纽约分公司的总经理，这让奥斯丁·盖特终于能回到旧金山待上几个星期。想到在这之后她也许会常驻旧金山，盖特养了一只叫杜威的杂种狗。但很快，她又接到了外派任务——这一次是开辟洛杉矶和费城的叫车服务市场。她带着杜威在新的城市里试图寻找一个允许宠物入住的酒店，可惜始终没有找到。“我那时的状态显然不适合养狗。”她后来说道。

广阔的洛杉矶是优步开拓市场、大展身手的绝佳地点。优步在SmogShoppe举行了一个发布会，这是一家由汽车店改造成的餐厅。不少名人嘉宾参加了这次发布会，包括奥利薇亚·穆恩、艾什顿·库彻、美国橄榄球联盟球员雷吉·布什（Reggie Bush），以及知名模特安布尔·阿布奇（Amber Arbucci）。彼西弗的朋友，演员爱德华·诺顿成为优步在洛杉矶的第一批乘客之一。公司将此作为广告登在了官方博客上。不久，这座城市就开始热烈讨论这家公司以及它的名人社交圈了。

优步继续沿用了纽约的索霍策略，首先在好莱坞和圣莫尼卡推出服务，同时为该地区的司机提供每日最低收入的保障。当订单量开始稳步增加后，优步开始对这些地区的乘客直接收取20%的佣金，并将针对司机的每日最低收入保障转移至城市的其他地区。优步通过这种方式逐步开发了整个城市的市场需求。“如果优步选择在一天之内在整个洛杉矶推出服务，我们很可能会一败涂地。”盖特说。

优步在北美各地发展得很快，到2012年年初，优步服务已经覆盖了十多个城市，拥有50名员工，其中一半在旧金山以外的地方。随着银行的风险资本和众多潜在竞争对手的突然出现，卡兰尼克已经做好了猛踩油门、加速前进的准备。“我一直在等特拉维斯说放慢一点儿，”盖特说，“但这从来没有发生过。”

08

特拉维斯法则：共享出行的崛起

我是一个理想主义者，这一直是我的问题，我要在此先向大家表示抱歉。

—— 特拉维斯 · 卡兰尼克，致华盛顿特区市议会成员的公开信

在优步当时短暂却起伏的发展历史上，优步一直在相对谨慎地进军新的城市。虽然特拉维斯 · 卡兰尼克和他的同事并不信奉出租车监管条例，认为这些条例是为了保护传统的出租车公司及其劣质的服务水平不受新竞争对手的影响，不过，他们还是在进驻新城市时仔细研究了当地法律，并在需要的时候做出了让步。总体而言，此前的优步一直保持着遵守法律的形象，一般而言不会主动违背法规。但在接下来的两年里，出于种种出人意料的因素，这一情况发生了变化。

2012 年，优步即将面对强硬的监管机构，一个侵略性十足且扩张迅速的国际竞争对手，而最不可思议的是，它还将面对另外两个来自硅谷的独角兽对出租车法规的颠覆所造成的破坏性影响。这些事件将激发出卡兰尼克非同寻常的适应力和高昂的斗志，伴随而来的则是他为这家公司、为美国的主要城市乃至为整个世界所带来的震撼与变革。

这一切都是从一条推特开始的。

2012 年 1 月 11 日上午 10 点 35 分，一个名为“华盛顿出租车观察”的乘客游说团体发送了一条简短、神秘的推特信息，引用了美国首府出租车委员会一位高级官员的话。这条信息是这么写的：“林顿主席：优步在华盛顿的业务是非法运营的。”

这条推特是从位于阿纳卡斯蒂亚的华盛顿特区出租车委员会总部发出来的。委员会总部所在的大楼是一幢典型的战后建筑。这个城市的出租车司机当时正挤在往常令人昏昏欲睡的听证会上，希望借此发声。他们认为，优步司机在过去的两个月里一直在非法运营。

罗恩·林顿（Ron Linton）倾向于同意出租车司机的说法。距离他被市长文森特·格雷（Vincent Gray）任命为出租车委员会主席刚刚过去 6 个月，当时，林顿已经 80 岁出头了。他是一位慈父般的政策规划师，也是市警察局的一位长期储备官员，性格坚毅，戴着明显的假发。和旧金山的克莉丝汀·哈亚希一样，他也把自己塑造成了一个变革的推动者，决心让美国首都陈旧过时的出租车行业变得现代化。现有的出租车司机通常会无视少数族裔社区，也不愿意接受信用卡付款，而出租车公司甚至没有用车顶灯或者某种统一的颜色将出租车与其他汽车区别开。但林顿决心从行业内部开刀，而且他要保住这 8500 名持证司机的就业机会。优步“的确在非法经营，我们正计划采取措施对付他们”，林顿在听证会上向吵吵嚷嚷的司机保证。

瑞秋·霍尔特（Rachel Holt）是优步华盛顿特区分公司的总经理，她刚刚在新办公室安顿下来，就看到了那条来自听证会的推特。和优步所进驻的其他城市一样，华盛顿的出租车法规错综复杂，似乎并没有哪一条明确禁止优步提供服务。在华盛顿，城市出租车必须用出租车计程器计算车费，而豪华汽车只能收取预订的车费。但相关条款中还有第三种分类，根据《哥伦比亚特区市政条例》第 1299.1 章节的条例——针对这类汽车的规则似乎与针对前两类汽车的规则是相抵触的——搭载 6 名或 6 名以下乘客的汽车可以根据时间和里程数收费。据此，优步的做法显然是合规的。

霍尔特曾是贝恩（Bain）咨询公司的顾问，也曾担任消费品生产商高乐士（Clorox）的市场经理，之前在奥克兰工作，而她的未婚夫在华盛顿工作。当她开始在华盛顿找工作时，她给自己设定了一个重要的条件：“我知道我唯一不想从事的就是政治。”她说。一个朋友给她看了优步发布的一条招聘启事，告诉她优步正在寻找一名能在华盛顿开疆拓土的人才。在见过格雷夫斯和卡兰尼克之后，她说，她对于自己即将拥有“一个城市分公司首席执行官”的自主权，以及有机会为一个年轻、有前途的创业公司工作感到很兴奋。她在旧金山度过了第一个月，然后在纽约的办公室里待了一个月，她逐渐熟悉了这个行业，并帮助格雷夫斯和盖特重新调整了纽约扩张战略的架构。在这之后，她来到了华盛顿。优步位于华盛顿的分公司于 2011 年 11 月开始投入运营，并于 12 月正式启动。没过多久，这个地方那些娇生惯养、已经不适应竞争的出租车司机就因为优步的发展而愤怒不已。

霍尔特看到那条来自出租车委员会听证会的推特后，给林顿的办公室发了一封邮件，要求对方澄清事实。对方说她会在 48 小时内得到答复。那天是周三。而罗恩·林顿果然说到做到。周五，他的办公室通知当地媒体，让他们在康涅狄格大道的五月花酒店外集合。林顿主席随后从克利夫兰公园附近叫了一辆优步的汽车前往酒店。在环形车道上，他碰到了 5 个来自华盛顿出租车委员会的检查人员。

在 3 名记者的围观下，检查人员对司机处以高达 1650 美元的罚款，理由是他在特区驾驶无牌照汽车，且手边没有保险证明，以及其他违规行为。不仅如此，他们还扣押了这辆车，直到马丁·路德·金纪念日那个长周末结束才将车辆返还。林顿在媒体面前猛烈抨击了优步在这座城市引发的监管混乱。他说："优步希望它的汽车既能充当出租车提供服务，也能作为豪华汽车提供服务。按照当前的法律规定，这是不可能实现的。"

霍尔特得知司机身陷麻烦后不到 3 分钟就赶到了现场。她对这一切感到很困惑。根据其他人对实际情况的描述，那位司机是林顿亲自找的，司机是弗吉尼亚人，并不是优步的签约司机。而罚款和扣留汽车的根据是这个城市的一条相当晦涩而又毫无道理的规定——豪华汽车司机必须提前给乘客一个报价，而不是用计价器来根据时间和距离计算车费。罚款处罚对优步是否能继续在这座城市运营并没有实际影响，似乎主要是为了恐吓司机，阻止他们第一时间和优步签约。

这场争论一路蔓延到了互联网。瑞恩·格雷夫斯在优步的网站上就这件事写了一篇博客文章，提到公司会承担司机的罚款，并对其因车辆扣留而耽误的工作给予补偿。他写道："让我们感到惊讶的是，一名公职人员在针对优步违反法律的情况发表声明时竟然没有向我们发送任何通知说明详情。"他还邀请用户在推特上声援优步，或者直接致电或发邮件给华盛顿出租车委员会表达意见。这是优步在这条道路上迈出的第一步，而在这一年，这条道路将变得越来越重要——动员优步的用户代表自己去战斗。

林顿在 2015 年去世了，对他而言，他是在保护出租车公司，同时也是在执行法律。发表声明的几天以后，他对当地的一个叫"华盛顿主义者"（*DCist*）的博客表示："由于优步的运营，出租车公司给我施加了巨大的压力。""……没有人喜欢监管者。我们有规则，有条例，有法律。"也许是意识到自己陷入了监管的困境，他随后把这起事件提交给了市司法部部长欧文·内森（Irvin Nathan），请他来评估优步的合法性。那年春天，霍尔特会见了内森和他的下属。官员们查看了 1299.1 章节的全部条款，他们发现那个看上去像是保护了优步合法地位的条款，其实只不过是一个印刷错误。优步暂时可以继续运营，但它在华盛顿的战斗才刚刚拉开序幕。

在特拉维斯·卡兰尼克前往巴黎和其他欧洲城市的旅途中，一个新兴的竞争对手吸引了他的注意。那是一家名叫 Hailo 的创业公司，其办公地位于泰晤士河畔一艘"二战"退役商船的下层甲板。这家公司当时正向伦敦的标志性黑色出租车（相当于美国的黄色出租车）司机推广其智能手机应用程序。

Hailo 由杰伊·布雷格曼（Jay Bregman）创办，他是美国人，在伦敦政治经济学院拿到了媒体与传播学的硕士学位。布雷格曼从 2003 年就开始为自行车快递员提供 GPS 设备，致力于帮助其找到效率更高的路线。他当时创立的公司 eCourier 领先于时代，但在 2009 年的金融危机中严重受挫。在把 eCourier 出售给了一个更加强大的竞争对手，又看到优步在美国的兴起之后，布雷格曼发现了一个用 iPhone 帮助伦敦出租车司机的机会，因为后者正面临着小型出租车（minicabs）公司迅速扩张引发的残酷竞争。小型出租车需要乘客提前在手机上预订，或者直接前往门店预订。“这个点子背后的洞见是把这些人（黑色出租车司机）带到现代，为他们提供工具，激励他们行动起来，帮助他们赢回工作。”投资银行家罗恩·赞格休博（Ron Zeghibe）说。他帮助布雷格曼卖掉了 eCourier，后来成为 Hailo 的联合创始人和董事长。

布雷格曼为这家新公司的创始团队招募了 3 名伦敦出租车司机，并开始向城市里那些头发花白的老司机提供服务。由于相较小型出租车来说，黑色出租车的车费已经比较昂贵了，因此 Hailo 不会另向乘客收取额外的佣金。相反，公司鼓励司机向乘客收取小费，并从此项费用中抽取 10% 作为佣金。起初，出租车司机们抱怨不断，但没过多久，这个应用程序就开始为司机推送新的乘客，司机们不需要再在街道上来回巡游，花费很长的时间寻找在路边挥手打车的乘客了。到 2012 年年初，Hailo 的下载量已经高达 20 万次，有大约 2000 个司机在使用这个应用。在优步所有那些强大的国际竞争对手中，Hailo 是第一个出现在优步探测范围内且扩张速度十分迅猛的劲敌。

之后，杰伊·布雷格曼犯下了他的第一个致命错误。Hailo 从风险投资公司阿塞尔伙伴（Accel Partners）和原子风投（Atomico）那里筹集了 1700 万美元。2012 年 3 月 29 日，在一场虚张声势的糟糕策划中，Hailo 通过科技新闻网站 *TechCrunch* 宣布了它的扩张计划，这个计划覆盖芝加哥、波士顿、华盛顿和纽约的持证出租车市场——所有优步所在的市场。“Hailo 已经聘请了芝加哥分公司的总经理，并期待在未来几个月迅速发展壮大。” *TechCrunch* 所发布文章的最后一句话如此写道。

Hailo 扩张的消息在全世界范围内引起了广泛讨论，包括遥远的中国。正如接下来我们即将看到的，中国的企业家和风险投资家突然意识到，通过手机应用将出租车和豪华汽车与乘客连接起来，这是一个适用性极强，可以推广至世界各地的想法。问题在于，Hailo 虽然已经广而告之了其扩张计划的目标城市，但它实际进驻这些城市是数月之后的事。而在优步公司内部，高管们仔细分析解读了 Hailo 的计划，其中有关芝加哥的部分拉响了警报。艾伦·佩恩，优步芝加哥分公司的总经理，启动了“战时模式”，于 Hailo 的计划宣布当晚召集同事召开了电话会议，讨论如何应对这场危机。一个显而易见的解决方案是尽全力击败 Hailo，把芝加哥的黄色出租车车队吸纳为优步应用的用户。

这是优步踏出的重要一步，其后果不仅影响了优步的运行方式，而且也影响了优步向世界展示自己的方式。在迈出这一步之前，叫一辆优步汽车意味着优雅、高档和昂贵。乘坐一次优步比乘坐一次普通出租车的花费要高出 50%。在创始人加内特·坎普看来，优步这个名字代表着某种生活方式——从一辆黑色的宝马车出来，与你的朋友在酒吧外见面，这一切都是如此的“优步”。那么，站在密歇根大道和瓦克大道的街角，叫一辆后座弥漫着古怪味道的黄色出租车，是否也能被称为“优步”呢？

在接下来的几天里，公司内部就是否要将传统出租车纳入系统平台一事进行了激烈的争论。如果要将传统出租车的业务纳入系统平台，优步就必须适应出租车关于使用计程器计费的规定以及它严格的资格注册要求。不仅如此，优步还必须将大部分的佣金让渡给司机以代替小费和服务费，这将大幅削减其 20% 的标准利润率。优步的很多员工和高管都对此表示了反对。“我们做的是高端的事情，我们想打造的是‘每个人的私人司机’这样的体验，”一位优步早期工程师赖安·麦克莱恩说，“我们希望它保持高端，而且我们想把它做到极致。而出租车业务给人的感觉正好相反。”

最终，卡兰尼克用自己的见解粗暴地结束了这次讨论。对于优步获得成功的首要因素，他给出了一个独到的理解。“再有人说担心这样做会毁掉这个品牌，我就把这张桌子掀翻在地。”据佩恩回忆，卡兰尼克在一次会议上这样说道，“优步服务的奢侈在于节省时间和提供便利。这和车本身并没有多大关系。”

董事会成员比尔·格利对任何以低于优步的定价提供服务的竞争者都抱持着警惕的态度，在他的竭力主张下，卡兰尼克得出了一个重要结论：优步并不一定要成为一个高端品牌。它可以通过提供最高效、最豪华且价格多元的选择，与所有其他形式的交通工具展开竞争。

就在 *TechCrunch* 的文章发表的一周之后，艾伦·潘恩正在肯塔基州拜访他的家人时，卡兰尼克打来电话询问他能否在一个星期之内推出一项新的服务，Uber Taxi（优步出租车）。实际完成这项工作的时间是三个星期。在旧金山，工程师从优步最近在西南偏南科技大会上进行的一次宣传活动中借鉴了其中关于“让乘客在使用优步叫车时可以在豪华汽车和出租车之间做选择”的功能演示，努力编写代码。在这次宣传活动中，除了上述功能，优步还表示将推出外卖订购、三轮车租赁等服务。在芝加哥街头，佩恩和他的团队开始反复搭乘出租车，邀请出租车司机到优步公司的办公室，向他们展示优步的手机应用程序。

优步在 2012 年 4 月 18 日推出了出租车服务。由于卡兰尼克仍在担心市场的反应，他称 Uber Taxi 来自优步这家规模依然很小的公司的一个子品牌——他称之为“Uber Garage”（优步车库）。卡兰尼克在那年告诉我：“如果我们有一个主意，但是我们不够喜欢它，我们就会把它放进这个车库。”

在进军芝加哥出租车行业的竞赛中，优步领先了 Hailo 一大步。这家伦敦的创业公司至少要在 5 个月之后才会在芝加哥启动它的计划。

但这并不是优步战胜它第一个主要国际竞争对手的唯一原因。两家公司在战略上风格迥异，这一差别在几周后的法国互联网大会上展露无遗。在这场大会上，卡兰尼克和杰伊·布雷格曼在伦敦威斯敏斯特中心大厅同台参加了一场关于出租车应用程序的讨论会，两位首席执行官和他们的投资者展开了一场辩论。布雷格曼带来了他的投资人，来自阿塞尔伙伴的亚当·瓦尔金（Adam Valkin），卡兰尼克则带来了施欧文·彼西弗，后者的新发型就是在后脑勺上剃出了优步 logo 的样式。

首先，两位企业家分别彬彬有礼地陈述了两家公司的差异。Hailo

致力于将现有的持证出租车供应与其平台能够提供的乘客资源连接起来，通过减少空载率来提高出租车司机的收入。优步（除 Uber Taxi 外）则试图建立一个由豪华汽车及专业司机组成的全新网络。Hailo 的司机可以在接受应用程序所分派订单的同时，搭载那些在街上招呼他们的乘客；而根据法律规定，优步的司机不能这样做。

然后，他们开始分别亮出自家应用的强项，指出对方的弱点。“我们并没有根据市场来打造产品，而是围绕顾客的需求创造了一种体验。”卡兰尼克说，他没有注意到他新买的运动外套袖子上的标签还没摘下来，“这可能就是我们之间的根本区别。”

布雷格曼则吹嘘了一番使用持证出租车的好处，并指出优步在纽约仍然面临着尚未解决的问题，比如用户在纽约叫车的等待时间仍然可能超过 5 分钟。而通过给出租车司机的手机安装应用程序，Hailo 可能“会在一开始出现供给过剩的状况，但是通过提供一流的服务，接下来的情况会越来越好，因为我们的出租车数量会逐步增加，客户数量也会很快上涨”。

卡兰尼克平静地指出，在像纽约这样的地方，可用出租车的数量在任何时候都会受到很多因素的限制，比如牌照数量、司机换班和需求激增。他说：“你需要让你的车辆供应保持足够高的灵活性，这正是一个新的网络能够真正发挥作用的时机。”

直至讨论会结束，双方对于哪种方式更好仍没有得出任何结论。几年后，我在西村的一家咖啡馆见到了布雷格曼。他那时已经离开了 Hailo 公司。在把 Hailo 带到北美后不久，Hailo 就被优步彻底打败了。

他告诉我：“我们以为我们会很快吸引到那些原本会在街上挥手叫

车的人使用我们的应用程序，但实际发生的事情是，人们在出行时不再开自己的车或者租车，而是开始使用叫车应用程序。”就像卡兰尼克预测的那样，随着需求的激增，专门面向黄色出租车的应用程序无法像布雷格曼预测的那样维持供应量。

Hailo 后来又尝试转回伦敦，在应用程序中增加了一个小型出租车的选项，就像优步在芝加哥推出了出租车的选项一样。但这一举措并没有起作用。黑色出租车司机感觉自己遭到了背叛，他们冲进 Hailo 的办公室进行抗议，在社交媒体上抨击 Hailo 的三名出租车司机出身的合伙人，公开谴责这三人为叛徒。Hailo 随后不得不退出小型出租车服务市场。“问题在于，”布雷格曼若有所思地对我说，“你必须选择立场。”

那年夏天，优步认真吸取了 Uber Taxi 实验的经验教训。在芝加哥，他们在可用车辆中为乘客同时安排了一辆单价较低的车和一辆单价较高的车，根据内部数据，两种车都有很多用户选择。而且毫无意外，用户更倾向于选择那辆车费相对便宜的车。

所以，如果优步的品牌具有足够的包容性，可以将那些座椅滋生着细菌的黄色出租车纳入服务车辆的范围，那么它还能推出什么其他车型的服务呢？卡兰尼克和他的同事想出了两个方案。第一个是豪华 SUV（运动型多用途车），供大型组织使用，其费用将高于传统的优步豪华汽车。第二个是四门混合动力车，此类车型的单价费用要比传统的优步汽车低。这项服务的名称是“UberX”，这是这家公司当时能想到的最好的名字。“X 是一个占位符号，我们采用这个名字是因为我们想不出更合适的名字了。”优步当时的产品总监米娜·拉达克里希南说。她补充道，我们也考虑过将之命名为“优步环保”（Uber Green）和“优步生态”（Uber Eco），但都被否决了。

现在，需要特别注意的一件事是：Lyft 和 Sidecar 这两家所谓的共享出行公司恰好都在那段时间里在旧金山第一次推出了它们的服务。与这两家公司不同，最初的 UberX 只签约持出租车执照的专业司机。卡兰尼克还想将这一模式扩展至优步的其他车型，即建立一支黑色丰田普锐斯车队，且车队司机都持有出租车执照，就像优步其他车型的司机一样。

优步在 2012 年 7 月 4 日添加了上述这些关于车型的选项，同时发布了一篇博客文章，承诺“选择是一件美好的事情”。卡兰尼克在当天告诉《纽约时报》：“这是优步向大众市场迈出的第一大步。”优步的 SUV 和混合动力车陆续登陆了旧金山、纽约，很快便来到了芝加哥以及华盛顿。

优步的业务在华盛顿以每月 30%~40% 的速度增长，这甚至让当地的分公司负责人都感到吃惊。当瑞秋·霍尔特刚刚开始在华盛顿工作的时候，格雷夫斯曾向她下达要求，即到 2011 年年底前，公司在当地的总营业额要达到 700 万美元。而她在 4 月就达到了这个目标。“我想的是，哇，这一切进展得太顺利了。”她说。但好景不长。优步持续增长的用户量以及 UberX 计划的推出，再次挑起了一场长达 5 个月的毫不留情的政治打压。

在优步管理层与华盛顿司法部部长进行了多次徒劳无益的谈判之后，优步的合法性判定落到了华盛顿市议员玛丽·彻（Mary Cheh）手中，她是当时的交通和环境委员会主席。62 岁的彻是哈佛大学法学院的毕业生，民主党人，多年来一直致力于对华盛顿过时的出租车行业进行现代化改革。她说："我知道优步已经逐渐发展起来了，但即便如此，我还在努力尝试改革出租车行业，这个行业还停留在 20 世纪，甚至 19 世纪。"她也是一个实用主义者。随着关于这个话题的争议愈演愈烈，她一直在向当地很多强大的出租车利益集团寻求签订和平协议的可能。那年春天，她给罗恩·林顿和华盛顿出租车委员会写了一封信，要求他们停止拖走优步车辆。然后，她开始在所有被优步的成功激怒的各方中寻求平衡。

她认为，现在他们需要做的是从那些相互矛盾的法律规定中跳出来，毫不含糊地澄清优步的合法性，并允许它在城市运营。2012 年美国阵亡将士纪念日之后，彻花了一周的时间与瑞秋·霍尔特、优步的说客布拉德利·图斯克的同事马库斯·里斯（Marcus Reese），以及优步雇用的当地知名律师及说客克劳德·贝利（Claude Bailey）进行谈判。她还会见了吉姆·格雷厄姆（Jim Graham），来自第一选区的一位总是戴着领结的议员，也是这个城市的出租车行业及出租车司机利益的最直言不讳的捍卫者。（这位议员的竞选负责人后来被指控并判定在 2011 年收取"非法献金"推动出租车相关的立法工作。）

彻认为这些会谈的结果是一个精妙的短期妥协，她称之为"优步修正案"。这些新的规定是对一项覆盖面更广的交通法案的补充，其赋予了优步合法地位，使得优步可以继续运营。但他们针对优步增设了一个价格下限，要求优步收取几倍于出租车的费用。克劳德·贝利已经习惯于这样的妥协，但可能还没有习惯卡兰尼克狂热的理想主义。

他表示愿意接受这项协议。之后，彻将法案表决通过的投票仪式安排在了 7 月 10 日，并承诺这些条款只是临时性的，将在明年接受重新审议。“我努力向他们解释，这些条文为以后的正式条款预留了空间。我需要的就是一些回旋的余地。”她说。

而接下来发生的事情将在未来的几年里塑造优步的政治策略。这一策略后来被无数科技初创公司效仿。

在旧金山，卡兰尼克一直没有完全同意华盛顿方面关于最低车费的限制条款。而现在，他意识到来自像 Hailo 这样的公司的竞争正在逼近，也意识到像 UberX 这样的服务必须大刀阔斧地降价，这让他更有理由投入战斗，拒绝妥协。这一决定让优步的说客大吃一惊，因为他们原本已经接受了彻提出的条款。

之后，卡兰尼克开始发表强势的反对言论，他在推特上给彻的议案贴上了“价格操纵”的标签，并指责这位女议员在“尽其所能保护传统的出租车行业”。

但是，优步无法只依靠在推特上发声来撼动华盛顿市议会。首先，据优步员工回忆，卡兰尼克向华盛顿的技术社区寻求了支持，并试图争取位于弗吉尼亚州的线上交易公司社交生活（Living Social）的支持。由于没有得到回应，卡兰尼克决定直接接触优步的客户群体。他向数千名华盛顿的优步用户发送了一封慷慨激昂的信，抱怨市议会阻碍优步降低车费，同时向用户承诺优步会继续提供可靠的服务。“‘优步修正案’的目的本质上是保护传统的出租车行业，因为出租车行业对当地的政客有重要影响。”他在信中如此写道，目的就是要指出彻及其同事的腐败问题。他向用户提供了所有 12 名华盛顿市议会成员的电话号码、电子邮件地址和推特账户，并鼓励他的用户借助这些渠道发出自己的声音。

第二天，他又向市议会成员发了一封公开信，这封读来十分令人不快的信这样写道：“你们为何能如此赤裸裸地将某种特殊的利益置于那些选择你的人民的利益之上？这个国家的人民正凝视着你们，想看看华盛顿市民选出的官员究竟代表了什么。”

玛丽·彻对卡兰尼克如此激烈的回应感到吃惊。在 24 小时内，市议会成员收到了 5 万封电子邮件和 3.7 万条带有标签“#UberDCLove”的推特。当他们在 7 月 10 日召开最后一次夏季会议时，彻的同事们充满了困惑和恐惧，并将矛头指向了她。彻在几年后告诉我，“‘优步修正案’对吉姆·格雷厄姆和出租车司机来说是一个赌注”，而现在，随着互联网给市议会成员带来的越来越大的舆论压力，这场赌博显然不再值得继续下去。

她说：“我不想因为这个修正案而失去更多人的支持。”设定价格下限的想法在上午 10 点左右就被否决了，取而代之的是另一项修正案，其允许优步在华盛顿合法运营，直到 9 月的下一次会议。他们会在下一次会议中重新讨论这个问题。

后来，彻将优步比作枪支游说团体：他们一样的固执己见，分寸必争。但实际上，她还没有真正见识到卡兰尼克的强势性格。在这之前，她只是远远地与特拉维斯·卡兰尼克打了一次交道。

在第一次交锋之后，卡兰尼克开始在华盛顿花费更多的时间。说客马库斯·里斯表示，优步的首席执行官在与市议会成员进行一对一谈话时表现得既富有人格魅力又很有说服力。这场谈话是在位于宾夕法尼亚大道具有历史意义的威尔逊大厦里进行的。之后，9 月，卡兰尼克被要求在彻的交通和环境委员会的一个全天的听证会上作证。罗恩·林顿的出租车委员会再次提出了一系列新的限制措施，其中一条规定豪华汽车车队至少要拥有 20 辆车，这条看似武断的条文实则瞄准了那些为优步工作的独立司机。

在参加听证会之前，卡兰尼克从他的说客那里得到了很多建议，包括要坦诚相见，坚持谈话的要点，不要陷入来来回回的哲学辩论，以及不要指望在这种场合给公司做宣传，此外还有在公开听证会上应该表现得亲切温和、彬彬有礼。

听证会当天的下午 1 点 15 分，卡兰尼克出庭作证。当天上午已经到场的有罗恩·林顿，多位司机，还有杰伊·布雷格曼。杰伊·布雷格曼穿着西装打着领带，指出 Hailo 在伦敦和都柏林与监管机构合作得很融洽，并希望在华盛顿也能一如既往。但卡兰尼克没有心情去温柔示好。他摆出事实，进行理性的论述，不是凭借个人魅力，而是亮出了他的真本事。与布雷格曼不同，他并没有打算讨好政治圈。他身穿蓝色外套和白色衬衫，直接打断了彻的第一个问题，并直言“我不同意那种描述”。情况开始急转直下。

卡兰尼克对她说：“你想要确保我们给优步的服务设定最低车费的限制，这样一来就只有富人才能用优步，而中等收入者会拒绝优步。”

彻指出，这项提出又被废除的关于最低车费标准的条款是为了确保大家可以和平过渡到一个更稳定持久的新方案的推出。“我知道你喜欢把这件事当作某种战斗，”她说，“但是你明白吗？我不是在和你战斗。”

“当你告诉我们应该如何做生意，告诉我们不能收取更低的费用，不能以最合适的价格提供高质量的服务时，你就是在和我们战斗。”卡兰尼克回击道。

“你还是想要战斗！”彻恼怒地说。两人的对话又转向了峰时定价。“我很好奇这是不是某种程度的坐地起价。”她说，“为什么乘客需要为高峰时期激增的需求付更多的钱？”

卡兰尼克举了一个苏联时期人们不得不在商店里排长队购买厕纸及其他生活必需品的例子。“商店排长队的原因是厕纸的价格太低了，”他说，“供应量不足。每个人都能买得起厕纸，但他们永远也买不到，因为需要厕纸的人太多了，但能够供应厕纸的人没有那么多。也就是说，当你不能改变商品价格的时候，这种情况就会出现。”

“所以他们真的买不到厕纸。”彻故作惊讶地说。

“这是一个很难处理的情况。”卡兰尼克答道，“你看，价格是政府在控制，但你知道，这种控制并不总是顺利的。事实上，可以说 99% 记录在案的案例都表明政府控制的结果不尽如人意。”

“但我想知道的是为什么你会从中获得好处。”彻说道。她回想起了 1968 年的情景：罗伯特·肯尼迪遇刺后，人们在烈日炎炎下排着长队瞻仰他的遗容，大家内心惶恐不安，而商家竟然趁机抬高了饮用水的价格。“你说这是一个能让每个人都开心的商业模式，但我很难完全同意你的说法！”

在旧金山，优步的新任首席法律顾问萨尔·柳（Salle Yoo）正在观看听证会的网上直播。根据马库斯·里斯的说法，卡兰尼克开始发言没多久，她就开始给他发短信，要求他尽快把卡兰尼克从证人席上带走。而里斯回短信说："卡兰尼克正在发言，我不可能就这样走到证人席，然后跟他说你得走了！"

67岁的议员吉姆·格雷厄姆是出租车司机一方的支持者，他穿着一身灰褐色的西装，戴着金色的领结，坐在彻的右边。"我想说明一点，"他用责备的语气对卡兰尼克说，"如果优步继续在不受监管的状态下运营，而出租车受到的监管越来越严格，就会出现根本上的不公平。"他要求卡兰尼克重新考虑最低费用的问题。"我不想让这个城市完全被优步占领。我真的不希望这样。因为这里承载了出租车行业太多的历史。"

卡兰尼克说："如果你允许竞争，出租车行业会变得更好。"

"但不能是这样的竞争——一方无拘无束，可以为所欲为，而另一方则束手束脚。"格雷厄姆说，"这不是竞争。"

卡兰尼克说："这意味着司机会过上更好的生活，乘客会得到更好的服务。在我看来，这并不是坏事。"

格雷厄姆说，华盛顿特区的很多出租车公司都是小企业。"这是一件好事，这是我们要保护和鼓励的东西。我们并不想仅仅为了整合成大公司而毁掉这些小企业。"卡兰尼克想要打断他，但格雷厄姆继续厉声说道："请问我还是不是这个委员会的一员？我还没有说完，可以不要打断我吗？"

卡兰尼克笑起来，说道："那请你继续吧。"

在卡兰尼克离开证人席后，格雷厄姆显然被激怒了，他建议恢复甚至进一步提高此前提议的最低车费标准。据里斯回忆，珍妮·D.杰克逊（Janene D. Jackson）是华盛顿市长文森特·格雷的副幕僚长，她走到马库斯·里斯和克劳德·贝利旁边，毫不掩饰地对卡兰尼克的证词给出了自己尖刻的评论。她说："永远不要让那家伙再回到证人席了！"不过，杰克逊后来表示她并不记得自己说过那句话。她告诉我："这场听证会很可能进行得很糟糕，因为我什么都不记得了，除了他几乎激怒了所有人。"

但事情还远未结束。12 月，优步在华盛顿如野火般迅速发展起来，并且，优步的用户已经准备好自愿捍卫它的服务。彻和她的同事感觉大事不妙。12 月 4 日，《公共汽车租赁创新修正法案》明确规定了一类新型汽车，其可以通过智能手机应用程序接受调度，并可以按照时间和距离收费。该法案在华盛顿市议会得到全票通过，连吉姆·格雷厄姆都投了赞成票，没有提出异议。"真正的问题是政府能在多大程度上接受民众的进步，"卡兰尼克在几年后告诉我，"实际上，这不是市议会或政府的问题，而是关乎那些传统行业怎样说服政府机构去做那些我认为是错误的事情。"最后，他补充说："华盛顿对进步的接受程度还是很高的。但他们还是花了一些时间才发现并感受到了它。"

优步第一次施展它的政治影响力就取得了胜利。由此，优步掌握了一个新的策略：当传统的宣传策略失败时，优步可以动员它的广大用户，将他们的热情导向那些被民众选举出来的官员。优步不是第一家采用这种策略的公司，但它很快就成为这方面的绝佳典范。首战告捷后，优步又陆续在剑桥、马萨诸塞州、费城、芝加哥等地争取到了用户的支持，赢得了第一波政治斗争的胜利。

卡兰尼克几乎违反了宣传教科书中的所有规则。优步公司的律师和说客曾请求他以谦卑的姿态寻求妥协，发表证词，但他们显然没有成功，而现在，他们转而开始用恭敬的语调低声议论这个打破了他们此前所有假设的新策略，即“特拉维斯法则”：

> 我们的产品比现有的服务优越太多，因此，如果我们给人们提供机会去看、去尝试，那么这个世界上任何一个地方的政府，除非其对人民无动于衷，否则他们就会需要我们，并捍卫我们存在的权利。

那年秋天，很多事情都值得庆祝。优步在Hailo登陆美国之前完成了对对方的拦截，在华盛顿赢得了胜利，并且证明了特拉维斯法则的正确性。这家公司现在拥有100多名员工，并且仍在快速扩张。他们搬进了市场街南区霍华德街405号5楼的办公室。这个新的办公地很普通，有三个会议室，没有厨房，电梯里总是挤满了人。司机们通常聚集在大厅，等着领取公司提供的iPhone。工程师在办公室从早上一直工作到深夜，偶尔会在密集的小隔间周围玩曲棍球游戏来缓解压力。在一片喧哗吵闹声中，只有卡兰尼克无法安静地坐下，总是被发现在他的办公室里踱来踱去。

这家公司有望在12个月内实现1亿美元的收入。为纪念这一时刻，卡兰尼克在离旧金山4小时车程的塔霍湖租了几栋相邻的房子，让整个公司的成员在那里住了一个星期。公司早期的一名工程师瑞恩·米基伦还能回忆起他曾和康拉德·惠兰一起坐在一栋房子的门廊，望着远处的湖。惠兰对他说：“多年以后，大家都会说起来，‘我当时参加了优步的塔霍湖之行’。”

米基伦称之为“一个势不可当的时刻”。这家规模很小，曾经所有员工都挤在一间会议室里工作的初创公司，现在正在改变世界。“这太疯狂了。”他说。但真正的疯狂甚至还没有开始。

在美国，更重大的事件正在上演。对于那些认真研究优步现象，并能够得出合乎逻辑的结论的人来说，一个几乎可以说是显而易见的想法已经呼之欲出了。这个想法既吸引了那些愿意无视几十年来严格执行的交通法规的冒险家，也吸引了那些理想主义者，他们认为这个想法是如此的强大和必要，以至政策制定者别无选择，只能违背法律来适应它。

这个想法是这样的：在此之前，优步只允许持有执照的私人司机和出租车司机使用其平台。那么，如果你向任何一个有车的人开放平台，允许他通过智能手机应用程序接送使用该平台打车的乘客，会发生什么呢？你可以通过填补空载车辆的座位有效减少美国高速公路长期拥堵的状况，还可以让所有的司机都能兼职赚点儿外快。它可以是一个面向所有人的拼车服务，就像加利福尼亚的 511.org（511 高速公路协助）或者华盛顿的 Sluglines 搭车平台等组织化的数字平台，司机可以在指定的停车场搭载需要拼车的乘客，然后进入拼车专用车道（HOV lanes）。

10 年前，这个点子可能会被称为“移动搭便车”之类的东西。但现在，这个点子的发起人为了让其符合州法律对临时拼车的保护，努力想出了一个更加无害的名字：共享出行。

早在互联网共享出行成为一个巨大商机之前，它就已经存在了，尽管它在最初看上去难以归类，也没什么特别之处。共享出行在很多城市的克雷格列表和跑腿兔（TaskRabbit，工作任务认领服务平台）上都是一个很受欢迎的独立类别。跑腿兔成立于2008年，据其创始人利娅·布斯克（Leah Busque）称，在网站创立初期，关于希望搭车去机场的任务信息占到了网站流量的10%。

1997年，印度人苏尼尔·保罗（Sunil Paul），反垃圾邮件公司Brightmail的创始人，突然萌生了一个想法：在未来的某一天，手机可以为那些准备前往同一目的地的人提供便利。据此，他提出了"确定有效运输路线的系统和方法"，其于2002年被美国专利和商标局授予专利。2004年，保罗把Brightmail卖给了个人电脑安全供应商赛门铁克。在做了几年风险投资之后，受到优步成功的启发，他在旧金山跟人合伙创立了一家名叫Sidecar的公司。

Sidecar自2012年2月开始通过适用于iPhone和Android系统的智能手机应用程序提供打车服务。虽然它于2016年在资金和技术上败给了优步和Lyft，最终破产，但它仍然有资格被称为共享出行领域的行业先驱。能开车载客的不仅只有出租车司机或持有执照的私人司机，而是所有人，包括你的叔叔弗兰克，哪怕他只是开着他那辆破旧的雅阁2008，干着一份不怎么样的油漆工的工作，他仍然可以开车载客，只要他通过了线上的背景调查，能够出示驾照和保险证明，并获得乘客的好评。起初，使用Sidecar的乘客并不需要付费，他们被鼓励向司机支付"一定数额的感谢费"，而Sidecar公司会从中扣除20%作为佣金。Sidecar希望自己的服务向拼车而非出租车靠拢。保罗在那一年告诉我："我们的愿景是让你的智能手机变得像你的汽车一样强大。"

Zimride也是共享经济的先驱，尽管其成功的机会似乎十分渺茫，但从长远来看，在卡兰尼克和他的同事眼里，Zimride是和共享出行这个想法联系最为紧密的一家公司，也是一个迫在眉睫的威胁。经过4年的努力，洛根·格林和约翰·齐默的长途拼车服务业务已经与数十所大学以及数家公司签订了合同，允许其使用Zimride网站的定制版本向用户提供服务，此外，他们还在几个大城市之间提供长途巴士服务。齐默说："我们已经打磨出了一家拥有百万利润空间的公司。"

但这家公司没能迅速成长，也没有满足洛根·格林的理想主义梦想——将拥堵的高速公路上所有车辆的闲置座位填满。这个梦想源于他大学时期的那次津巴布韦之旅。Zimride也不是优步，后者已经展现出了智能手机在提高城市交通的效率和可靠性方面的非凡能力。

2012年春，随着优步在芝加哥和华盛顿等城市蓬勃发展，Zimride的创始人和一些员工开始进行头脑风暴，构想新产品。其中一个想法是关于在公路旅行途中分享照片的，另一个想法是让人们用手机和家人、朋友分享他们的位置。但是第三个想法，最初被命名为Zimride Instant，捕获了当时在场的所有人的想象。无论司机的目的地是什么地方，他们都可以借助这个新的手机应用搭载沿途碰到的乘客，这项服务不仅适用于不同城市之间的行程，也适用于城市内的行程。

Zimride的成员在位于布兰南大街568号的办公地召开的董事会上讨论了这个想法。董事会成员最想知道的是这项服务是否合法。克里斯汀·斯维尔切克（Kristin Sverchek）是律师事务所硅谷法律策略（Silicon Legal Strategy）的合伙人，也是Zimride当时的外部法律顾问（她在几个月后加入了这家公司），她本可以阻止这整件事，但她没有。她指出，在智能手机和互联网评级系统发明之前，出租车相关法规已经出台了几十年。“我个人一向认为，那些真正伟大的公司，比如贝宝，是不会被法律规章吓倒的。”她告诉我，“我从来不想成为那种只会说不的律师。”

在设计实习生哈里森·鲍登（Harrison Bowden）的建议下，工程师们开始着手开发这个系统，并将其重新命名为 Lyft。Lyft 将与 Sidecar 具备同样的关键元素，即一定数额的感谢费、司机和乘客的评分系统、背景调查。除此之外，它也和 Sidecar 一样在旧金山进行了 3 个月的公共测试。这个新平台原本很可能会被视为一个缺乏灵感的追随者而被公众忽视，但与此相反，它被当作一种新奇事物受到了广泛欢迎，这主要是因为齐默和格林认真设计了一套新的礼仪规范，把搭载陌生人出行变成了一种舒适、安全的体验。

Lyft 的创始人为共享一辆车的陌生人设计了一套类似于求偶舞蹈的礼仪规范。公司要求搭车乘客坐在前座，而不是后座。根据应用程序的指导，乘客还需要与司机碰拳以示友好。这项服务鼓励陌生人之间的交流，因为在这场致力于用一种更好的方式将人与社区连接起来的新的互联网浪潮中，每个人都是其他人的同路人。“坐进别人的本田雅阁在以往不是一件常见的事情，”齐默说，“这很可能是你父母告诉你永远不要做的事。所以我们必须仔细考虑整个体验的所有细节。”

在公司蓬勃发展的时候，齐默决定，每个使用 Lyft 服务的司机都应该在其车前格栅上贴上一个粉红色的胡子形状的标志。这个“汽车胡子”有着巨大的长毛胡须，是当时被旧金山的一家消费品公司作为一个“吸睛”的汽车附件推广而流行起来的，它曾是 Zimride 的一个内部笑话。员工们会在营销活动中把它作为礼物送出去，或者挂在他们自己的办公格子间的隔板上。齐默认为它可以成为 Lyft 的品牌标识，有助于把原本令人生畏的陌生人拼车服务变成温暖而富有吸引力的 Lyft 共享出行服务。汽车胡子的标识还能吸引人们的注意力。如果你 2012 年曾住在旧金山，那你一定会十分好奇，为什么那些奇怪的粉红色大胡子突然变得到处都是。

即使遭受严刑拷打，Zimride 的创始人也不会承认，其主要竞争对手优步的应用程序用户界面为他们自己的设计提供了灵感。（就这一点而言，反之亦然，两家公司都明显地从对方的产品特征和产品描述中汲取了灵感。）在 Zimride 创始人的眼中，优步和 Lyft 是完全不同的。齐默告诉我："对我们来说，它们看起来一点儿都不像。一直以来，我们的愿景都是'每一辆车，每一个司机'，而从来不是'每个人的私人司机'。我们不想提供更好的出租车服务，我们想要的是取消汽车所有权这个概念。"

但是卡兰尼克看穿了 Lyft 的核心，并且立刻意识到两家公司所提供的服务具有竞争性。Lyft 公司的确有一些不错的想法，比如，在 Lyft 的汽车胡子标志流行起来之后，优步才开始为自己的司机提供带有优步 logo 的挡风玻璃贴纸。

然而，具有历史讽刺意味的是，卡兰尼克曾坚信签约没有执照的司机提供载客服务是违法的，一定会被叫停。"这种做法是违法的，"他在播客节目"本周初创公司"上如此说道，这还是在 Lyft 和 Sidecar 正式推出之前的事。"除非司机在加州拥有'TCP 许可证'并且购买了保险。"

"你不想进入那样的行业吗？"节目主持人、优步的天使投资人贾森・卡拉坎尼斯问道。

“如果我们想要进驻一个新的城市，我们希望努力做到让我们的服务完全合法，这就是我们的底线。”卡兰尼克回答道。

卡兰尼克处于进退两难的境地。如果他承认优步决定启用由无执照司机提供的共享出行服务，并被判定为非法经营，那么作为一家规模更大、创立时间更长的公司，优步可能会面临更严厉的处罚。但如果他什么也不做，他就会冒着让竞争对手 Lyft 和 Sidecar 以低于优步的价格提供出行服务从而迅速发展壮大起来的风险。“我们的豪华汽车业务已经让我们遭遇了巨大的监管压力，而这项业务甚至本身就是合法的，所以当我们看到竞争对手所面临的显然威胁更大的监管危机时，我们根本不会预想它能发展得很快。”他在那一年告诉我。

最好的选择似乎是静观其变。大约就在那个时候，Zimride 的联合创始人马特・范霍恩（格林高中时期的朋友，曾陪同格林前往津巴布韦），搭乘还有大半空座的开往市区的市政地铁前去拜访卡兰尼克，向对方询问其对 Lyft 的看法。

“这不合法。”卡兰尼克抱怨道，“如果它是合法的，那我们也会做这件事。”

那年秋天，加州公共事业委员会似乎证实了卡兰尼克的怀疑。它给 Lyft、Sidecar 和 TickenGo 下达了禁止令。TickenGo 是一家法国的共享出行公司，刚刚搬到旧金山，推出了自己的 iPhone 版手机应用。这些公司被允许继续经营，但被要求分别与加州公共事业委员会谈话。加州公共事业委员会的主要职责是监管公共运输行业，如豪华汽车、客货两用车、搬家公司以及公共交通。

为了在即将到来的战斗中维护公司的利益，Lyft 公司雇用了苏珊·肯尼迪（Susan Kennedy）。她处事果断，人脉广泛，是加州州长施瓦辛格的前任幕僚长，在此之前，她还曾是加州公共事业委员会的 5 名成员之一。加州公共事业委员会的办公地是一座优雅的圆形石楼，位于麦卡利斯特大街和云尼斯大道的交叉口，她熟知那里的内部斗争和做事方式。2010 年，圣布鲁一条天然气管道发生爆炸，造成 8 人死亡，受害者包括加州公共事业委员会的一名雇员以及她十几岁的女儿。她还知道禁止令是从位于石楼二楼的执法部门发出的，执法部门的负责人名叫杰克·哈根（Jack Hagan），是一名准将，习惯把枪别在脚踝的枪套里。而真正的决策发生在五楼，迈克尔·佩维（Michael Peevey）的办公室。此人是她的前老板，加州公共事业委员会的主席。二楼和五楼的部门分别由执法人员和律师组成，他们有着迥然不同的性情和目标，常常毫不留情地相互抨击。

肯尼迪与在五楼办公的实际决策者们的相熟关系，很有可能影响了整个故事的发展进程。

加州是共享出行运动的起点，也是第一个对共享出行初创公司实行监管的地方，其审议过程受到了密切关注。关注者除了优步公司的首席执行官特拉维斯·卡兰尼克，还有那些清楚自己的地盘很快就会被共享出行风潮席卷的其他州的监管机构。肯尼迪做的第一件事，是充满自信地大步迈进佩维的办公室。而出乎她意料的是，她发现律师杰瑞·海里希（Jerry Hallisey）也在场，他是优步在当地的代表律师。“你什么时候才能把那几家公司关掉？什么时候？”海里希问佩维。佩维后来也回忆起了这次谈话。

肯尼迪扑通一声坐在椅子上，听着他们两个人的对话。海里希离开后，她开始了针对佩维的说服工作，而且这项工作持续了好几个星期。“这是一个巨大的转变，一个全新的行业，”她告诉佩维，“这个行业正处于萌芽阶段，你要么阻碍它的成长，毁掉这个新的行业，要么打造一个全新的世界。”

除了面对面的谈话，他们还一直通过电子邮件进行交流。肯尼迪后来将这些邮件分享给我。她认为，加州公共事业委员会需要启动一个正式的规则制定程序，为真正的新颖事物设计指导方针。“直接下禁止令的做法是错误的，”她写道，“Lyft 和 Sidecar 没有雇用司机，它们的业务并不在委员会的管辖范围之内，因此它们可以在法庭上挑战任何指令。面对这样一个竞争激烈的新兴市场，你希望通过严格监管解决什么问题？保护传统的出租车行业？保障乘客安全？为了监管而监管？在你试图关闭这些服务之前，你必须回答这个问题……我们能在贵委员会的工作人员贸然行事之前再多谈谈这些问题吗？”

“你提到的一些观点很好，”佩维在给肯尼迪的邮件里写道，“但我有一个挥之不去的担忧，共享出行在科技的帮助下将会不断发展壮大，可怕的事故是很有可能发生的，但很多司机只有最低限度的保险覆盖。”

佩维的确有先见之明。但肯尼迪认为佩维的担忧纯属杞人忧天，就像此前人们也曾试图抵制快速发展的无线电话服务，因为那个时候人们担心手机电池没电会导致与 911 紧急服务的联系被切断。她指出，Lyft 和 Sidecar 正在兜售其 100 万美元的补充保险政策，作为对司机个人保险的补充。她认为，共享出行服务的发展势不可当，“你不能把放出来的精灵重新放回瓶子里”。

佩维已经年过七旬，是一位经济学家和一名终身制公务员。他戴着一副老式的眼镜，鼻子接受过假体植入，那是他对抗皮肤癌并最终赢得胜利后留下的纪念品。他于 2014 年离开加州公共事业委员会接受刑事调查，因为他被指控向国家能源事业机构太平洋燃气电力公司（PG&E）和南加州爱迪生电力公司施压，让这两家公司为他支持的研究团队提供资金。（截至 2016 年年底，所有指控都未被撤销。）但是佩维也为自己超前的创新意识感到自豪，同时，作为一名旧金山的常住居民，他对当地出租车行业遭遇的滑铁卢深有体会。

“我过去常常和出租车司机争吵。”2015 年，我们在他位于洛杉矶家附近的星巴克交谈时，佩维回忆道。“那些出租车司机只想谴责别人，而他们自己完全不会提供任何东西给别人，他们不想进行任何革新，他们想做的就是开着出租车包围我们的大楼进行抗议示威，冲着我们的工作人员狂按喇叭。”

如果佩维曾考虑过禁止 Lyft 和 Sidecar 继续运营，那么肯尼迪也很快就让他改变了主意。那年秋天，他向政策主管马尔齐亚·萨法尔（Marzia Zafar）发出指示，允许共享出行公司正常运营，但要想办法确保乘客的安全。

萨法尔主持了之后的具体规则制定工作，并负责撰写最终版的规章制度。她塑造了一个不同寻常的监管者形象。她是阿富汗移民，留着莫西干头，在童年时期移民到美国，曾在圣贝纳迪诺县她叔叔的出租汽车公司里开过出租车。对于新规则的制定，萨法尔和她的同事邀请了来自各方的代表参加讨论。在这场讨论会上，她接受了有关这些新兴市场之间存在的深刻差异的重要一课。

出租车和豪华汽车公司的代表都是单独抵达位于五楼会议室的会场的，他们表达了对 Lyft、Sidecar 和优步的不满。滑稽的是，由于数十年来的宿怨，他们对彼此也表达了相当大的不满。特拉维斯·卡兰尼克是和律师海里希以及总顾问萨尔·柳一起抵达讨论会会场的，他给人留下了深刻的印象。“他的表现是最奇怪的，我到现在还记得。”萨法尔在提到这场会议时说，“他把他的椅子转向另一边，对着墙壁，然后差不多一直在用后背对着我们，他这么做一定是故意的。”萨法尔还回想起卡兰尼克在这场讨论会上说的第一句话：“你为什么不将 Lyft 逐出市场？他们没有遵守你们的规定！”

保罗·克拉农（Paul Clanon）是加州公共事业委员会的执行董事，和萨法尔是同事，他后来说：“这家伙就是个混蛋，但我不得不承认我对他有点儿好感。也许建立一家像优步那样成功的公司的方法就是不要在乎监管者对你的看法吧。”

洛根·格林和约翰·齐默也在苏珊·肯尼迪的陪同下参加了这场讨论会。他们表现得热切真诚，风度翩翩，用他们一贯的传道热情向众人解释他们的目标是解决汽车的空载问题。

“他们总是表现得像唱诗班的男孩一样。”肯尼迪说。加州公共事业委员会“在编写新的规章制度时必须得先相信一部分人的观点。你不可能凭空编造规则，你必须倾听行业的声音”。她推测，如果优步是共享出行最初的倡导者，那么他们可能会提出类似要求新司机接受药物测试这样的条款，这些条款将拖慢司机注册的速度，阻碍行业的发展。“我想知道优步的创始人是否意识到他们带来了怎样的影响。”肯尼迪说。

加州公共事业委员会于 2013 年 1 月与 Zimride、Sidecar 达成协议。两家公司都同意遵守基本的安全要求，包括要求司机出示保险证明，审查其是否有犯罪历史等，这些工作他们之前就在着手进行了。新的法令还要求他们检查司机的违章驾驶记录，这是他们此前没有做到的工作。两家公司获准在一整套新规则制定完成之前正常运营。在评议阶段和将于当年春天召开的公开听证会结束之后，新规则将正式出台。

几周后，Lyft 进驻洛杉矶市场，Sidecar 则大举进军洛杉矶、费城、波士顿、奥斯汀、布鲁克林和华盛顿。

共享出行时代的战争已经打响。

特拉维斯・卡兰尼克曾经观望、等待，甚至默默鼓动监管机构关停 Lyft 和 Sidecar。但事与愿违，两家公司不断扩张，而且一直以低于优步的价格提供服务。现在，两家公司的运营已经得到批准。对此，卡兰尼克只好放弃对抗并加入他们。2013 年 1 月，优步与加州公共事业委员会签署了同样的协议，并将 UberX 转变为一项面向加州的共享出行服务，鼓励所有拥有驾照和保险证明的人，而不仅仅是职业司机，用自己的汽车向平台用户提供载客服务。

卡兰尼克随后在优步的官网上公开了一份更加远大的计划。这是一份开创性的白皮书，被命名为“有原则的创新：辨析关于针对共享出行应用程序的监管不明”，白皮书宣布优步计划在全国范围内与共享出行领域的公司进行竞争。

“在过去的一年里，由于存在监管风险，我们没有参与这场共享出行竞赛，而是眼睁睁地看着我们的两个竞争对手涌入了优步已经开拓过的几座城市，而几乎没有遭受到与我们以往程度相同的限制或损失，因而可以向大众提供更廉价的服务。”他写道，“面对这一挑战，优步本可以选择什么都不做，直接借助现行的法规打击竞争对手。但与之相反，我们选择了一条反映公司核心价值观的道路，那就是竞争。”他还表示，优步将在全国范围内在 UberX 应用上增加共享出行的服务选项，并在默许经营、监管态度模棱两可或者执法力度较弱的城市里推广共享出行服务。优步的司机必须接受线上的背景调查，优步的全资子公司 Rasier 将为司机提供 100 万美元的补充保险。这家子公司的名字在德语里的含义是“刮胡子”。

换句话说，优步就是冲着汽车胡子来的。

两家公司及其顽固任性的领导之间不乏敌意。大约就在那段时间，卡兰尼克和约翰·齐默在推特上进行了一场激烈而幼稚的战斗，互相指责对方提供的保险不足，以及背景调查无效；“@约翰·齐默，你还有很多事要做……#克隆。”卡兰尼克在推特上写道。他的重点正是最后一个打上了标签的词。

然而，在 4 月举办的加州公共事业委员会公共研讨会上，卡兰尼克和约翰·齐默又站在了统一战线上。此次研讨会旨在为即将出台的一系列规范共享出行的新法令收集建议。2013 年 4 月 10 日至 4 月 11 日，听证会在加州公共事业委员会大楼的礼堂召开，会议向公众开放。这种听证会在未来的几年里会被不断复制，并在全世界各个城市、各个州和各个国家上演，而每一次，相应的规则都只有微小的调整。愤怒的出租车司机、工会，来自优步和其他共享出行公司的主管，代表残疾人和盲人的利益团体全部挤进了这个位于云尼斯大道 505 号的礼堂，大声宣泄他们的担忧。

“人们不喜欢谈论这个事实，即来自共享出行公司的竞争会毁灭出租车行业。”第一批发言人之一，克莉丝汀·哈亚希说。她是旧金山市交通局的主管，是优步的第一个来自监管机构的死对头。她的话赢得了聚集在礼堂的出租车司机们的掌声。“但是，如果这种不受管制的非法竞争破坏了整个行业格局，那就没有人会留下为我们的居民提供可用的门到门的交通服务了。因此，这些公司应该像出租车公司那样受到监管吗？当然！”

哈亚希之前搭乘过两次 Lyft，她没有根据应用程序的建议向司机支付感谢费，而让她感到惊异的是，自此之后，Lyft 的司机再也不接她的订单了。她在某天早上吃早饭时向约翰·齐默询问原因，而对方用自己的手机直接查到了她的打车记录，并且注意到了她没有付过钱。哈亚希被这个举动激怒了，她认为这是对个人隐私的侵犯。

马尔齐亚·萨法尔试图让会议继续进行，并保持文明，但她的努力收效甚微。共享出行公司的代表一个接一个向公众证明，他们的司机常常遭到聚集在一起的出租车司机的嘲笑和奚落。在经历了华盛顿听证会的惨剧之后，优步的律师希望卡兰尼克远离此类场合。代替卡兰尼克登上讲台的是优步旧金山分公司的业务总经理伊利亚·阿贝佐夫（Ilya Abyzov），他坚称优步只是一家软件公司。他说：“我们的办公室里有程序员，但没有司机。优步对共享出行这个行业还很陌生。无论最终制定出来的规则是什么，我们都会遵循。”但到了提问环节，一名移民司机站起来戳破了优步精心编造的公司定位。“迟早有一天，你们要面对你们就是一家汽车服务公司的事实。”他大声喊道。

Lyft 的律师克里斯汀·斯维尔切克的证词引发了更加激烈的抗议。当讨论焦点转向保险时，一名当地的出租车司机开始对她恶语相向。“暂停一下！暂停一下！他刚才冲我喊‘愚蠢的婊子’，”斯维尔切克在讲台上抗议，“我认为这是非常不合时宜的。”萨法尔表示同意，并把那位司机赶出了观众席。

5 位公共事业委员会委员关于共享出行公司的意见最终达成了一致。在迈克尔·佩维颇为强有力的引导以及旧金山市长艾德·李（Ed Lee）和洛杉矶市长埃里克·贾西提（Eric Garcetti）的支持下，佩维和其他 4 位委员投票通过了共享出行正式合法化的提议，将这些公司归类为“交通网络公司”，并表示他们将在一年内重新审查这一裁定。新规定要求共享出行公司报告每一个司机每年在路上花费的平均小时数和里程数。优步在不久后就无视了这一规定，最后不得不支付数百万美元的罚款。新规定还重申，共享出行公司要为司机提供 100 万美元的补充保险，但保险仅在乘客在车内的条件下生效。这项条款很快就被证明简直是糟糕透顶。

无论如何，这场听证会和最终的裁决确保了共享出行公司的合法化，并为它们在其他州和国家即将面对的争取合法性的斗争提供了依据。新规定的颁布也让竞争优势向优步倾斜，因为优步在更多的城市拥有更多的资源。现在，瑞恩·格雷夫斯、奥斯丁·盖特以及他们的产品发布团队可以进驻新城市进行详细的市场分析，并决定是否以及何时推出优步豪华汽车服务、搭车服务 UberX 及出租车服务 Uber Taxi。

这项裁决还产生了另外一些意想不到的后果。在马尔齐亚·萨法尔承认自己参与起草了新规定后，她的叔叔——圣贝纳迪诺一家出租车公司的老板，一年没和她说话。

新规定也给优步最早的一批忠实粉丝带来了压力，他们就是优步豪华汽车的司机。索芬·瓦利总是开着一辆白色的林肯 2003，这个车型在旧金山被称为“独角兽”。他花掉自己的积蓄租了 6 辆豪华汽车，组建了一个小型车队，在优步的平台上开始了他的豪华汽车载客业务。他的公司，Global Way Limousine，成立了一年，发展势头良好，一度雇用了 16 名司机轮班。但当共享乘车开始蓬勃发展时，瓦利知道麻烦来了。由于车费下降，司机不再有理由将他们的佣金分给车队老板，他们可以直接开自己的车为优步工作。“我从来没有为此生气过。”瓦利说，他退还了多余的汽车，但仍在自己开车赚钱。他说：“我知道优步不会拿它自己的生意冒险。”

就像某种讽刺，瓦利的“独角兽”在圣·帕特里克节那天发生的一次事故中被严重损毁了。事故的原因是一名酒驾司机闯了红灯（还好没有人受重伤）。瓦利决定放弃修车。“我最后想，也许这就是正确的决定。”他说。“独角兽就是这样。它们会消失，也许某一天又会神奇地出现。”

优步熬过了最困难的时期，转向了后来被证明是规模大得多的业务领域，尽管它一开始并不情愿。在这个新的领域，优步展现出了足够强的灵活性以及它在智能手机交通应用程序领域的主导力。它应该感谢 Sidecar 和 Lyft。当卡兰尼克心情很好时，他偶尔也会承认这一点。2014 年，他告诉我：“共享出行挑战了现有的行业监管体系。我把创业视为风险套利。你必须直面那些风险，勇敢地说出：‘我觉得其他人都没有真正理解它，但我决定继续这项事业。’”

卡兰尼克也曾一度高估风险，打错了牌，并因此受挫。在优步徘徊于共享出行领域之外的 7 个月里，Lyft 和 Sidecar 发展势头迅猛。面对雄心勃勃的竞争对手，卡兰尼克发誓说：“我们绝不会再让这种事情发生了。”

不过 Sidecar 扩张得太快了，很多该平台签约司机的汽车在纽约、奥斯汀和费城遭到了扣押。相较之下，Lyft 更加谨慎，它的目标是打造一个更为独特的品牌。在未来，它将成为优步在美国最强劲的竞争对手。

过去一年的教训摆在眼前：谨慎、循规蹈矩的行事风格会让你付出高昂的代价。世界各地的人都想尝试新的出行方式，而根据特拉维斯法则，巨大的市场需求可以为企业提供政治掩护，促使其迅速发展壮大。即便出租车行业的说客和政治代理人不想接受变革，但就像在线音乐从免费下载走入付费收听的跨越一样，变革的到来是无法阻挡的。卡兰尼克也很清楚，试图与他们谈判没有任何意义。为了保持优步在共享出行领域中的领先地位，卡兰尼克必须在已有的基础上表现得更具侵略性，更加坚定，甚至必须让自己变得冷酷无情。

正是卡兰尼克的这种态度改变了全世界对优步的认知。以及，尽管争议不断，但优步的风格最终还是影响了共享经济领域的另一家新兴独角兽——爱彼迎。

09

发展与监管：爱彼迎在纽约的战斗

你把我的公寓租给谁了？那里到底发生了什么？

——房东阿贝·凯瑞（Abe Carrey）致房客

奈杰尔·沃伦（Nigel Warren），2012 年 9 月

贝琳达·约翰逊（Belinda Johnson）是爱彼迎的第一位内部律师。她于 2012 年春天开始拜访立法者。这家快速增长的初创公司将其服务包装成房主的赚钱机遇和社区的经济福利，以此吸引更多的用户来注册。但社区组织和一些监管机构对爱彼迎的说辞并不认同，他们更倾向于将爱彼迎的服务视为让名声不好的房东得以驱逐住户，然后将房子改建成租赁公寓或非法旅馆的一个借口。因此，约翰逊的工作就是

改变他们的想法。

约翰逊四十多岁，处事圆滑，她之前在雅虎工作，与监管机构和执法部门的工作人员往来密切，主要工作是处理隐私保护和网络儿童安全等问题。她曾郑重宣告，透明、合作、妥协应该成为爱彼迎的法律和公共政策团队坚守的工作原则。

但是，她代表爱彼迎参加的第一轮会议并不顺利。大多数立法者要么没有听说过这个闲置房屋分享网站，要么不清楚它到底是做什么的。房主要离开他们的房子吗？他们真的要和陌生人睡在同一个屋檐下吗？在一次纽约之行中，一位官员把拇指和食指伸到嘴边并做了一个夸张的吸气动作，暗示约翰逊和她的同事是脑子不清醒才会认为这项服务能流行起来。“我们的公司才刚刚起步，很多人都在关注着我们。”她告诉我，“我们知道这个概念听起来似乎有些不靠谱。所以，我们必须讲述一个更好的故事。”

考虑到后来纽约州政府官员对这个新兴的房屋共享平台的看法，那位官员的动作已经算是相当宽容了。

20 世纪 90 年代，约翰逊以初级律师的身份开始了她的职业生涯，在达拉斯若干乏味的律所中度过了 6 年。有一天，她在健身房里遇到了当地一位知名的企业家，马克·库班，他问约翰逊是否愿意加入他仅有 30 名员工的网络广播公司，AudioNet。那是 1996 年，AudioNet 的员工在达拉斯市中心的一个占地 3000 平方英尺的仓库里上班，这座仓库的卫生间里有老鼠，椅子也不够用。约翰逊成为这家公司的第一位律师，帮助这家后来更名为 broadcast.com 的公司说服了得克萨斯的大学将其体育赛事广播放到他们的网站，同时为公司在版权法的空白领域迂回前进提供指导。

库班颇具远见卓识，他后来成为达拉斯小牛队的老板和一部电视真人秀的主角。他预见了体育赛事转播及其他节目将会采用线上直播的播出形式，打破传统电视对媒体业务的束缚。库班和他的共同创始人托德·瓦格纳（Todd Wagner）领先于他们所处的时代。在当时看来，这家公司似乎永远也不可能盈利。不过好在，1999 年，被互联网股市冲昏了头脑的雅虎根据一个过高的估值买下了 broadcast.com，收购价高达 57 亿美元。

约翰逊搬去了旧金山，在之后的十年里一直担任雅虎的副总顾问。在这家日渐式微的门户网站公司里，她曾为 4 位不同的首席执行官工作过。直至 2011 年，她终于产生了去其他公司另谋事业的想法。也就是在那时，她开始在科技媒体上阅读有关爱彼迎的文章。

约翰逊被这家初创公司的发展势头打动，她不动声色地精心策划了自己的求职行动。她没有直接发邮件向布莱恩·切斯基毛遂自荐，而是邀请硅谷著名投资人罗恩·康韦做中间人。她没有直接争取全职工作，而是先向爱彼迎提议以顾问的身份提供服务。她成功赢得了切斯基的信任，部分原因在于她欣然接受了公司对自身定位的理解，那就是坚信自己是新兴共享经济的先锋，必将改变整个世界。

约翰逊于 2011 年 12 月全职加入爱彼迎，成为爱彼迎的总法律顾问，而那个时期的爱彼迎正在如火如荼地开展一场关于公司理念的自我反思运动。员工们热切地阅读并讨论瑞秋·波特斯曼（Rachel Botsman）和路·罗杰斯（Roo Rogers）的新书:《我的就是你的——协同消费之兴起》(*What's Mine Is Yours*：*The Rise of Collaborative Consumption*)。该书提出了一个理论，即 21 世纪的重点不再是个人购买习惯或关于拥有某样物品的传统观念，而是网络社区、网络声誉和未得到充分利用的资源的有效共享。

高管们花了几个月的时间梳理出了公司的 6 个核心价值观——“房东思维”“每一帧都重要”“简化”“敢于冒险”“成为一个‘麦片’企业家”“使命必达”。最后一条的措辞则略显笨拙：“我们的使命是，有朝一日，无论你身在何处，你都能拥有家一般的归属感。”

切斯基在一次场外会议上向员工介绍了这些核心价值观。会议的召开地点是雕塑家露西亚·埃姆斯（Lucia Eames）和丽萨·迪米崔欧斯（Llisa Demetrios）位于索诺玛的庄园。这两位雕塑家分别是著名家具设计师查尔斯·埃姆斯（Charles Eames）的女儿和外孙女。查尔斯·埃姆斯是切斯基在设计学院学习时期的偶像。切斯基表示，这 6 个核心价值观将被用于指导员工招聘和员工绩效评估，以及面向世界打造爱彼迎的品牌形象。

作为这场旷日持久的自我反思运动的一部分，公司的高管们还讨论了是否要开拓其他的共享经济领域，例如私人汽车租赁和办公空间租赁。最终，切斯基决定暂缓开拓其他业务的计划，集中精力发展房屋共享事业，研究并优化爱彼迎网站的租房和出租流程。出于对迪士尼的痴迷，他将这次内部反思运动以迪士尼的经典电影“白雪公主”命名，还从皮克斯动画工作室请了一位计算机动画师将爱彼迎用户的“感动瞬间”改编成由一系列漫画串联成的故事。这些漫画展示了房东的爱彼迎体验，比如他们可以用这部分额外的收入做些什么，漫画还展示了旅客是如何满怀激情地向别人推荐爱彼迎的。这些漫画就挂在爱彼迎在罗得岛街的办公楼那间叫作“Air Crew”的主会议室的墙上。

刚刚离开分散、混乱的雅虎的贝琳达·约翰逊被爱彼迎打动了。“我喜欢这里的创造力，”她说，“当摆在你面前的机会是如此之多的时候，是否能够说‘不’将决定一家公司是走向成功，还是从此迷失方向。”

约翰逊在爱彼迎的正式职位是总法律顾问，但作为切斯基聘用的第一位高级雇员，她更像是一名军师。她帮助切斯基招募了公司最初的首席财务官安德鲁·斯温（Andrew Swain），此人之前在财会软件制造商Intuit任职；还招募了来自脸书的工程副总裁迈克·柯蒂斯（Mike Curtis），这位杰出人才能帮助内森·布莱卡斯亚克管理一个大型工程师团队和一个面向全球用户、浏览量正在快速增长的网站。切斯基很信任约翰逊，并与她成了朋友。他们两人与其他的朋友和同事参加了两次在内华达州沙漠举办的“火人节”，而且据切斯基所说，他们“每天都要交谈很多次”。

切斯基有充分的理由让一位资深律师成为他的第一位重要的外部招聘雇员。这家公司在全球范围内正面临着越来越严峻的监管挑战，尽管对自身的正当使命拥有坚定的信念，但在旧金山、巴塞罗那、阿姆斯特丹、纽约等城市里，这种信念与越来越充满敌意的环境发生了冲突，而冲突最激烈的地方正是这家公司当时最大的市场——纽约。

2012年，约翰逊目睹了特拉维斯·卡兰尼克在华盛顿、旧金山和其他地方与监管机构展开的激烈战斗，而她认为爱彼迎必须采取不同于优步的战略。

她谈到了一些诸如爱彼迎的“监管品牌”之类的空泛概念，并提出了类似“必须坦诚地展现公司的自我定位”等说法，以此反映“爱彼迎的运营是有原则的”这一事实。去拜访有影响力的立法者并与他们进行面对面的交谈是第一步。“我们希望在这座城市建立良好的信誉。”她坚持道，“从长远来看，这种做法显然更好，而更重要的是，这就是我们创始人的真实写照。”

但就在一年后，她就被指控是喝多了才会认为这样的商业计划可行。而另一位纽约政客的反应则说明，最新的监管环境已变得更为严峻。那时，她聘请了另一位同样来自雅虎的高管，大卫·汉特曼（David Hantman），来领导爱彼迎的公共政策团队。在汉特曼与同事试图努力在纽约传播爱彼迎对社会的正面影响时，他们遭遇了性格火暴的曼哈顿州参议员利兹·克鲁格（Liz Krueger），后者多年来致力于与城市的非法酒店做斗争。克鲁格的办公室被投诉爱彼迎的人挤得水泄不通，这些投诉者有愤怒的邻居，也有房东，后者将他们的公寓挂在爱彼迎平台上短期出租，却猝不及防地从业主那里收到了驱逐通知，因为纽约的租契大部分都明令禁止任何形式的转租。

克鲁格看起来并不相信爱彼迎的使命，更不在乎所谓的“监管品牌”、公司价值观、“白雪公主”或者三位创始人的高尚人格。她对汉特曼及其团队发表了一番讽刺意味十足的评论：“我从来没有一次又一次地应付过其他像爱彼迎这样虚伪的公司。”

要想理解爱彼迎在立法者眼中的公共形象为何与它的自我定位有

如此巨大的差异，我们必须倒带回到故事的起点，从罗得岛街造型时尚的办公室回到10号车库，再回到那栋位于劳斯大街19号的公寓。那是2009年年初，贝琳达·约翰逊在两年之后才加入公司，爱彼迎公司那时的名字还是“空中食宿”。

布莱恩·切斯基和乔·杰比亚雄心勃勃，但在第一年的创业战斗中屡屡受挫。他们在参加YC孵化器的创业项目时收到了一封来自兼职演员、著名派对策划人的邮件，作为房主，他在自家策划的活动为爱彼迎未来在纽约的发展定下了一个不幸的基调。这个人就是陈钧源（Robert“Toshi” Chan）。

陈出生于旧金山，其父母是中国移民。他曾就读于哥伦比亚大学，主修数学专业。毕业后，他在华尔街花旗银行从事政府债券交易，赚了上百万美元。但7年后，他觉得这种忙于赚钱的生活既压抑拘束，又没有成就感。他决定改变现状，而这种转变只有在纽约才有可能实现。为此，他弃用了之前的名字，改叫“Toshi”，那是他高中时期班里人气最高的男孩的名字。之后，他成为一名演员。“那年我25岁，野心极其膨胀，在当时的我看来，既然我可以完成数十亿美元的交易，那拿到奥斯卡奖应该也不算什么难事。”他说道。

陈魅力四射，并且善于进行自我推销，他曾在电视剧《法律与秩序》以及柯南·奥布莱恩（Conan O’Brien）的深夜脱口秀节目中跑过龙套，还在马丁·斯科塞斯（Martin Scorsese）导演的电影《无间道风云》中饰演过一个神经质的黑帮成员。不过，他出名的主要原因其实是他每年举办的几场超级派对。派对入场价为1500美元，你能在派对上看到涂着人体彩绘的女侍应。(《纽约晨报》:“他是不眠城之王。”)

他用他在华尔街赚来的钱在威廉斯堡南部一条安静的街上买下了一栋四层高的废弃的犹太神学院，并对这座建筑进行了整体翻修，又在原有基础上加盖了一个装修豪华的两层阁楼，阁楼天花板高达 18 英尺。

2007 年，一系列事件的发生对纽约州的住宅法以及爱彼迎之后的发展轨迹产生了深远的影响。由于表演工作的不稳定性，以及越来越难以为其派对申请场地和酒类买卖的许可证，陈基本上处于失业状态。据他当时的未婚妻张佳（Cha Chang）回忆说，在那段时间里，陈将他阁楼套房中的一间客房出租给了一名来自瑞典的朋友几周的时间。当这个朋友离开后，陈将这个房间挂到克雷格列表的网站上，并将租金设定为 150 美元一晚。

对于像陈这样聪明的机会主义者来说，短租的好处是显而易见的。如果他直接出租这栋公寓，他也许可以收取每月 1500 美元的租金。但将单独的房间放在互联网上短租，他可以向游客收取 150 美元一天的租金，而如果他能在一个月内将一个房间租出去 20 天，那么单是一个房间就能让他每月赚上 3000 美元。因此，不久之后，陈以一个优惠的价格租下了隔壁的六层楼公寓，并将其中的一些房间挂到网上短租。来自各地的游客开始涌入他家取钥匙。张佳还为游客设计了一份早餐菜单：游客可以支付 5 美元换几个鸡蛋，或者得到一份关于附近餐厅所在位置的说明。

纽约市的房地产困境在 2008 年急剧恶化。房东手里有充裕的空房，但很多房客都付不起租金。这对陈来说是一个巨大的商机。他签下了附近 12 套廉价两居室公寓的年租合同，并将这些公寓房间都挂在了克雷格列表上。由于在线上公告板上发布多个条目的操作太过麻烦，陈为了扩大业务规模创建了自己的网站，HotelToshi.com，这个网站专注为游客提供住宿租赁服务，类似于在欧洲颇为流行的FeelNYC.com，或者同年创建的专注纽约市场的公寓租赁网站Roomorama。张佳在看了一篇关于空中食宿的文章后，将它也纳入了信息发布网站的列表。

早在2009年年初，当爱彼迎还在YC孵化器参加创业项目的时候，陈和他的工作人员就开始与切斯基通信。这位年轻的首席执行官建议陈支付29美元的年费升级为高级会员。作为高级会员，房东拥有在网站上发布租金超过每晚300美元的房间的特权。陈后来给我看了切斯基在当年2月发给他的一封电子邮件，其中写道："很多高级会员都是我们最棒的房主。……我很乐意与你谈谈这件事，帮你找到更合适的安排。你准备发布多少套房子？"尽管爱彼迎后来改变了政策，开始与发布多个房源的房主保持距离，但在最开始，切斯基与他的联合创始人对这些人是非常欢迎的。

陈还记得切斯基和杰比亚在他位于布鲁克林的一间公寓里住过一夜；还有一次，他与切斯基、杰比亚、投资人格雷格·麦卡杜在特里贝克地区的一家寿司店一起用餐，并在那里讨论了应该如何简化入住手续等问题。2009年6月，年轻的爱彼迎在纽约只有800套房源，而其中陈至少提供了50套。

随着金融危机的恶化，陈加速了他的扩张计划。他找到了一位投资合伙人，两人共同签署了约200套位于布鲁克林和曼哈顿上西区的公寓的租约。他甚至在自己的阁楼屋顶搭起了一顶大帐篷，在里面放了一张大双人床，然后将其以100美元一晚的价格租了出去。"他会让住在帐篷里的客人使用公寓内的卫生间。"《每日新闻》的一名记者在亲自体验后如此写道。

随着租房生意的发展，陈不再在家办公，而是把办公室搬进了威廉斯堡附近一栋楼房的地下室。那栋公寓楼有 35 个单元，他租下了其中的一半。他的 Hotel Toshi 不再要求游客亲自来公司取钥匙，而是派出自行车快递员去公寓迎接客人并将钥匙交给对方（后来，公司的派送工具又换成了一辆贴着陈本人枕着枕头的卡通形象标识的面包车）。根据已经成为 Hotel Toshi 员工的张佳回忆，这家公司在组织协调方面一片混乱。完成入住登记和每天为游客提供干净的床单是两个尤其可怕的任务，而最糟糕的部分则是各栋公寓大楼内的常住居民不停打来的投诉电话。他们对没完没了的客流和游客们的深夜派对感到非常恼怒。当然，这完全是可以理解的。

在鼎盛时期，Hotel Toshi 拥有 100 多名员工。但这些员工对公司业务经营的合法性普遍持怀疑态度，他们一直很担忧公司有一天会被关停，而自己会被逮捕。根据张佳的说法，陈遇到过两次勒索事件，对方以向市政府举报为名要求他支付一笔钱，陈答应了他们的要求。“这是商业成本，”陈在被问及勒索事件时说道，“不付钱的后果会更糟糕。”

但事实证明，这座城市已经注意到了 Hotel Toshi 和其他类似的公司了。在此前的 5 年里，在爱彼迎建立之前，纽约市长迈克尔·布隆伯格所领导的政府一直在寻找方法解决贪婪的房东对常住居民的骚扰问题，以及驱逐低收入长期租户，以将普通公寓改建成非法酒店或出租公寓的问题。这些改造后的公寓通常被用于满足外地游客对廉价、附带厨房且靠近主要旅游景点的房间的需求。

2006年左右，各个城市和州的住房问题呼吁者和政府官员开始开会讨论这个问题。专项小组最终拟定了对1968年颁布的《多户住宅法》的修订案，新条款规定，公寓大楼的常住居民在出租房屋时租期不得少于30天。新法案在实质上将纽约市内的超短期房屋共享或租赁业务判定为非法行为。2010年夏天，新法案被提交给州议会进行投票。当时，人们对Hotel Toshi和爱彼迎的抵抗情绪已经到达了顶点。

切斯基说，他在投票表决的几天前才听说这个新法案。作为回应，他雇用了爱彼迎的第一位说客，来自奥尔巴尼的著名律师，艾米丽·吉斯克（Emily Giske）。在接受这份工作后，吉斯克立即拜访了州议员。与此同时，陈在曼哈顿的弗兰克律师事务所办公室里结识了纽约的房屋租赁业务规模最大的几位业主，并讨论了各种可能的选择。他们后来共同创建了一个名为“拯救转租”的倡导小组，试图将反对新法案的人聚集起来。

7月21日，几位业主和一批租房信息发布网站的创办者在市政府前组织了抗议活动。爱彼迎的联合创始人乔·杰比亚也前往纽约参加了这次活动，并向他的推特关注者们发送消息，号召他们加入“拯救转租”小组，与他一起行动。陈还记得他与杰比亚一起前去抗议，他们挥舞着标语，邀请路人们在请愿书上签名。而杰比亚对他说：“陈，也许你不站在最前面会好一点儿，他们有不少人都讨厌你。”

陈在曼哈顿百老汇大道和26号大街街角的福莱特阿荣酒店的顶层套房里回忆起了这些往事。他在2011年投资了这间精品酒店，并于2014年成为其主要股东。酒店大堂外有一家名叫“Toshi’s Living

Room”（Toshi 的客厅）的夜总会。在大多数晚上，酒店房客可以在那里欣赏爵士乐四重奏。顶层套房则设置了一个派对场地和一个露台，露台装饰着陈的卡通形象。他躺在这间套房的沙发上回忆往事，抚摸着他的白色马耳他犬 Ponzu。“在短短几年里，我从一个月收入 5000 美元的穷人变成了一个月收入 1200 万美元的富翁，”他说，“这太疯狂了。”

但这笔生意并非长久之计。“Hotel Toshi 的危害太大了。每个邻居都憎恨我。在他们眼中，我就像是个反基督人士，甚至可能比希特勒还坏。”他自嘲道，“和我一样做着类似生意的业主每天致力于把人们从他们的家里赶出去，再让他们把公寓出租给我们。那并不好。现在回想起来，随着年龄的增长，你会逐渐意识到你有社会责任需要承担。”

陈的彻底顿悟是后来才发生的。新的《多户住宅法》由纽约州州长大卫·A. 帕特森（David A.Paterson）签署并通过，但直到 2011 年 5 月才正式实行。陈没有关闭公司，而是在支付罚款后将公司改名为“智能公寓”（Smart Apartments），因为 Hotel Toshi 这个品牌已招致了太多负面评论。他试图继续在爱彼迎上发布租房信息，但在新法案通过后，爱彼迎取消了他的发布资格，删除了他的房屋信息。“他们就像丢掉烫手山芋一样抛弃了我。”陈说，“我能理解。这是很聪明的做法。”

但对于切斯基和杰比亚而言，当他们意识到自己已经和一个声名狼藉的人绑定在了一起时，一切已经为时过晚。从执法者和媒体的角度看，陈和爱彼迎是紧密联系在一起的。2011 年 10 月，陈被特别执法办公室起诉，这是纽约市长办公室的一个部门，负责解决包括非法酒店在内的民生问题。纽约市指控陈违反了一系列消防安全条例，存在不安全作业和非法提供住宿等行为。据陈说，这起诉讼“就像雷神之锤一般给了他当头棒喝”。他最终以支付 100 万美元的罚款达成和解，并彻底关停了“智能公寓”。“声名狼藉的爱彼迎旅馆老板将向纽约政府支付 100 万美元的罚款。”这是《纽约观察家》对这起案件的报道原文。

布莱恩 · 切斯基、乔 · 杰比亚与陈的关系在此前的确是很友好的，他们住过陈的一间公寓，与他共进过晚餐，还为他的生意提供了便利。所以他们无法轻易摆脱这种联系。在陈等业主的催化下，纽约市出台了令人窒息的新规定，而爱彼迎不得不承担这一后果。

回到 2012 年，贝琳达 · 约翰逊和她的同事知道他们正面临着一个可怕的障碍——爱彼迎在纽约的很多大客户基本上都涉嫌非法经营。更糟糕的是，爱彼迎无法改变这项极其严苛的规定。当新法案通过时，杰比亚曾试图召集支持者前往市政厅进行抗议，但爱彼迎是如此的弱小，没有任何一个社区愿意真正地从自身出发为它辩护。特拉维斯法则对于这个时候的爱彼迎还不适用。

一个显而易见的解决方案就是让自己迅速发展壮大起来，即便这种方式可能意味着将其房东用户置于违反法律的风险之中。爱彼迎没有明确告知其房东用户可能触犯了法律。后来，爱彼迎开始尝试在纽约发展业务，它尽可能地迎合了用户，目的是让这些用户代表爱彼迎影响市政府官员的判断。一位当时在公司工作的律师说：“要想赢，我们需要变得更强大。”

爱彼迎认为自己已经得到了市政府和州政府的保证，尽管措辞含糊，但可以肯定的是，《多户住宅法》针对的只是居住者离开自家房屋并将其租给游客不超过30天的情况。根据法案，这类租赁业务，即房东不在场的短期房屋出租，就相当于非法短期转租。根据纽约州官员的说法，这些房东表现得更像是酒店老板，而不是提供床位和早餐的房屋主人。因此，如果房主本人留在房子里，只是将一个空房间或者一个沙发租出去，那么这种行为就处在法律允许的范围之内。而这种类型的服务正是爱彼迎所鼓励的，也是爱彼迎用户一直以来所标榜的：利用互联网平台结交新朋友，同时补贴家用。尽管如此，仍然有迹象表明，市政府更倾向于取缔所有类似的服务。2012年，城市常住居民对爱彼迎和其他提供房屋短租服务的网站的投诉源源不断地涌入政府办公室，为此，市议会调高了针对多次违反《多户住宅法》者的罚款，从原先的不足3000美元提高到2.5万美元。

爱彼迎面临着一大波来自立法者的敌意，它似乎既找不到维护自身权益的方法，也找不到维护房东群体利益的方法。奈杰尔·沃伦，一名30岁的曼哈顿东村居民，他在2012年9月的某天下午回到家后，接到了一通来自他平日性格温和的房东阿贝·凯瑞的电话，凯瑞是一位来自皇后区的老人。在电话里，阿贝毫不留情地吼道："你把我的公寓租给谁了？那里到底发生了什么？"沃伦心头一沉。

沃伦是一个打扮时髦、讲话轻声细语的网页设计师，换句话说，他是一位典型的曼哈顿东村居民。他在过去的一年里仅使用过三次爱彼迎的服务，主要是为了在外出旅行的时候把空置的房间租出去。他的室友茱莉娅也把她的房间租出去过一次。他们对爱彼迎的使用体验很满意，并且觉得这是一笔十分合算的生意。将房间出租一个晚上就可以赚 100 美元出头，而这笔钱可以用来补贴两人每月共 3000 美元的房租。他们租住的公寓有两间卧室，一间浴室，整栋楼总共有 6 层，没有电梯。在阿贝打来电话的前一周，沃伦和他的朋友们在科罗拉多待了 5 天，在这段时间里，他借助爱彼迎平台将房间租给了一个不太会说英语的俄罗斯游客。茱莉娅一直在家，一切都进展得很顺利，除了这位客人某次在楼道里遇到警察时表现得有些含糊其词。“没有发生什么恐怖故事，”沃伦说，“一切都很好。”

可惜事实并非如此。也许是因为被惹恼的邻居向政府通风报信，特别执法办公室知道了沃伦和他的室友转租公寓房间的消息。（一个曾在特别执法办公室工作的人后来告诉我说，他们有理由相信奈杰尔·沃伦差不多就是另一个陈钧源。但后来的事实证据表明这一说法并不成立。）在茱莉娅不在家的时候，几位建筑安全检查员在走廊里询问了这位来自俄罗斯的客人几个问题，之后又在大楼里发现了一些违反安全规定的情况，在做完记录后，这些人就离开了。随后，他们给位于皇后区的房主阿贝的家里寄了一张通知单，称其公寓的租客涉嫌经营非法的临时酒店，且违反了安全条例。为此，业主可能需要支付超过 4 万美元的罚款。沃伦向愤怒的阿贝保证他会承担责任并处理这件事。但他当时是自由职业者，没有稳定的收入。“我在之后的几个月里完全生活在偿还罚金的压力之下。”他说。

他的大部分愤怒都指向了爱彼迎。当奈杰尔·沃伦开始坐下来研究那些据称他违反了的条例时，他发现了一篇关于《多户住宅法》的文章，而爱彼迎的网站没有向其用户提供任何与此相关的提示。实际上，在该法案大约 1.2 万字的条款和条件中包含一些小字，这部分内容表明租赁房屋的房东有责任了解当地的法规，但沃伦显然没有读完这份冗长的文档。

沃伦的姐姐建议他找一个律师。律师认为沃伦的确有胜诉的可能，因为在客人逗留期间，茱莉娅是在家的。然而每小时 415 美元的律师咨询费用使他本就拮据的经济状况雪上加霜。为了省钱，沃伦决定自己为自己辩护。受到飓风“桑迪”的影响，第一次听证会被取消了，而之后长时间的推延让沃伦误以为自己已经没事了。但事与愿违，他再次被召回法庭出席听证会。纽约市政府对奈杰尔·沃伦处以重罚，希望以此敲山震虎，遏止爱彼迎的发展。

当时，与爱彼迎相关的报道基本上以正面为主，主要内容包括爱彼迎推出的新功能，以及爱彼迎获得了风险投资人彼得·泰尔（Peter Thiel）的 2 亿美元的资金。彼得·泰尔是贝宝的联合创始人，也是脸书公司的早期投资人。在沃伦眼中，爱彼迎正享受着所有的溢美之词，而像他一样的用户却被频繁卷入法律纠纷，他为此感到愤愤不平。最终，他决定采取行动。他做了两件事。首先，他给爱彼迎公司发了一封电邮，内容有一半都是抱怨之词：“整个情况完全出乎我的意料。我并不知道在纽约的大多数地方，成为一名爱彼迎的房东竟然是违法的。”

爱彼迎在 5 天后做出了回应。“听到您承受了这么多的压力，我们深感抱歉。”客服专员玛利亚在邮件中回复道，“我们鼓励您自行熟悉并遵守所有的租约、租赁协议或合作协议，以及适用的地方、州、国家和国际法规。当您准备出租房屋时，您还有可能需要依据某些特殊的地方税法规或州税法规缴纳税款。房东有责任遵守所有的规章制度并履行缴税义务。”玛利亚最后总结道：“我们很高兴看到您了解了这些最新的信息！”这封回复邮件对沃伦而言可以说没有任何帮助。

沃伦做的第二件事显然更有成效。一位朋友介绍他认识了罗恩·利伯（Ron Lieber），他是《纽约时报》“你的财富”专栏的作者。沃伦向利伯讲述了他的故事。不久之后，即 2012 年 11 月 30 日，利伯发表了一篇名为“一条写给爱彼迎房东的警告”的文章。他写道：“许多人认为，依靠互联网生活能让他们成为上流社会的一员，如此，旧的法律对他们就不再适用了。这种没有依凭的傲慢令人陷入盲目。直到真正遭受挫败，你才会意识到这种公司战略有多么高明。如果你停下来分析每一条有 80 多年历史的分区法，然后试图改变那些你知道你的用户将会违反的规定，那你的公司就永远别想开业了。”

在利伯的文章发表后的几个小时内，沃伦接到了爱彼迎客服专员打来的致歉电话。当他再次出席听证会时，他依然没有为自己请昂贵的律师，但他的身边多了一名记者，这名来自美国公共广播电台的记者正在记录沃伦的传奇故事。因此，当沃伦遇到大卫·汉特曼和另外两名律师时，他感到很惊讶。他们告诉沃伦，和所有其他的互联网公司一样，爱彼迎无法承诺为用户提供法律咨询或经济支持，因为这有可能让个案变成先例，导致公司在未来被迫承担责任为使用其服务的所有人提供类似的支持。但他们仍然代表沃伦提交了独立诉状，并希望能够旁听这场听证会。

这起案件对于爱彼迎来说至关重要，因为这家公司坚信，用户至少有权在本人在场的情况下分享他们的住房。一个糟糕的裁决“很可能会开创一个糟糕的先例。如果法律因为某项裁决而改变，那就是一个大问题了”，一位同样参与了这起诉讼的律师这样告诉我。

在更多的初步听证会和延期之后，沃伦的案件被安排在2013年5月开庭。为了省钱，沃伦继续选择自己为自己辩护，独自出席在位于曼哈顿下城区的环境控制委员会的听证室召开的听证会。爱彼迎在纽约的命运悬而未决，而沃伦在这次听证会上表现得一团糟。他在交叉盘问证人的环节犯了错，而且被不断要求重新表述问题。在这一切发生的同时，爱彼迎的高价律师就安静地坐在观众席上。“我当时太茫然无措了，这一切都太荒谬了。”沃伦说。

听证会结束的5天后，沃伦接到了一通来自法院的电话：法官驳回了对沃伦违反安全条例的指控，并撤销了对沃伦经营临时酒店的指控。但出于一种奇怪的法律逻辑，他裁定沃伦确实违反了法律，因为那名俄罗斯游客和茱莉娅是互为“陌生人”的关系，而且那名游客无权使用公寓的所有空间——在这个案件中特指茱莉娅的卧室。因此，严格意义上讲，那名游客的行为并不能被认定为“住在一个常住居民的家里”。沃伦需要为此项违规行为支付2400美元的罚款。尽管如此，沃伦还是认为这场磨难终于结束了，他欣然接受了这一裁定结果。“在我看来，这是一个胜利。”沃伦说。

但对爱彼迎来说，这并不是胜利。如果奈杰尔·沃伦违反了法律，那么纽约市的每位爱彼迎房东都难辞其咎。这样一来，公司就有大麻烦了。它在纽约市将不再拥有合法的业务，而且它将永远无法发展壮大，更不可能改变规则。

公司内部爆发了激烈的争论。贝琳达·约翰逊和大卫·汉特曼认为，爱彼迎不能放任此裁定成为先例，因为它将向其他城市传递一个非常糟糕的信号，那些城市已经在考虑限制快速发展的共享经济了。其他律师则指出，公司需要担心的是，如果提起上诉，爱彼迎可能会被迫卷入其他涉及其房东的案件。

切斯基做了最终决定：爱彼迎理应为它的房东做主。“我们需要为我们的社区摇旗呐喊，”贝琳达·约翰逊说，“我们都很清楚，这一裁定依据的是对法律的错误解释。”随后，爱彼迎聘请纽约吉布森律师事务所对奈杰尔·沃伦的案子提起上诉。就像处理 EJ 事件一样，爱彼迎又迈出了关键的一步。它由一个超然、中立的平台，转变为一个会维护房东，并愿意设身处地为他们着想的服务者。

上诉程序又耗费了三个月的时间。现在，爱彼迎这边已经拥有了强大的法律依仗。环境控制委员会发现，《多户住宅法》实际上并不要求短期房客和常住居民之间存在私人关系。这起案件被法院正式驳回，沃伦终于被证明无罪。“这个裁定是共享经济的胜利，也是无数纽约人的胜利，正是他们让爱彼迎社区充满生机和活力。”在事件平息后，汉特曼在爱彼迎的公共政策博客上如此写道。*TechCrunch* 和 *Verge* 等科技媒体网站也对爱彼迎的这次胜利进行了广泛报道。

唯一没有加入这场狂欢的人就是奈杰尔·沃伦本人。“我很高兴，但我并不感激爱彼迎。”他说道。在众筹网站 Kickstarter 位于布鲁克林安静的办公室里，他回忆起了这个奇怪的故事。他从 2014 年开始在 Kickstarter 担任产品经理。我问他，在他看来，爱彼迎在处理他的案件时的表现是否值得尊敬。他答道：“我并不认为爱彼迎有哪里值得尊敬。某些公司在某些特定的时刻会在市场要求的范围之外表现出对用户的尊敬。在这种情况下，我认为他们的行为是纯粹的务实。”

爱彼迎“达到了他们的目的。我不会为此记恨他们。对他们而言，应该怎样取舍是很清晰的——他们需要保护他们在纽约的生意”。

在判决结果公示的几天之后，爱彼迎在其网站上发布了一篇宣扬斗争胜利的文章，名为“我们是谁，我们的立场是什么”。切斯基用沃伦案件的胜利吹响了战斗的号角，展现了公司的价值观。“我们都同意非法酒店对纽约是有害的，而我们的优步社区与非法酒店截然不同。”他在一张照片下如此写道。在这张照片中，一群年轻人越过东河，望向美丽的夕阳。“我们的社区是由成千上万个善良的、了不起的人组成的。”

“我们设想的是一个更加平易近人的纽约：有更多的人负担得起来这里参观游览的费用；本地居民住宅中的额外空间也不会再被浪费；数百万名游客将融入纽约的五个行政区，为社区内的个体经营者和小型企业带来商机。”切斯基写道，“我们将为这座城市创造数以万计的工作岗位，包括摄影师、导游、厨师等，因为我们需要他们支撑这个蓬勃发展的新的生态系统。”

他还补充说，他愿意帮助纽约市政府提醒在爱彼迎提供出租服务的房主缴纳租赁税，他还渴望帮助这个城市根除不良行为者对居民区的干扰。他表示爱彼迎计划为此开通全天候的投诉求助热线。

纽约市政府及州议员对这篇文章反响平平。曾抨击爱彼迎“虚伪”的纽约参议员利兹·克鲁格表示，她的办公室早已被选民对爱彼迎的投诉淹没。随着纽约的房地产市场开始从经济危机中复苏，业主们正忙于争先恐后地找借口腾出受租金管制的公寓，再以更高的市场价将它们出租出去。

克鲁格会见了爱彼迎的代表，并敦促他们在网站上用醒目的文字提示房东，他们的出租行为有可能触犯了州法律及其与房东签订的租约。据她说，爱彼迎的回应是反复迂回地解释为什么这种做法太过复杂，以及这样做会如何让公司承担法律风险。[据高客网（*Gawker*）的一篇评论文章，爱彼迎的网站在一年之后仍然没有对纽约的用户提供足够明显的法律风险提示。] 克鲁格，这位睿智的民主党派人士，对致力于颠覆规则的硅谷初创企业并不看好。她认为爱彼迎的推拒有一个更简单的解释：爱彼迎不想缩减其在纽约快速增长的业务。在她眼里，投诉求助热线这个计划十分荒谬可笑，这家公司根本不可能对居民在半夜或周末的投诉给出及时有效的回应。

不仅如此，纽约州的总检察长，也即纽约州的最高执法官员，艾瑞克·施耐德曼（Eric Schneiderman）的律师团队也倾向于认同克鲁格的观点。他们认为，尽管爱彼迎声称自己的意图是为这座城市提供帮助，但实际上，它的做法是在抵制打击非法酒店经营者的诉求，而且，它也没有认真采取行动，按照要求代替政府对房主收取 14.75% 的租赁税。

尽管政府部门对爱彼迎的意见尚未公开，但司法部部长已经向切斯基发出了警告。2013 年 8 月，施耐德曼向爱彼迎发出传票，要求其提供纽约州所有爱彼迎房东的姓名、地址和联系方式，以及所有入住房客的住宿日期、留宿时长，还有公司自 2010 年以来的收入明细。在一次非公开的会议上，爱彼迎拒绝了这些要求。后来，在奈杰尔·沃伦一案判决结束后，施耐德曼再次向爱彼迎发出传票。这一次，他略微修改了措辞，但并没有做出实际让步。这位总检察长希望掌握关于爱彼迎的确切信息，包括在爱彼迎平台上发布房源的 1.5 万个纽约人里，有多少人符合这家公司所强调的“与人为善的共享经济先锋实践者”的描述，又有多少人只是想单纯通过这种违法操作赚取额外收入，从而导致房地产市场供应量的降低。换句话说，他想知道，纽约的爱彼迎房东是更像陈钧源，还是更像奈杰尔·沃伦？他们到底是临时酒店的老板，还是为旅客提供床位和早餐的房屋主人？

这是自桑维尔兄弟的挑战和 EJ 危机以来，切斯基面临的最艰难的抉择。爱彼迎应该如何回应这张法庭传票？那些冷冰冰的数据会向世界揭示爱彼迎业务的真相吗？

回到旧金山，这家公司正发展得蒸蒸日上。那一年，爱彼迎推出了新的手机应用程序，又在“白雪公主”运动的启发下对程序进行了更新。此外，爱彼迎还推出了一个名叫“即时预订”（instant book）的新功能，它允许租房用户像预订酒店房间一样预订爱彼迎平台上展示的房源，免去了用户与房东来回发送电子邮件交流所耗费的时间和精力。

这些新产品促进了公司业务的高速增长。爱彼迎的平台所蕴含的强劲的结构性动力让这家公司的很多投资者乃至高管自己都感到不可思议、前所未闻，这个平台真正的驱动力是全世界范围内几乎无限量供应的房间、公寓和住宅，以及人们对全新的、真实的、基于互联网平台的旅行体验产生的越来越浓厚的兴趣。当时的爱彼迎就像一个旋转得越来越快的飞轮，房主吸引房客，房客又吸引了更多的房主，而有关这个新奇的旅行服务的新闻报道源源不断地涌现，又进一步加速了整个循环。与此同时，爱彼迎在纽约的生存环境则与此截然相反，每遭遇一个障碍就会引发层出不穷的负面报道。

切斯基把握住了这个时刻。2013 年 1 月，他的笑脸登上了《福布斯》杂志的封面，封面故事的标题是“谁想成为亿万富翁”。这位年轻有为的首席执行官在 5 年前还在进行痛苦的自我怀疑，而现在已经拥有了一个大师级的顾问团，其中包括沃伦·巴菲特、杰夫·贝佐斯以及迪士尼的首席执行官鲍勃·伊格尔（Bob Iger）。几位爱彼迎的前雇员在谈起公司发展史上这段混乱时期时说，切斯基下定决心要比他的同事和竞争对手想得更远、行动得更果敢。爱彼迎在 2013 年的年营收有望达到 2.5 亿美元，但切斯基早就在考虑向 20 亿美元的年营收发起冲击了。网站的房间预订量已累计达到 1000 万晚，而切斯基则在督促他的员工要在接下来的一年中让这个数字变成 2000 万。爱彼迎当时大约有 500 名员工，但根据切斯基的估计，在几年后，公司的员工规模毫无疑问将扩大至 2000 人。一名不愿意透露姓名的资深员工表示：“如果爱彼迎是人的躯干，那么内森就是大脑，乔是心脏，而布莱恩则是睾丸。”

尽管切斯基本人仍然租住在旧金山办公地附近的一幢爱彼迎的房子中，但他拥抱了成功带来的美妙。2012 年下半年，他与投资人艾什顿·库彻以及他未来的妻子——女演员米娜·古妮丝（Mila Kunis）前往亚洲和澳大利亚旅行度假。而在前往日本推广日文版爱彼迎网站的行程中，这家公司又花了 15000 美元购买了一对武士刀。尽管公司声称切斯基对这件事并不知情，但据一位前雇员透露，这对武士刀就是切斯基和库彻买下来的，他们之后尝试过退货但失败了。

2013 年 1 月，切斯基聘请了一名与他志同道合的新的社区负责人——道格拉斯·阿特金（Douglas Atkin）。阿特金之前是一名广告公司的高管，曾在 2005 年出版了一本书——《品牌拜物教：当消费者成为信徒》（*The Culting of Brands: Turn Your Customers into True Believers*），并在书中宣扬要从像克利须那派那样虔诚的教派中汲取商业经验。"现在就是打造一个如同信仰一般的品牌的绝佳时机。"阿特金在这本书的结语中写道，"太多的营销人员在建立品牌与顾客之间的紧密关系时采取了防御性的态度。"阿特金坚信，爱彼迎不仅仅是一个公司，更是一种意识形态，一种全球运动，它超越了原有的区域法律的种种限制，开创了一个新的时代。

阿特金加入爱彼迎后采取的第一波行动之一是帮助爱彼迎建立了一个独立团队，并将其命名为"同伴"。这个团队由爱彼迎内部提供资金支持，主要使命是为共享经济领域的参与者提供帮助。在爱彼迎和类似的共享经济创业公司遭遇政治阻碍时，"同伴"会组织线下聚会，号召大家开展相应的政治活动以改变政策制定者和立法者的看法。因此，对于爱彼迎在纽约的战斗，阿特金给切斯基的建议很明确，他希望公司坚决对抗艾瑞克·施耐德曼。也有人认为招惹州总检察长的做法并不明智，但最后，贝琳达·约翰逊和爱彼迎的其他律师都同意，要求公司提供所有的用户数据的确是一种令人不安的窥探。约翰逊后来告诉我："很多公司都会被监管机构要求提供用户信息，有些公司会交出这些信息，有些则会与监管机构就此问题进行非公开的谈判。但我们认为总检察长提出的要求实在太过宽泛了，我们需要维护我们的房东和社区的隐私。尽管公开拒绝提供信息可能会引起公众的注意，但我们认为这就是正确的做法。”

因此，2013 年 10 月，顾问们的支持、公司业绩的持续增长、对于自己在做正确之事的确信，以及某种隐隐约约的不可战胜之感，所有这些都促使切斯基决定与纽约州总检察长发出的传票对抗到底。爱彼迎没有交出数据，而是向纽约州法院提交了驳回传票的动议，辩称传票要求过于宽泛，会造成对用户隐私的侵犯。实际上，他就是在告诉总检察长不要再做无用功了。洛杉矶、旧金山、巴塞罗那、阿姆斯特丹、柏林、巴黎等世界各地的立法者都在密切关注着这一事件，他们亲眼见证了爱彼迎在当地不可阻挡的发展之势。他们都对房屋共享网站及其背后的技术感到担忧，认为它似乎对当地经济造成了巨大的破坏，后果无法想象。

那张传票和随之而来的铺天盖地的媒体报道，让爱彼迎的纽约用户感到战栗不已。自 2010 年以来，记者塞思 · 波格斯（Seth Porges）一直在出租他位于布鲁克林威廉斯堡的两层公寓中的一间闲置卧室，当时，威廉斯堡还未演变成后来的时髦社区。他的公寓所在的地理位置很不方便出行，为了把房间租出去，他不得不吹嘘这栋公寓靠近 L 火车站，如此他才能用“这栋公寓可以满足你作为一位乡村客栈老板，观察从繁忙城市来到这里的各色人等的独特愿望”作为宣传语。

两年后，他被男性杂志 *Maxim* 裁员，而正是靠着在爱彼迎平台获得的额外收入，他才能够全身心投入他饱含热情的事业，而不是另找一份全职工作。他发现自己成为这个网站的狂热的捍卫者和传道士。“爱彼迎让我能够重新考虑我的人生选择并承担风险。”他告诉我。向房客收取约每晚 100 美元的房费足够他支付每月的房贷和更多费用了，他甚至还用这笔钱在客房的隔壁新建了一个卫生间。多亏了爱彼迎，他现在可以“免费”居住在纽约了。

在传票事件发生之后，波格斯和许多其他的房东一样，突然之间就不得不面对焦虑和谣言的洪流。“有预订了房间的房客给我留言：‘我还能来吗？现在我该怎么办？’”波格斯回忆道。他向房客提供了温和的保证——“我们的城市没有封锁，你随时能来。”尽管只在某些特殊情况下，这种租赁行为才是违法的，而且“警察也并没有挨家挨户地敲门。他们盯上的是大型非法酒店的经营者”。

里奇·查尔莫斯（Rich Chalmers）是一名女性服装公司的包装设计师，在开始使用爱彼迎之前，他与两名室友签下了一套三居室的租约，其所在的三层公寓位于C大道的人气酒吧 Alphabet Lounge 的上方。查尔莫斯在签约后才发现这间公寓“吵到无法居住”，所以他大部分时间都住在他女朋友家里。对他来说，将这间公寓租给那些想体验曼哈顿字母城真实生活的时髦游客，能为他带来很可观的额外收入。

一年后，查尔莫斯在续签了这间公寓的同时，又在曼哈顿东村第一大道和第二大道之间的第九街租了一套一居室公寓。在这之后，他开始在这两个地方和朋友家之间来回穿梭，并将两套公寓都挂在了爱彼迎的网站上。新公寓的月租是 1840 美元，而查尔莫斯向房客收取平日每晚 165 美元，节假日每晚 250 美元的费用。依靠这笔收入，他可以轻松支付房租。“到 2011 年，我已经对整个爱彼迎的租房流程驾轻就熟了。”他告诉我。他之后又在爱彼迎的网站上发布了他的朋友和女朋友的公寓，当他们不在城里时，他会将这些空置的房源充分利用起来。查尔莫斯对这一切的合法性是抱有怀疑的，为此，他在网站上放了一张自己的老照片，以避免别人认出自己。

随着他的副业规模不断壮大，查尔莫斯的工作也变得越来越复杂，他需要请公寓附近的熟食店或酒馆的店主替他保管公寓钥匙，并交给到达的房客。此外，每处公寓还需要安排一位保洁人员，负责在旧客离开、新客到达之前的几小时内让房间焕然一新。

据查尔莫斯估算，他的努力让他在3年内创造了20万美元的利润，还附带一些精彩的故事。有一天，他来到他帮朋友杰夫放在爱彼迎上出租的公寓，为新客人打扫房间。而令他吃惊的是，先前的几位客人还在那里，没有离开。“她们来自弗吉尼亚，来到纽约是为了卖香烟和大麻。我走进房间后吓了一跳，因为我意识到这些人显然正处于吸食大麻后的兴奋状态。”他回忆道。对一些人来说，这可能是个关于爱彼迎的恐怖故事，但对查尔莫斯来说并非如此。“我后来带她们去了另一个公寓。这真是一次令人难以置信的经历。”他说道，“这些姑娘都很漂亮，每个人都穿得像是准备好要参加狂欢派对一样。”

在施耐德曼向爱彼迎发出传票之后，与塞思·波格斯不同，里奇·查尔莫斯认为是时候收手不干了。他的一位做房地产中介的朋友告诉他，这种做法太危险了，不少房主已经意识到了这一点，开始在租约里严令禁止房客将房间转租出去。由于相关的房租管制法规限制业主根据市场供需对自己的房产自由定价，因此他们想要确保他们的租客也不能利用爱彼迎来实现这一点。查尔莫斯于2012年停止发布房源信息，他为所有通过爱彼迎获得的收入支付了租赁税，甚至出于谨慎考虑重新申报了前年的税。

爱彼迎的房主既有作为东道主热情待客、诚实待人的一面，又有赤裸裸的投机主义的一面，而切斯基在对总检察长发出的传票提出辩护申请时想要保护的正是这个群体。“这些房主绝大多数都是普通的纽约人，他们只是偶尔向异地来客分享他们自己居住的房子。”切斯基在2013年10月7日致爱彼迎房东用户的一封电子邮件中写道，“这张传票所提出的要求太过宽泛了，我们将竭尽全力斗争到底。”

爱彼迎委托外部机构对爱彼迎对纽约市的经济影响进行了调查，并在调查完成后公布了调查报告。根据调查报告，爱彼迎在一年内为纽约市创造了6.32亿美元的经济效益，其中大约15%的收益来自曼哈顿之外的其他区域。使用爱彼迎租房的游客平均停留时间为6.5晚，平均在当地商家消费近880美元。与此形成鲜明对照的是，住在普通旅馆的游客平均停留时间为4晚，平均消费约690美元。

但市政府官员对此不为所动。是为本地居民住得起房子提供保障，还是为外来游客提供充足的逗留空间，这是纽约以及很多其他的城市都需要面临的一个艰难选择，而作为最终决定者的市政府官员必须小心行事。爱彼迎的反对者认为，这家公司所经营的业务导致了市场上房源的减少，同时有意模糊了房主分享自己的房间和在房主缺席的情况下出租房间的界限。

施奈德曼和爱彼迎于2014年4月重返法庭。爱彼迎获得了暂时的胜利。一位法官裁定传票所提出的要求过于宽泛，因为它涵盖了纽约州的所有房东，而不仅仅是纽约市那些违反了《多户住宅法》的房东。

但施奈德曼在一天后就重新提交了一份经过修订的版本，这让爱彼迎再无退路，只得同意上交 1.6 万名纽约房主的匿名数据，包括在网站挂有多套房源的 124 名房主的某些特定信息。总检察长办公室研究了这些数据，并在 5 个月后发布了一份重要报告，指出纽约市内有超过 2/3 的爱彼迎租赁业务违反了法律。报告同时指出，那一小部分挂有多套房源的房主为爱彼迎在纽约的总营收贡献了 37% 的份额。随后，总检察长办公室与另外几个纽约市的监管部门，包括超负荷运作的特别执法办公室，组成了一个联合工作小组，查封了纽约市五个行政区的非法酒店。

在纽约第一次会面之后的几年里，布莱恩·切斯基和特拉维斯·卡兰尼克建立了一段断断续续的友谊。他们每年会在旧金山一起用餐几次，刚开始只有他们自己，后来则有其他创业者或者他们的女朋友加入。他们会共同讨论两家公司相似的成功之路，或者他们各自与监管机构和立法者斗争的经验。“我想我们都从对方身上学到了很多，”切斯基说道，“在这个世界上，与你立场相同的人总共就只有那么几个。”

无论是爱彼迎还是优步的员工都对他们几人的聚餐印象深刻。一位与优步员工相熟的爱彼迎高管说：“布莱恩在聚餐回来后会说：‘我们必须变得更强硬！’而特拉维斯在聚餐回来后则会说：‘我们必须变得更友善！’”

爱彼迎的高管目睹了优步在不得不接纳共享出行服务后经历的挣扎和痛苦，他们认为爱彼迎的做法与优步不同，而且要温和得多。但对于这个判断，他们也并没有十足的把握。“爱彼迎正在用自己独特的方式寻求发展。”乔纳森·米尔登霍尔（Jonathan Mildenhall）说道。他在 2014 年加入爱彼迎成为首席营销官。“我认为，对我们来说，我们的社区以及这个社区所表现出来的人性化，实际上驱使着我们做了很多事。因此，我们希望带着同理心和开放合作的心态处理各类尴尬的状况和挑战……我们不想为了成功不顾一切地一路横推。我们更希望与人合作。”

这与贝琳达·约翰逊所说的“监管品牌”的理念是相符的。但事实证明，在爱彼迎与纽约及其他城市不友好的监管机构进行斗争的过程中，这两家公司的相似之处可能远比切斯基和他的同事愿意承认的多得多。

两位首席执行官在谈论他们的公司时都怀揣着对改变世界的热情，而两家公司的经理人则都试图让他们两人远离与监管机构斗争的实际工作。优步一方是担心卡兰尼克太好斗，而爱彼迎一方则担心切斯基太过真诚，不够强势。两方所提供的服务都引发了社会行为的变化，而这些变化对整个社会造成的影响连他们自己也无法预估。他们都相信最好的策略是让公司尽快发展壮大，借助其用户的政治影响力让公司强大到不再受到监管的制约。

与卡兰尼克相比，切斯基的声誉在这个疯狂的帝国建立阶段保持得相当不错。优步的首席执行官舍弃了政治上的谨小慎微，而选择了激烈的辩论和智力上的博弈，这让他被贴上了好斗的资本家的标签。爱彼迎的首席执行官则更加谨慎，拥有更高的政治敏锐度，这是横冲直撞的卡兰尼克所不具备的。但是，和卡兰尼克一样，在面对不公正，甚至只是不够有利的法律时，切斯基也并没有放慢脚步。爱彼迎所经营的业务与优步一样具有颠覆性，它炮制了一批新的赢家和输家。

回顾 2011 年到 2013 年这段时间，人们无法比较哪家公司的做法更合乎道义。优步在发现其竞争对手可能占据战略优势后便开始对当地的交通法规发起进攻。而切斯基则在明知爱彼迎的部分租赁业务违反了纽约和其他地方严格的住房条例的情况下对此置若罔闻，其网站也没有对用户可能面临的法律风险给予恰当的提示。两位首席执行官都怀着坚定的决心抓住了摆在他们面前的绝佳机会，只在不得不等待情况好转或必须好好收拾斗争留下的残局时才会短暂停歇，但也不会多休息一秒。

时间到了 2014 年，硅谷和华尔街以外的投资者开始意识到这些初创公司很特别，而他们也想参与进来。不仅如此，远在中国的创业者也注意到了它们，欧洲的出租车运营商、全球连锁酒店、酒店工会联盟以及它们强大的政府盟友也都注意到了它们。这两家新兴的独角兽巨头即将在硅谷和世界各地引发一系列的改变，而这一切完全超出了特拉维斯·卡兰尼克和布莱恩·切斯基的想象。

第三部分

新独角兽巨头的考验

10

上帝视角：优步的艰难苦旅

任何你能提前想到的问题，我都希望你能妥善处理。

—— 特拉维斯 · 卡兰尼克致优步首席技术官顺 · 范（Thuan Pham）

脸书于 2012 年 5 月 18 日举行的 IPO 可以说是一团糟。因纳斯达克出现技术问题，股票交易延迟了 30 分钟，而脸书的股价在首发日的表现也乏善可陈，不久就陷入了持续下跌。这次 IPO 是检验世界如何看待硅谷及其蓬勃发展的技术革命的试金石。而从结果来看，现实是很残酷的。

但在随后的一年，脸书的管理层和它一根筋的领袖马克 · 扎克伯格打了一场漂亮的翻身仗。脸书借着智能手机的风潮重组公司业务，使得公司的广告销售额大幅上升，股价表现也在上市 4 个季度之后逆转颓势，迅速回涨。2013 年 6 月 30 日，脸书的股价超过了首发日价格，至当年年底，股价增长幅度达 45%。这意味着，即使是像俄罗斯投资人尤里·米尔纳以及微软和高盛这样在后面几轮融资才蜂拥而来的金主，也得到了不错的分红。

脸书及其支持者的胜利将最终改变互联网新兴独角兽的发展进程和整个硅谷的生态。评论家们对投资者的激烈谴责伴随着这家公司发展的每一步，他们认为这些投资者疯狂吹起了社交网络的估值泡沫。但事实证明，传统的成见是错误的。乐观的投资者得到了丰厚的回报。

投资者往往会在两难选择中陷入焦虑：一方面担心赔钱，另一方面又害怕错失良机。脸书的成功表明，进入曙光初现的数字时代后，过于谨慎的态度并不可取。实际上，投资者想要照猫画虎发现并投资下一个脸书并非易事。筹备 IPO 以及每 3 个月公开财报所带来的折磨已经为大家所熟知，如今的高科技初创公司都会选择在发展到一定阶段之后再公开上市。所以，对现在的投资者来说，最好的，可能也是唯一的机会，就是在最炙手可热的初创公司的融资轮就介入投资。

因此，过去一直致力于投资上市公司的金融集团开始寻找投资私人企业的机会。在脸书重新崛起后的几年里，新资本源源不断地流入硅谷，这加剧了资本之间的竞争，并将这些企业的估值推到了一个前所未有的高度。在短短 6 个月的时间里，公募基金富达投资（Fidelity Investments）领投了图片共享网站 Pinterest，其对该网站的估值高达 35 亿美元；与此同时，黑石集团（Black Rock）则牵头为云存储公司 Dropbox 注资，其对该公司的估值达到了 100 亿美元。在此之前，硅谷从未发生过此类对于私有企业的令人咋舌的巨额投资，这些行为带有一种鲜明的非理性色彩，而这种非理性色彩也是第一次互联网泡沫的明显特征。但与上一次不同的是，许多新的互联网巨头在消费者中极受欢迎，并依靠广告投递和用户订阅赚得盆满钵满。随着互联网和智能手机在全球范围的普及率迅速增长，这些互联网公司吸引了大量用户，也令投资者无法抗拒。

优步和爱彼迎从这种资本和信念的交织中脱颖而出，成为互联网新时代的两大巨头。截至 2014 年年初，爱彼迎已经筹集到了 3.2 亿美元的风险投资，凭借这些投资，公司估值一跃升至 25 亿美元；优步则拿到了 3.1 亿美元的投资，估值达到 35 亿美元。但这些与两家公司后来的融资规模和估值相比实在微不足道。

在接下来两年半的时间里，随着华尔街对优步成功的疯狂追捧，以及中国共享出行服务巨头滴滴筹措巨额资金意欲挑战优步全球市场主导者的地位，这两家公司总计募集了超过 150 亿美元的资金。两家公司在 IPO 之前的估值合计已接近 1000 亿美元。

随着这些独角兽巨头的规模、估值和野心的不断膨胀，它们对世界产生的影响也引发了人们越来越多的关注。以爱彼迎为例，这家公司对住房价格的影响、对居民社区的影响，以及在与城市监管机构谈判时做出的错误尝试，所有这些都引发了政界人士和监管机构的抗议。优步则遭遇了更加铺天盖地的恶评，其对传统雇用观念的挑战，用合同工替代全职雇员的做法引发了一系列没完没了的争论，这些争论涉及针对司机的背景调查，如何向司机提供足额的保险，以及使用优步服务的司机与乘客的安全问题。对出租车司机及其代表来说，他们的生存空间遭到了优步和其他共享出行服务商的挤压，在世界各地的很多城市，这些人选择了走上街头宣泄愤怒，展开抗议行动，甚至发生了诉诸暴力的极端情况。

互联网新巨头优步和爱彼迎总是同时被共享经济的支持者和批评者提及，在两家公司的野蛮生长阶段，它们站上了这场全球审判的被告席。批评者提出的问题至关重要：它们的压倒性优势为大众带来的好处，是否胜过了其众所周知的弊端？它们对城市的真正影响是什么？它们对整个社会是有益的还是有害的？面对这些问题，已卸下过往包袱的特拉维斯·卡兰尼克和布莱恩·切斯基将不得不代表各自的公司用令人信服的行动迎接未来的挑战。

优步第一次遭遇了高耸的怀疑之墙。在 2013 年启动 UberX 项目后，卡兰尼克和他的同事们将这项事业做得如日中天。无出其右的成功令他们产生了一种不可战胜的错觉，这种傲慢也渗透到了优步与其竞争对手以及监管机构的互动中。优步的管理层居高临下，看到了摆在他们面前的历史性机遇，并试图征服世界。而这个世界则抬头看着优步，在很长一段时间里都无法确定优步所设想的未来图景是否是它真正想要的。

回到 2013 年夏天，硅谷投资者的心态从乐观彻底转变为热情，特拉维斯·卡兰尼克也开始着手准备优步的第 4 轮融资。根据卡兰尼克同事们的说法，新的融资条款是他自己制订的。他发起了与 6 家大投

资商的谈判，整个过程就像拍卖一样。优步的诉求不仅仅是以最高的估值获得最多的注资，还包括找到一个强大的合作伙伴，促进其业务在全球范围内快速扩张。尤里·米尔纳的数字天空科技，以及通用催化风投（General Catalyst Partners）都幸运地成为优步本轮竞标的参与者。但最终，卡兰尼克的目光投向了美国最强大的科技公司——谷歌。

卡兰尼克开始与谷歌的投资部门"谷歌资本"展开谈判，但后来又被谷歌原先的下属风投集团——谷歌风投，以及谷歌风投的合伙人大卫·克莱恩（David Krane）吸引了目光。克莱恩原先是谷歌集团的公关经理，现在则是一位钟情于五颜六色的运动鞋的投资人。克莱恩开出了诱人的条件拉拢卡兰尼克，承诺将借助谷歌 6 万名员工的集体智慧和他们 20% 的工作空余时间帮助优步拓展业务。卡兰尼克对和谷歌结盟的想法很感兴趣，但他更希望得到谷歌高层的保证，并要求与谷歌创始人兼首席执行官拉里·佩奇会面。

2013 年 8 月的一个晚上，谷歌安排卡兰尼克入住位于东帕洛阿尔托的四季酒店套房。卡兰尼克即将于次日一早前往谷歌参加召开于 10 点整的会议，与硅谷最有权势的人物会面。克莱恩对这次会面的设计给卡兰尼克留下了难以忘怀的体验。当这位优步首席执行官来到酒店大厅时，他看到酒店外一辆由谷歌 X 实验室出品的无人驾驶汽车正缓缓驶来，准备载着他从酒店行驶到山景城。汽车前排坐着一位谷歌工程师，负责回答卡兰尼克提出的所有问题。这是卡兰尼克第一次搭乘无人驾驶汽车上路。

在谷歌总部，卡兰尼克会见了佩奇、谷歌资深律师大卫·德鲁蒙德（David Drummond）以及克莱恩在谷歌风投的老板——比尔·马里斯（Bill Maris）。佩奇向卡兰尼克保证，两家公司可以合作开发谷歌地图（优步在其应用程序中依靠谷歌地图进行导航），但是他在会议中既没有透露太多信息，也没有待很长时间。这一天的经历给卡兰尼克最重要的启示是，他开始意识到无人驾驶技术可能会彻底改变优步的业务。

“只要你们的无人车得到上路许可，我们就真的不再需要司机了。”卡兰尼克在会后激动地对克莱恩说，“这将让我们的利润空间大幅上涨。”在卡兰尼克的思维中，支付给司机的费用是成本，是需要从营收中扣除的部分。因此，他认为关于无人驾驶汽车的未来图景对他的生意是天大的利好消息。

在与优步的首席财务官、前高盛高管高塔姆·古普塔（Gautam Gupta）进行了 4 个小时的会谈后，克莱恩认为自己已经为谷歌风投锁定了独家投资的机会。但事实并不如他所料。那天晚上，卡兰尼克打电话给克莱恩，告诉对方他还希望在这一轮融资中引入第二个投资者：曾一手操办大陆航空、服饰品牌 J.Crew 和汉堡王等公司融资并购案的旧金山私募集团——得州太平洋投资集团（TPG Capital，简称得太投资）。卡兰尼克希望结交得太投资的传奇联合创始人，时任通用汽车董事会成员的大卫·邦德曼（David Bonderman），并认为对方凭借其丰富的经验和人脉能够帮助优步处理其在扩张行动中在世界各地遇到的监管问题。

谷歌在优步公司投资了 2.58 亿美元。大卫·德鲁蒙德加入了优步董事会，而克莱恩则获得了董事会的观察员席位。据一位知情人透露，得太投资向优步注资 8800 万美元，直接从创始人加内特·坎普那里购买了部分股权，并让优步接受了一项附加条款，即允许其在优步估值低于 27.5 亿美元的情况下获得增发股权。显然，得太投资对投资初创企业感到不安，所以采取了措施对冲风险。优步还为该集团提供了一个补充投资选项，即允许该集团在 6 个月内以与原先相同的估值买入价值 8800 万美元的股权。大卫·邦德曼成为优步董事会的董事，他的同事，即策划这桩投资的大卫·特鲁杰罗（David Trujillo）也加入了优步董事会，担任观察员。（除此之外，基准投资公司也投资了 1500 万美元，说唱歌手和企业家 Jay Z 则许诺了 200 万美元的投资，后来为了获得更多的股权又表明愿意出资 500 万美元。卡兰尼克对此印象深刻，但他并没有接受额外的投资。）

现在，优步拥有了充裕的资金。在此轮融资之后，卡兰尼克登上了得太投资的“湾流”喷气机，同行的还有邦德曼、得太投资的联合创始人詹姆斯·科尔特（James Coulter）、大卫·特鲁杰罗，以及投资人施欧文·彼西弗和他的合作伙伴斯科特·斯坦福（Scott Stanford），他们一同访问了亚洲的几个国家，评估公司在那里的发展前景。

世界的大门看上去似乎是为他们敞开的。然而，在 2013 年秋天，卡兰尼克和他的投资人对公司未来发展的每一个设想，最终都被证实或多或少是错误的。谷歌不愿意将其无人驾驶汽车的研究结果拱手让给另一家公司，这让谷歌在不久之后看起来更像是优步的死敌，而不是它的盟友。大卫·邦德曼也在这一年离开了通用汽车的董事会，而通用汽车在 2016 年选择了优步的主要竞争对手 Lyft 作为投资对象。

值得一提的是，据多名熟悉此轮融资交易内幕的人士透露，得太投资在买入第二批同估值下价值 8800 万美元的优步股权的执行时限到来之前一直犹豫不决，直到最后一刻才尝试执行这项权利。而卡兰尼克一向吝啬于出让优步的股权，也不愿意稀释现有投资者的股权，因此他最后拒绝了这笔交易。自此轮融资至2016年年底，优步的股价急剧增长，而得太投资因为对优步缺乏信心，最终丧失了获得数亿美元收益的绝佳机遇。

而对优步最大的误判可能恰恰来自卡兰尼克自己。他从未想到进军亚洲市场的挑战性和烧钱程度会如此之高。更重要的是，他没能准确感知到硅谷融资环境的变化。在结束了这轮由谷歌和得太投资领投的融资后，他曾愉快地对新上任的业务发展副总裁埃米尔·迈克尔（Emil Michael）说："埃米尔，我们再也用不着筹钱了。"

埃米尔·迈克尔自认为募集资金是他的一大天赋才能，因此，当听闻卡兰尼克认为优步不再需要融资时，他多少感到有些失望。迈克尔出生于开罗，在孩童时期就同他的家人一起移民到美国。他毕业于纽约的新罗谢尔高中，之后拿到了哈佛大学的本科学位和斯坦福大学的法学学位。他曾在高盛短暂工作过一段时间，之后于1999年前往硅谷发展，当时正值互联网泡沫的高峰期。

从业10年来，迈克尔以高效、忠诚和乐观为众人所熟知。他在2011年结识了卡兰尼克，那时他刚刚离开科技行业来到白宫工作，担任国防部长罗伯特·盖茨（Robert Gates）的特别助理。卡兰尼克曾试图招募他加入这家初创公司，但在那时，优步看起来只是一个豪华汽车服务商，而不是后来的全球共享出行行业的巨头。迈克尔甚至也从未想过这家公司有朝一日能成为一家大型企业。

但迈克尔仍然维持着与卡兰尼克的友谊，而且终于在 2013 年的秋天加入了优步，因为他意识到优步的未来远比他原先认为的更加光明。尽管当时优步的豪华汽车服务的车费比传统出租车贵了 1.5 倍，但 UberX 的平均车费要比一般的出租车便宜 25%，而且这项优步服务已经开始在新兴的共享出行服务市场占据主导地位。

虽然 Lyft 和 Sidecar 是共享出行服务的先驱，但当优步也加入进来开始积极推行这项服务时，这两家竞争对手意识到它们很难跟上优步的步伐。优步首先于 2013 年在美国推行这项服务，随后又于 2014 年在欧洲启动这项业务。优步拥有更成熟的品牌、更多的资金，以及豪华汽车服务 Uber Black 和商务出行服务 Uber SUV 这样的高端产品线，而高端服务的利润可以用来补贴 UberX，为新司机提供经济激励。

凭借 UberX，优步保持着每月 20% 的增长速度，在旧金山、洛杉矶、华盛顿和波士顿，这个本不存在的行当似乎在一夜之间变得随处可见。在那年秋天，优步搬离了霍华德大街的狭小办公室，入驻了几个街区之隔的布道大街 706 号的 9 楼。新办公地的空间更加宽敞，且紧挨着旧金山现代艺术博物馆。卡兰尼克的桌子正对着埃米尔·迈克尔，两人经常隔着电脑屏幕对视，惊叹于优步的业务增长统计数据。

“有几次，我们不得不停下来互相问对方：‘你看到这一切了吗？’”迈克尔对我说，“我们眼睁睁看着业务量一路攀升。”

在美国的部分城市，如奥斯汀、拉斯维加斯、丹佛和迈阿密，人们对不受监管的共享出行服务十分抵触，新奥尔良更是在优步还没开始在那里运营时就向优步发出了一封勒令停止营业的通知函。但卡兰尼克手握绝招——特拉维斯法则，他可以对那些真正对民众负责的政客施压，让他们接纳一项明显优于同行业其他选择的服务。

2013 年 10 月，优步 400 名员工中的绝大部分人一同飞往迈阿密进行一次新的工作旅行。他们住在南海滩的豪华海滩俱乐部。俱乐部用灯光打出优步标志中的巨型 U 字，映照在游泳池的水面上。员工们除了在泳池边参加晚宴或派对，还会走上海滩向游客分发优步的明信片，并在街边的灯柱上张贴支持优步的海报。优步还为在南佛罗里达州推行共享出行服务所需要的合法化宣传制作了一个网站、一个 Instagram 主页和一个推特话题标签："#MiamiNeedsUber"（"# 迈阿密需要优步"）。

对优步来说，迈阿密是个具有挑战性的市场。当地的法律要求私人出租的豪华汽车在载客之前必须等待一小时，而且乘客必须支付超过 70 美元的车费。该法令旨在保护出租车公司免受来自缺乏监管的豪华汽车和私家车用车服务的市场竞争，其得到了该地区出租车公司的普遍支持。不过，这项法令显然抵挡不了公众对共享出行服务日渐增长的需求。在优步员工的迈阿密之旅结束的几个月后，Lyft 和优步就开始在迈阿密的戴德县开展业务了。虽然它们的用车服务严格意义上讲仍然是非法的，但法院也只是偶尔对司机罚罚款，警方也没有勒令两家公司关停业务。到 2015 年，这里的立法者已经做好准备改变陈旧的法规了。

"这项需求是如此之大，"迈阿密市长卡洛斯·希门尼斯（Carlos Gimenez）对《迈阿密先驱报》说，"我不会把优步和 Lyft 拽回 20 世纪。我认为出租车行业必须进入 21 世纪。"

优步迈进成长期，赢得了政治斗争，规模不断增长，公司团队也在不断地壮大。在埃米尔·迈克尔加入公司的几个月前，卡兰尼克还招募到了新的首席技术官——顺·范。

范于童年时期离开了越南，他曾在印度尼西亚的一个难民营待过10个月。范毕业于麻省理工学院，后来成为在线广告公司DoubleClick和云服务公司VMWare的颇有建树的技术部门负责人。作为高级主管加盟优步，意味着他必须经历一个艰难的面试过程，这包括与卡兰尼克进行30多小时的一对一交谈。入职之后，范重组了优步的技术团队，加紧扩编工程师队伍，并带领团队对优步的调度算法和数据库存储系统进行了全面的修正，让优步的技术支持与每6个月翻一倍且毫无减缓趋势的业务增长保持步调一致。

范对优步的影响力在那一年的新年前夜得到了充分展现。在他加入之前，优步的系统已经连续三年在新年夜超载运行，不堪重负。“范，如果我们的系统再次崩溃，我的动脉瘤就会发作，我会死在你的手上。”卡兰尼克在新年前一天的早些时候对他说。而新年夜当天，优步系统史无前例地实现了平稳运行。几天后，卡兰尼克带着范和他的团队举行了一个庆祝晚宴，并且十分难得地对他们进行了表扬。“你做得很好。”这位优步首席执行官如此说道。当然，除了表扬和奖励，新的挑战也将随之而来。“从现在开始，任何你能提前想到的问题，我都希望你能妥善处理。”

在接下来的几个月里，卡兰尼克实行的两个计划进一步推动了UberX的发展。第一个计划是为需要购买新车的优步司机提供贷款补助。这个想法源于前高盛大宗商品交易员安德鲁·查宾（Andrew Chapin），他当时在优步的纽约分公司担任司机运营经理。查宾发现，自有车辆的缺失是扩充潜在优步司机储备的最大阻碍。这些人中的大部分是信用不良或者根本没有征信记录的移民，因此他们无力拥有自己的汽车。

查宾认为，优步可以帮助这些司机搞定汽车贷款，然后将司机驾车载客所得收入的一部分扣留，用于偿还这笔贷款。这个计划将为公司带来更多的收益，不仅能让更多的优步汽车上路，还能确保司机将精力和热情全部投入优步，而不是投入其竞争对手或其他服务商。“优步服务的需求是切实存在的，但如果我们不能帮助我们的伙伴和签约司机让汽车上路，那一切都没有意义。这样一来，我们就不可能实现进一步增长。”卡兰尼克当年如此说道。

为了让大家对这个计划产生兴趣，优步的高管们走访了全国各地的汽车制造商和汽车贷款公司。大部分人给他们的第一个反应就是质疑。“那些汽车公司的反应类似于：‘优步？你们是做什么的？你们不是豪华汽车公司吗？’”埃米尔·迈克尔回忆说。卡兰尼克、迈克尔和他们的投资人比尔·格利来到福特汽车的底特律办事处（这里通常被称为“玻璃屋”），并会见了福特的执行董事长威廉·克莱·福特二世（William Clay Ford Jr.），但对方对这个计划也拿不准。会后，卡兰尼克与这位福特公司创始人亨利·福特的曾孙合影留念。他们还参观了在公司大厅举办的福特公司发展史的展览。据格利回忆，当时，这位优步的首席执行官完全沉浸在了福特公司的发展历程当中。

最终，数家大型汽车制造商，包括通用、丰田还有福特，以及多家经销商和车贷机构都同意加入这个计划。而与此同时，优步会使用自有资金，通过其子公司 Xchange 向司机提供贷款。这个计划后来被媒体诟病为“条件苛刻的次级贷款”；而且，如果司机未能及时偿还贷款，公司就有权收回车辆。但迈克尔坚称这个计划是在帮助那些信用不良的司机，而他们本身也并没有其他选择的余地。“我们是在帮助那些无论如何没办法自己申请贷款的人，这个计划对他们来说显然是更好的选择，”他说，“当然，这项贷款的利率不低，但至少他们有了生存下去的机会。”

面向司机的贷款援助刺激了优步用车供应的上涨，而优步接下来的行动再次扩大了市场的需求，同时也惹来不少争议。2014 年年初，为了改善每年冬季因为夜间出行的减少而导致的业务下滑，卡兰尼克在美国市场，包括亚特兰大、巴尔的摩、芝加哥和西雅图等几个城市，将 UberX 的车费进行了大幅削减，削减幅度最高达 30%。这样做的理论依据是，如果车费下降，用户就会愿意更多地使用优步这项服务，而不是选择租车或乘坐公共巴士和地铁。有了更多的乘客，司机们的空载时间就会有效减少，这样他们就可以通过完成更多的订单来平衡车费的降低。

虽然这个道理合乎逻辑，但降价计划真正启动后，司机们还是感到很不安，而优步最终也不得不在低价运营并不那么行之有效的城市里放弃这个计划。但这依然加速了 UberX 的成长，更为重要的是，这迫使资金不如优步充裕的 Lyft 也进行了车费和佣金的削减。优步看透了这个商业模式中不同环节之间的联系，这种联系也被硅谷创业大师们称为“良性循环”。低价吸引了更多的用户和更频繁的服务使用，这导致了车辆供应和司机业务量的提升，反过来又使得价格进一步降低，同时也给竞争对手施加了更大的压力。

即使是优步最狂热的支持者也未能真正看透这一行业的真正潜力。优步不仅仅是将乘客从城市出租车中解放出来，更是将整个付费出行市场的蛋糕越做越大。

“我知道优步会做得很大，但我没想到它会大得如此惊人。”风险投资人比尔·格利说，“当我们开始测试更低的定价时，大家都为优步的价格弹性感到震惊。”优步业务增长的步伐快到令卡兰尼克本人都被吓到了。“我当时并不知道优步的真正潜力有多大，我更不明白私募基金和风投圈是如何为了抓住这个机会而大规模地投身于这个充满不确定因素的未知领域的。”他说道。

现在看来，也许除了优步自己，再没有什么可以阻止优步前进的步伐了。

2013 年的 12 月 31 日，悲剧发生了，就在新年前夜的晚上 8 点整。一位名叫邝欢（Huan Kuang）的年轻母亲带着她的两个孩子走在旧金山田德隆区波尔克街的人行道上。他们遭遇了车祸。一辆灰色的本田 SUV 在右转驶向波尔克街时撞到了这家人，导致邝欢六岁的女儿刘家怡（Sophia Liu）死亡。这辆车的驾驶员，57 岁的赛义德·穆萨法（Syed Muzaffar）已经为 UberX 工作了大约一个月。当时，他并没有载客，但他告诉警方他正在操作优步应用程序，等待车费到账。那位悲痛的母亲后来告诉当地电视台的记者，事发当时她看到了映在司机脸上的手机亮光。

媒体对这起案件的相关情况感到震惊，特别是这样一个令人感到不适的事实：起初，优步完全否认涉事其中。在事件发生后，卡兰尼克在推特上回应："我们确认这次事故不涉及在优步系统中处于行程进行中的车辆。"而在公布了更多有关车祸的详细信息后，优步甚至在向这个家庭发出吊唁信之后追加了一份措辞更为谨慎的免责声明，冷酷无情地阐述了优步的法律依据。"肇事司机没有在事故发生期间提供优步用车服务……司机的确是优步用户，但他的账户在事故发生后已被注销。"优步这篇声明如此写道。

优步选择的立场违背了人们对这场悲剧的普遍认知。

这家公司已经赚了大钱，但显然不想承担事故的责任。然而，正是优步以夜间出车车费更高为诱饵，吸引了像穆萨法这样的司机开车上路，装上优步的手机应用，而这一应用的工作系统需要他们即使在行车途中也要及时响应提示，并输入回复信息。穆萨法的车后座上可能的确没有乘客，但他依然在执行优步服务的重要一环：在优步应用处于随时可响应的状态下在城市里环绕行驶，等待着下一个订单的到来。

还有其他令人不安的事实。穆萨法曾在 10 年前因于佛罗里达州基岛的高速公路上以每小时 100 英里的车速超速行驶而遭到罚款。优步的背景调查工作外包给了 Hirease 公司，而这家公司只会查验并向客户报告调查对象在近 7 年内的犯罪记录。实际上，优步为任何可能发生的交通事故都进行了投保，总保额为 100 万美元，但理赔生效的条件是事故发生于司机在应用端接单到乘客下车离去之间的这段时间。在一年前的那场充满争议的听证会上，不管是优步还是加州公共事业委员会，都没有考虑过司机已经登录优步系统但并没有载客而是在等待车费到账这段时间应该遵循的具体条例。刘家怡一家面临的是巨额的医疗开销，即使能拿到穆萨法个人保险所提供的1.5万美元的全部，这笔钱对他们而言也只是杯水车薪。这一悲剧显然是可以预见的，然而优步看上去似乎并没有做好充足的准备。

3个月之后，也就是2014年3月，优步和Lyft一起引入了最高10万美元的补充保险来填补这个制度空白。2014年，加州通过了一项法律，规定共享出行公司在其司机打开应用程序寻找乘客期间也需要承担相关事故的赔偿责任，保险覆盖范围为20万美元及以下。

穆萨法在事发后因驾驶车辆过失杀人罪被捕并接受审判。2016年4月，此案因陪审团无法就裁决达成一致而陷入僵局，并且，截至此书成文时，此案仍在等待重审。刘家还对优步提出了意外致死诉讼，指控该公司对事故负有责任——正是其推出的手机应用程序分散了驾驶汽车的穆萨法的注意力，从而导致车祸发生。优步在2015年6月以偿付一笔未公开具体金额的赔偿金与刘家达成和解。但整个事件对优步公司声誉的损害远远不是私下赔款就可以弥补的。在大众眼中，这是优步首次明确表现出无力也不愿承担由它掀起的交通革命所带来的潜在负面风险。

优步的管理层“极度渴望成功，但他们十分不成熟，他们陷入了金钱和高速发展的怪圈”。代理刘家怡案件的原告律师克里斯多夫·杜兰（Christopher Dolan）说道，“他们被这种巨大的发展潜力所迷惑，没能停下来反思他们应该负担的责任。”

刘家怡的悲剧引发了媒体对优步整整一年的负面报道，也使得优步的公众形象一落千丈，被迫贴上了霸道、残忍、冷血无情的标签。

在优步迅速在欧亚的城市和国家拓展业务的同时，优步的批评者一直在抨击这家公司助长了那些没有经过彻底背景审查的司机做出危险行为，还指控其滥用反竞争策略，向公众揭露了其员工口中不时爆出的不当言论。人们对优步的负面印象大多形成于2014年。而对优步来说，在这最富挑战性的一年中，卡兰尼克和他的团队在推动业务增长的同时也在不断犯错。

在刘家的悲剧发生了不到一个月的时间之后，共享出行服务这个行业又以一个不甚光彩的形象出现在了公众的视野中。对于优步、Lyft、Sidecar以及该行业中规模更小的参与者而言，只有更多的司机愿意使用公司推出的应用程序，这家公司在市场中占据的地位才会越来越牢固，因此，这些公司不仅会全力地争取新的司机用户，还会互相从竞争对手的阵营挖角。这是一场赤裸裸的争夺，是特拉维斯·卡兰尼克最爱的丛林肉搏，当然也是优步最擅长的。在公司里，员工们称此次行动为“埋头苦干”（slogging），后来又将这个词扩展为一个非常无聊的短语的缩写：“supplying long-term operations growth”（意为“促进供应的长远发展”，首字母缩写为slog）。

这些公司主要是通过提供免费汽油卡、签约奖金以及其他额外的津贴诱使司机从竞争对手那里叛离的，不过它们也有一些更离谱的手段。2014年1月24日，据在纽约开展了出行业务的以色列用车服务公司Gett称，他们在运营过程中发现，在三天的时间之内，有优步员工在Gett平台下单然后立即取消了超过100次的用车服务。在这之后，这些优步员工会给Gett的司机发短信，试图说服他们改用优步平台来接单。（与其他的共享出行公司不同，Gett没能及时意识到可以使用诸如 Twilio 这样的电话追踪服务来隐藏司机的电话号码。）Gett 的美国区负责人晶·王·赫尔曼（Jing Wang Herman）视优步的这种策略为恶毒的攻击。她给 Gett 的司机们发送了一条信息，为他们所受到的骚扰致歉。此外，她还在这条全部用大写字母写成的信息中声明——Gett 与优步正式开战了。她还向媒体展示了一些用真实姓名在 Gett 下单的优步雇员的名单，其中甚至包括优步纽约分公司的总经理。

面对如山铁证，优步这一次选择了立刻道歉。“我们的销售策略过于激进了。”优步在其官方博客上写道。后来卡兰尼克告诉我：“纽约团队只是希望尽可能为平台争取更多的司机用户，因为这是公司发展的唯一途径，而后我们才能谈到为城市中的乘客提供高质量、可靠和低价的服务。但他们采取的部分做法的确有些极端。我们表示了道歉，而且今后公司会引以为戒。”此次事件之后，优步又进一步引发了更多的争议。同年 2 月，男性杂志《GQ》在一篇特稿中把卡兰尼克描述为“程序员中的‘当红炸子鸡’”，声称优步的成功大幅增加了他对女性的吸引力。“是的，我们现在可以称他为‘女性杀手’了。”这篇文章如此说道。

5 月，在编程大会上，卡兰尼克作为首席执行官高调的发言更是让他麻烦缠身。卡兰尼克不遗余力地攻击了当时的出租车公司，甚至让包括我在内的台下观众都不禁对这些公司产生了同情。他说，优步卷入了一场政治竞选，“优步是其中一位候选人，而对手是一个叫出租车的浑蛋。没人喜欢他，他也并不是什么善良的角色，但他和这个政治体制网络利害相关，很多人都欠他人情。”他继续表示，优步定将“揭露出租车行业的黑暗、危险和邪恶”。

当被问及无人驾驶汽车时，他说他为这项技术感到兴奋，因为它能够降低用车服务的价格，但他并没有表示出对司机失业问题的担心。他说："优步用车的价格对于部分人来说过于昂贵的原因是，你不只需要付车费，你还要付给开车的司机兄弟一份辛苦钱。"至于被问及关于成千上万的司机正依靠他的公司来养家糊口的问题时，他耸了耸肩。"世界就是这样运行的，"他说，"世界并不总是伟大的。我们都必须找到改变的方法。"

卡兰尼克倒是丝毫没有掩饰自己，对于他的言论在优步核心拥护者中留下的印象，他甚至可能根本就不在乎。优步在 2014 年遭遇的问题足以反映这位首席执行官的性格，他的优点让他挺过了职业生涯开始阶段的严峻考验，而他的缺点则让他被一些投资者和同事疏远。他性格中最明显的一点莫过于强烈的竞争意识，这驱使他不仅要在 Wii 网球比赛中获胜，更要在生意场上击垮他的对手。

与 Lyft 之间的竞争也在 2014 年继续进行，这件事也展示了卡兰尼克性格的这一面。卡兰尼克后悔自己在 2012 年等待加州监管机构批准共享用车服务的时候让 Lyft 把握住机会扎根生长。他一门心思地想着 Lyft 中途超车优步的可能性，他担心 Lyft 会被一个更加成熟的公司收购。

那个时候，卡兰尼克在 The Battery 餐厅遇到了同为创业者的首席执行官布莱恩・切斯基。The Battery 是一间高级餐厅，也是一家为旧金山程序员们所熟知的会员制俱乐部。当时，切斯基正与律师山姆・安格斯（Sam Angus）一起喝酒，而卡兰尼克径直走到他们桌前，开门见山地询问爱彼迎是否准备收购 Lyft。

“不，我们只是在这里出差。”切斯基回忆起自己当时是这样答复对方的。

“哦，你们‘只是’出差！”卡兰尼克还了一嘴，虽然他后来表示自己想不起来当时到底是在开玩笑，还是真的怀疑对方在说谎。

在2014年的某段并不长的时间里，Lyft其实已经准备认输了，公司的代表们前往优步探讨两家公司的合并问题。据三位知情人士透露，卡兰尼克和埃米尔·迈克尔与Lyft的首席执行官约翰·齐默、安德森·霍洛维茨基金的合伙人约翰·欧法莱（John O’Farrell）共进晚餐，讨论这桩交易。晚宴按部就班地进行，尽管饭桌上时不时迸发出激烈的争执。Lyft的代表对自家公司的期望很高，作为出售公司的交换，他们希望获得优步18%的股权。而优步则提议用8%的股权作为交换。实际上，卡兰尼克一开始就对两家公司的合并没有多大兴趣，而且他也不打算用公司1/5的股权作为交易的筹码。双方最终都不肯让步，谈判也就随之破裂了。

然而，Lyft的经营状况很快又发生了好转。那个春天，凭借一些进入硅谷寻求机会的非传统资本，Lyft募集了2.5亿美元。这笔投资的来源是由蔻图资本管理公司（Coatue Management）、中国电商巨头阿里巴巴、贝宝联合创始人彼得·泰尔掌管的创始人基金（Founders Fund）联合组成的投资者财团。借助这笔投资，Lyft将业务扩展到了其他24个美国城市，其中13个城市是优步尚未涉足的中型市场。

两家公司战火重燃。几周后，优步急忙开启D轮融资，从富达投资集团、威灵顿管理公司、黑石集团以及克莱纳·帕金斯风险投资公司（Kleiner Perkins）那里仓促募集了12亿美元。筹集资金的过程总共耗时三周。在卡兰尼克强有力的感召下，投资者再次看到了优步那令人无可抗拒的广阔前景。

“如果你能把交通变成一项服务，并且确保这项服务的消费在经济上切实可行，让人们从此放弃自己开车出行，你就办成了一件非同寻常的大事。”在本轮融资结束后，卡拉尼克这样对我说。他还采取了一种非常规的手段，即在私下里告诉投资者，如果他们想对优步进行投资，他们就不应该考虑再与 Lyft 对话。“（优步）找到 Lyft 的出资方并对他们说：‘嘿，现在情况是这样的，我们的生意对所有人敞开，我们欢迎你们也参与投资。’”当我询问卡兰尼克具体采用了什么策略时，他如此回答道，“这就是我们谈话的内容。”但在其他人看来，卡兰尼克途经之处只余一片焦土。

即使在某些方面 Lyft 的做法同样侵略性十足，但它仍然享有更好的声誉，这在卡兰尼克看来尤为不公平。虽然是 Lyft 率先在旧金山、迈阿密和堪萨斯城引入未受监管的共享用车服务的，但 Lyft 的创始人洛根·格林和约翰·齐默所做出的努力常常被视为理想主义的体现，而非掠夺者的野心。“Lyft 所提供的每一次出行服务都给人们提供了一次积极的面对面互动的机会，”齐默在一次专题访谈中向 CNN 表示，“我也很幸运自己能参与这项关于未来出行方式之变革的事业，这种变革将铸就我们明天更加以人为本的城市新生态。”

是年 7 月，Lyft 准备在纽约启动用车服务，而优步在当地的服务只接纳拥有资格认证的专职司机。实际上，Sidecar 在前一年也曾进行过类似的尝试，只不过落得了司机被传唤、汽车被纽约车委会扣押的结果，最后以失败草草告终。当优步的豪华汽车服务和出租车服务登陆纽约时，优步也意识到纽约车委会是一个可怕的麻烦，因为车委会不能容忍任何会使城市交通拥堵状况雪上加霜的行为。

但 Lyft 的首席执行官约翰・齐默不会轻言放弃。他公开宣布 Lyft 将在皇后区和布鲁克林区推出服务。在这之后，齐默和他的政府公关副总裁大卫・埃斯特拉达（David Estrada）一同飞到纽约市，与纽约市长比尔・德布拉西奥（Bill de Blasio）麾下的出租车协会官员米拉・乔希（Meera Joshi）进行了一天的会谈。乔希用强硬的口吻告诉他们，Lyft 需要作为公司实体在纽约登记注册，而且和优步一样，他们也只能签约有资格认证的司机。第二天，齐默和埃斯特拉达被传唤到州检察官办公室，来自检察院和纽约金融服务部的十多位官员向他们出示了一份长长的法律条例清单，阐明 Lyft 如果继续执行他们的计划将会违反多少条法律。

尽管如此，齐默仍然下定决心执行计划。他在布什威克的 1896 夜总会举办了一个开业派对，并邀请了说唱组合 Tribe Called Quest 中的歌手 Q-Tip 到场进行表演。而就在员工于舞池中狂欢的同一时间，一群出租车司机正聚集在俱乐部门口进行抗议。"我们认为 Lyft 的到来会让我们失去工作。"纽约独立出租车司机协会的南茜・索里亚（Nancy Soria）对科技博客 *Technical.ly* 说。

那晚晚些时候，齐默和埃斯特拉达听说了纽约车委会正在起草针对 Lyft 的禁令的消息。在与公司总法律顾问克里斯汀・斯维尔切克以及其他几位外聘律师的电话会议上，齐默激情洋溢地表示，即使他因此被捕，公司仍然应该继续前进。律师们对此一笑置之，但齐默是认真的。几位律师花费了很大的努力才说服了齐默，让他明白那不是一个好主意。“我不想让你进监狱，”斯维尔切克告诉他，“这是我不能接受的。”

在重重围攻下，Lyft 屈服了。Lyft 有史以来第一次弃用了由开私家车的普通民众提供的共享出行服务，转而启用有资格认证的专业司机提供用车服务。在纽约，Lyft 看起来就像是优步的翻版，它也只能招募并派遣有执照的司机。

从那时起，优步和 Lyft 之间的对抗愈演愈烈。两家公司多次在公开场合对对方展开猛烈攻击，其采用的手段包括在对方的服务平台下单并取消用车，以及向转换平台的司机提供奖励，等等。而在非公开场合，充满敌意的恶毒竞争更是反复上演。Lyft 的首席运营官，30 岁出头的特拉维斯·范德詹登（Travis VanderZanden），是一位富有创造力的管理者，他曾服务于应需洗车业务公司 Cherry，这家公司在 2013 年被 Lyft 收购。在 Cherry 任职时，范德詹登构建了一个巧妙的运营体系：让最有经验的汽车清洗师指导并考察洗车新手，这就让公司可以招募大量的合同工，而不必继续采用传统的正式雇员培训管理模式。范德詹登把这个体系带到了 Lyft，并帮助 Lyft 在无须扩大公司常规雇员规模的前提下将业务扩展到了新的城市。此后，他还推出了一个与优步豪华汽车服务 Uber Black 类似的服务——Lyft Plus，以此在豪华汽车市场与优步展开竞争。

但到了 2014 年夏天，面对资本更加殷实、发展更加迅猛的优步，范德詹登开始对 Lyft 的发展前景感到担忧。根据法院诉讼文件，在格林和齐默不知情的情况下，范德詹登接洽了两位 Lyft 的董事会成员，并向他们提议由自己代替原来的创始人出任公司的首席执行官。不仅如此，他还开始在私下里与优步谈论重新启动 Lyft 和优步的合并事宜。当 Lyft 的创始人发现这一切时，他们勃然大怒。范德詹登于同年 8 月辞职，几周后就加入了优步，担任国际业务增长部门的副主管。

两家公司很快打起官司。Lyft 在加州州立法院指控范德詹登在离职前下载了涉及公司财务及战略的机密文件。范德詹登否认了这些指控，并在推特上称其为“针对个人名誉的恶毒攻击”。几个月后，优步在联邦法院提起了一桩民事诉讼，试图找出非法侵入公司电脑系统并下载了约 5 万名司机的个人资料的当事人。根据范德詹登被诉案件中的证词，优步认为罪魁祸首是 Lyft 公司的首席技术官克里斯·兰伯特（Chris Lambert）。（兰伯特的律师向路透社否认了其当事人与数据泄露之间的联系。）

事态迅速恶化，但将两家公司对彼此的敌意公之于众会对彼此的商业发展产生不利影响。因此，两年后，就在范德詹登的案件即将被归为有可能令双方陷入难堪境地的公审案件之前，两家公司选择了和解，优步也撤销了数据泄露方面的民事诉讼。然而，激烈的竞争将继续进行下去，而且是以正大光明的形式进行的，新的战场不是法庭，也不是推特。

那个夏天，快速成长的优步在一年内第二次迁移了总部，这也是他们自成立以来第 7 次迁移总部。新的办公楼是位于市场街占地 8.8 万平方英尺的前美国银行大楼，除了这座大楼，优步还额外租赁了其

他的空间以备日后的规模扩张。这座庞大的水泥建筑占据了整整一个街区，屋顶上附带一个停机坪，地下还有一个银行金库。在大楼内部，优步的办公室显得有些昏暗和阴郁，室内配有深色木质家具和巧克力棕色皮革沙发，墙壁覆满白板和电子显示屏，呈现着优步网络覆盖的各个城市的实时运营动态。此外，办公室还设立了一条迂回的过道穿过开放的工作台，完美适配卡兰尼克在工作室时无休止的步伐。出于这位首席执行官好斗的性格，位于大厅中央的行政会议室被命名为"作战室"，其四面透明的玻璃墙在核心团队召开机密会议时可以转化为非透明的磨砂形态。

虽然"作战室"这个名字暗示了优步根深蒂固的好斗性，但优步在那年夏天一直致力于将企业形象向专业化的方向转变。8 月，在对包括民主党战略专家霍华德·沃尔弗森（Howard Wolfson）和白宫发言人杰伊·卡尼（Jay Carney）在内的多位政治人物进行了旷日持久的考察之后，优步高调雇用了大卫·普劳夫——巴拉克·奥巴马 2008 年总统竞选活动的负责人，出任优步政策和战略高级副总裁。卡兰尼克也一改以往的口径，以更加鼓舞人心的方式传递了公司的使命：不再是摧毁"一个叫出租车的浑蛋"，而变成了"让交通如自来水般通畅，处处可得，人人可享"。

卡兰尼克试图改变他以往的做事方式。但是，要改变优步以往在人们心中建立起的好斗形象并不是雇用一个政治人物就可以简单做到的。那一年，优步的年度最大公关危机还是来了。

10 月下旬，记者萨拉·莱西在她的科技博客"潘多日报"（*Pando-Daily*）上撰写了一篇文章，严厉指责优步在法国里昂开展的荒谬的促销活动——为乘客指派有姿色的女性司机，而且这些司机本身可能还涉嫌参与提供色情服务。“谁说女人不会开车？”优步的广告这样写着，海报边上还贴一些衣着暴露的女性照片。当媒体询问关于此项促销活动的具体情况时，优步迅速取消了这个活动，并从里昂当地的媒体网络撤下了所有广告。但是莱西并没有止步于此，她继续表明自己已经删除了手机上的优步程序，并谴责优步的性别歧视文化会危及女性司机和乘客的安全。

“有太多迹象表明，这家公司根本不尊重我们，也并未优先考虑我们的安全。”她在文章中写道。

在优步公司内部，莱西的文章也给人留下了很深的印象。里昂的促销活动是一个令人难堪的失误，而这家公司却为此感到自豪，认为这场活动增加了女性成为司机的机会，并宣称启用女性司机能够确保女性作为乘客的安全，让女性不必再在漆黑的街道上等待拦截路过的出租车。在那一年越来越泛滥的抨击言论中，莱西的文章引发了很多人的共鸣和愤怒。

三周后，优步邀请各路媒体和记者到曼哈顿的韦弗利酒店（Waverly Inn）参加一场非正式的晚宴。卡兰尼克坐在长桌的一端，在晚饭后对大家作了简短的发言，并回答了一些问题。坐在桌子另一端的是优步副总裁埃米尔·迈克尔，此人对面则是《纽约日报》的出版人莫特·祖克曼（Mort Zuckerman）和阿里安娜·赫芬顿（Arianna Huffington）。他们旁边坐着 *BuzzFeed* 的主编本·史密斯（Ben Smith），后者在提问环节向卡兰尼克提了一个问题，询问他如何看待平价医疗法案，即奥巴马医改法案。当大家开始在饭桌上闲聊时，迈克尔问史密斯为什么提了这样一个政治问题，史密斯答道他希望卡兰尼克能给出一个亲共和党的答案。

两人的这场谈话在日后引起了公众对新闻媒体及其道德标准的广泛讨论。迈克尔后来回忆起那次讨论，他记得他对史密斯说，由媒体发起的无端的个人指控给他带来了很多困扰。他还想出了一个点子，即由优步投资 100 万美元建立一个负责任的新闻媒体联盟，聘请专家和职业记者来回应负面文章，扭转局面，并将质疑抛还给文章作者，因为这些作者本人往往也会有一些他们不想被人挖掘出的秘密。

晚宴是在星期五举行的。在第二周的星期一，史密斯在 *BuzzFeed* 上从他的角度发表了一篇关于那场谈话的文章，标题写着“优步高管意欲挖掘记者丑闻”。他声称他并不清楚那晚的谈话是不宜公开的。文章写道，中伤优步的媒体和记者将会“遭受优步‘对其私生活甚至其家庭’的调查，然后自尝苦果”。史密斯表示迈克尔当时就是这么说的。文中还说，迈克尔认为可以适当曝光萨拉·莱西私生活中那些可能引起公众反感的细节，并声称她应该为“那些听从她的建议卸载优步应用并遭到性侵的女性”承担起“她的个人责任”。

尽管迈克尔私下并不认同史密斯对他当时发言的复述，但他立即发表了一份声明表示道歉。他说：“这些话是我在私人晚宴上说出口的……这并不能反映我的真实观点，也与公司的意见或做法无关。但不管当时的情形具体怎样，这些观点都是错误的，我为此表示抱歉。”一天后，在《赫芬顿邮报》上关于同一场谈话的报道里，尼克尔·坎贝尔（Nicole Campbell），一位当时也坐在那张餐桌旁的白宫同僚，谈及了迈克尔当时的发言，但他的说法和史密斯的说法有些不一样。坎贝尔表示，迈克尔当时是以假设的语气表示莱西“不会喜欢别人撰写一些关于她的虚假信息，或者发表关于她的造谣文章，因为我们每个人都在私生活中做过一些并不会让我们自己感到自豪的事”。

BuzzFeed 上的这篇文章还揭示了关于优步的另一个内幕，这部分内容迅速引发了大众对优步的强烈不满。史密斯写道，在晚宴前几天，优步纽约的总经理乔希·莫勒，也就是那年早些时候针对 Gett 的恶意下单事件的幕后策划者，在优步的长岛办公室接待了来访的 *BuzzFeed* 记者约翰娜·布延（Johana Bhuiyan），并向她展示，在其来访前，他一直在用公司的系统工具“上帝视角”（God View）追踪她的优步行程。

“上帝视角”是一项提供给所有优步员工的内部服务，该系统也是促使这家公司得以迅速成长的一个关键要素。散布在数百个城市的分公司员工都可以像旧金山总部的员工一样登录这个系统，并根据系统的数据做出商业决策，从而实现扁平化管理。卡兰尼克认为，透明的企业文化会让员工对项目产生一种主人翁感，让他们感觉自己就好像是在一家大型公司里经营自己的初创项目。然而，优步在公司内部部署“上帝视角”时并没有对数据信息设置足够的隐私保护，员工们也缺乏相关的培训，更没有公开的隐私政策告知公众优步将如何使用这些敏感信息。所有这一切都意味着一场迟早会爆发的灾难。

BuzzFeed 的报道所指出的优步的这一蕴含极大风险性的企业行为和对客户数据的滥用，无疑在媒体圈投下了一枚重磅炸弹。有了这一年的各种猛料，新闻媒体显然不肯放过任何关于优步的风吹草动，几乎所有的主要纸媒和电视网络媒体都报道了这个事件。这则消息甚至传到了遥远的欧洲和亚洲。报道公开的第二天早上，迈克尔和卡兰尼

克离开纽约，前往拉斯维加斯参加高盛的一次会议。迈克尔还记得，当时他在拉瓜迪亚机场与卡兰尼克一起穿过机场大厅时，一抬头就从机场休息室一台播放 CNN 频道的电视机上看到了自己的照片。

一切都显得很不真实。在飞机上，迈克尔和并排坐着的卡兰尼克打开笔记本电脑，连接机上 Wi-Fi，查看推特上因为迈克尔的晚宴言论而涌现出的一大批反对优步的推文。“我真的很想分散他的注意力，”迈克尔回忆道，“我在想，我的上帝，搞不好在飞机降落前我就要被炒鱿鱼了。”他以前从未在公众面前犯过这样的错误。

如果是以往的卡兰尼克，他很可能早已与这些线上的批评者开战，开始用行动保护他心爱品牌的形象。但现在的卡兰尼克已经不会这么做了。相反，他登录推特，敲下了 14 条推文，暂时平息了风暴。（而坐在他旁边的迈克尔甚至不敢去看他老板的笔记本屏幕。）随后，卡兰尼克又进一步做出了承诺，表示他将力争让优步成为一个更合格的世界公民。

> 埃米尔最近在晚宴上说的话很不妥当，但是他并不代表我们的公司。
>
> 他的言论显示出他缺乏领导力、缺乏人性的一面，这背离了我们的价值观和理想。
>
> 他在优步的职责不涉及任何公关传播策略或计划，也不会以任何形式代表公司的做法。
>
> 相反，我们应该接受我们的乘客、司机和广大民众的全面监督。
>
> 我们应该不断进步，并得到人们真心的接纳。

我们必须敞开胸怀，放低姿态，以向人们展示积极的原则才是优步文化的核心。

我们必须讲述优步为城市带来的进步，向我们的支持者展示我们的道德准则和善意。

我们有责任向大家表明，在埃米尔说出那些话之前，我们认为我们一直在积极地探索解决问题的办法。我个人在此向我们的乘客、合作伙伴以及公众承诺，我们一定会直面挑战。

我们将面对挑战，证明优步现在，以及将来，会一直在社会中扮演积极的角色。

此外，我会尽我所能去赢得这份信任。

我相信吃一堑长一智，于我而言是如此，于埃米尔也是如此。

最后，我要向萨拉·莱西道歉。

在拉斯维加斯，迈克尔待在他的酒店房间里并没有参加在百乐宫酒店举行的会议。在那周的晚些时候，卡兰尼克回到办公室，召集了公司里那些因公众的强烈抗议而饱受困扰的雇员，并用一番话平息了内部混乱。卡兰尼克说，他信任迈克尔，同时，他也承认这位资深执行官的确发表了不当言论，但他认为迈克尔没有恶意。卡兰尼克不准备解雇迈克尔。

但卡兰尼克也承认，优步的影响力是如此巨大，对城市交通的重要性是如此之高，因而必须迅速成长起来。在公司发展的最初几年中，为成功不择手段的心态曾经是一笔宝贵财富，但如今，这种心态对公司而言已经是弊大于利了。如果公司想要继续维护其用户的信任，就必须严格限制和监管“上帝视角”这一系统的访问和使用。

作为世界上少数几个受到广泛而密切的关注的初创企业的首席执行官，卡兰尼克也不得不改变自己的说话方式，变得更加有自知之明，并学会运用更积极的态度和更多的同理心来清晰阐述优步正在飞速创建的未来。

在卡兰尼克出席编程大会并发言向“一个叫出租车的浑蛋”宣战的几天之前，他曾接到谷歌的首席律师，同时也是优步的董事会成员大卫·德鲁蒙德的电话。德鲁蒙德告诉他，谷歌的联合创始人谢尔盖·布林（Sergey Brin）将在会议上发言，放出一个爆炸性消息：谷歌计划推出其自有的与优步类似的应需用车服务，同时启用其无人驾驶汽车技术作为项目的一部分。德鲁蒙德希望提前警告卡兰尼克，这家搜索巨头将要实施一项与优步进行竞争的长期计划。

然而，在这通电话结束的一个小时后，德鲁蒙德再次打过来说，这次发布被取消了，布林暂时放弃了这个计划。卡兰尼克惊呆了。在很多方面，谷歌是一个令人印象深刻、运作良好的公司，但正如他后来慢慢了解到的那样，其创始人的反复无常也给这家公司带来了不小的困扰。

但不管怎样，这通电话在卡兰尼克的脑中埋下了不安的种子。他在 8 个月前曾考虑过引资和结为同盟的公司，现在竟然可能成为其未来的竞争对手。在一众科技公司的发展历史中，企业因过度依赖其他公司而阻断自身发展前景的案例不胜枚举，比如 20 世纪 80 年代 IBM 对微软 Windows 操作系统的依赖，再比如雅虎在 21 世纪初对谷歌搜索引擎的依赖。优步如今也需要依赖谷歌地图为汽车导航，而也许将来有一天，公司还需要依赖谷歌的无人驾驶汽车技术。

那年的秋天，随着公关危机的爆发，卡兰尼克开始在暗中筹备一项可能会引发争议的未来计划。他开始定期与新上任的产品总监杰夫·霍顿（Jeff Holden）会面。霍顿语速很快，他曾是亚马逊和 Groupon 的高管，也是率先启动优步的拼车服务 Uber Pool 的先锋。参加会面的还有马特·斯维尼（Matt Sweeney），一名优步的资深工程师，曾在早期参与过对优步应用程序的全面修正。同年 10 月，卡兰尼克从谷歌内部得到消息，确认这家搜索巨头正在计划与优步开展竞争。随后，他要求董事会成员大卫·德鲁蒙德和董事会观察员大卫·克莱恩停止参加优步的高级董事会会议。

卡兰尼克和公司高管当时正在计划启动优步自己的无人驾驶汽车项目，试图追赶上谷歌和电动汽车制造商特斯拉的进度。他们认为，如果交通出行的未来真的会走向无人驾驶，那么优步就必须掌握这门技术。

11

逃逸速度：爱彼迎的抗争与神话

维克多·雨果曾经说过：你不能扼杀一个顺应时代的理念。所以我们的时代到了。

—— 布莱恩·切斯基

在优步搬到市场街焕然一新的办公楼的数月前，爱彼迎也离开了自己舒适的小窝，从原先波特罗山的工作间搬到了时尚光鲜的新总部，位于布兰农街888号一座有百年历史的闲置仓库内。布莱恩·切斯基和乔·杰比亚将他们的设计天赋充分释放到了这座多年来一直作为首饰批发市场和电池工厂的建筑上。他们布置了一个光线斑驳的天井，并在其中打造了一面1200平方英尺的“绿墙”，由数百盆绿植组成、横贯三层楼高，此外，楼内的十几个会议室被分别参照爱彼迎在米兰、巴黎、丹麦以及其他地方的房源布置一新。还有一间会议室是仿照公司创始人原先在劳斯大街的公寓布置的，另外一间大会议室的装潢风格则完全模仿了斯坦利·库布里克的电影《奇爱博士》中的作战室，其顶部照明在圆桌上投下一圈光环，让人如身置"冷战"时代。

在装修爱彼迎的新办公楼时，爱彼迎完全没有节省开支。这里有昂贵的铝制 Emeco 椅子，本地精品陶瓷店出品的镀金餐具，还有一个全年无休为员工提供每日三餐的美食厨房。公司花费了超过 5000 万美元对新总部进行装修，并且支付了 1.1 亿美元作为 10 年的租金。（在市内房屋租金飙升的情况下，这其实是一笔相当划算的买卖。）

据内部人士透露，风险投资人马克·安德森曾在一次董事会会议上对公司过高的资金消耗速度表示担忧。另一名董事会成员——红杉资本的林君睿（他取代了作为其前任合伙人的董事会成员格雷格·麦卡杜的席位），也确认会议当时讨论了铺张浪费的问题，但他认为这种开销在公司优异的业绩表现前不值一提。林说："高速增长的确掩盖了很多问题，但公司的业绩增长确实表现非凡。"

新总部的落成不仅为员工提供了办公地点，更是爱彼迎展现其公司理念的圣地，这一理念就是通过爱彼迎让人们走到一起，消除分歧，以及那条已被众多硅谷公司提出又背叛了无数次的理想主义精神——让世界变得更美好。在总部三楼的访客登记处旁，一个由导演斯派克·李向公司赠送的指示牌标记出了门厅的位置，指示牌上写着："此路通往做正确之事的方向"。办公室的墙壁上贴满了各种鼓舞人心的标语，包括"爱彼迎之爱"（"Airbnb love"）和"任何地方都是家"

（“belong anywhere”），后者已经被认定为公司的新口号，这一口号于 2014 年与爱彼迎新的花体标识“Belo”一起面向公众隆重推出，该标识也被广泛解读为抽象意态的女性结构。

爱彼迎也意识到了自身的重要性和影响力。在 2014 年 11 月爱彼迎于旧金山举办的第一届爱彼迎大会（Airbnb Open）上，切斯基发表了主题演讲。在这次演讲中，切斯基提到，爱彼迎新上任的全球酒店业务总监切普·康利（Chip Conley）曾预测爱彼迎社区将在 10 年内获得诺贝尔和平奖。在公司宣传方面，康利可能是唯一一个做得比公司创始人还要卖力的人。“听到这句话的时候我有点儿想笑，我觉得他一定是疯了，”切斯基在演讲中说道，“但是当你听到一些真实发生过的故事后，你会突然产生一个念头——‘我们一点儿也没疯’。”

就像优步一样，爱彼迎这家公司完全展现了其创始人的野心和理想主义，但同时也体现出了创始人天真烂漫的那一面——总是不知道某项计划在公众眼中看来如何。和优步一样，2014 年的爱彼迎也是当时弥漫于整个硅谷的乐观主义情绪的集中体现。在优步筹集到高达 12 亿美元的 D 轮融资的几个月前，爱彼迎刚刚从包括 T. Rowe Price 基金公司、两个曾支持过优步的投资人、私募基金 TPG 以及谢尔文·皮舍瓦尔（Shervin Pishevar）的新私募风险基金 Sherpa Capital 那里筹集到了 5 亿美元。

这家于 6 年前创立的公司现在的估值已达到令人震惊的 100 亿美元。

布莱恩·切斯基、乔·杰比亚和内森·布莱卡斯亚克拥有公司 15% 的股权，他们每人的身价都达到了 15 亿美元，与优步的特拉维斯·卡拉尼克、加内特·坎普以及瑞恩·格雷夫斯在同一年成功登陆福布斯亿万富豪榜。这些人当时全都只有三十多岁。

这两家公司之间还有一个不幸的相同之处。和优步一样，爱彼迎似乎对可能因为使用其提供的服务而产生的危险后果毫无准备，并且悲剧的发生似乎一样是不可避免的，因为爱彼迎的服务在当时还无法实现和传统酒店同等级别的安全防护。

2013 年 12 月 30 日，就在年幼的刘家怡在旧金山被优步司机驾车撞死的前一天，来自加拿大安大略的一名 35 岁韩裔人士，余恩中（英文名为伊丽莎白），因一氧化碳中毒死于台北的一家爱彼迎出租屋。她和朋友原本是一起去那里参加婚礼的。他们住进了市中心的一所爱彼迎出租公寓。公寓的业主恰好在不久前封闭了一个室外门廊，这一操作导致热水器排风不畅，而且业主也并没有在热水器上安装防一氧化碳中毒的报警装置。

根据《中华邮报》（*China Post*）的一份报道，住在余恩中隔壁房间的她的 4 个朋友在事发后被送往当地医院进行一氧化碳中毒治疗，而余恩中则被发现当场死亡。那个晚上，她的父亲余德冲，在推特上向公众和布莱恩·切斯基发布了一条推文：

> 我们的女儿伊丽莎白于 2013 年 12 月 30 日在台北的爱彼迎民宿因一氧化碳中毒去世了。

与刘家怡的悲剧不同，这一事件并未引起西方媒体的关注。当我后来向爱彼迎问及此事的时候，爱彼迎的一位发言人通过邮件发给我一份声明："当得知此事时，我们都感到十分悲痛，我们立即联系到了死者家属，尽全力向他们提供了帮助，并向他们致以最深切的慰问。这是一个悲剧事件，我们一直在想办法帮助这家人，并且采取了适当的措施以防止此类事件再次发生。此外，我们永久取消了当事房东在爱彼迎平台提供服务的资格。出于尊重社区成员的隐私，我们通常不会公开评论我们与他们之间的谈话。"

余的家人找到了旧金山的一位专门处理人身伤害案件的律师，威廉·B. 史密斯（William B. Smith）。这位律师建议他们以意外致死对爱彼迎提起诉讼，并对爱彼迎的 14 页服务协议中关于房东和客人应承担一切风险并遵守当地法律的条款提出质疑。但是不久之后，史密斯告诉我，余的家人通知他，爱彼迎向他们提出了 200 万美元的赔偿金进行和解。他们决定接受赔偿，而放弃了对簿公堂。

根据史密斯后来发表在其律师事务所网站上的一份法律文件，爱彼迎否认了承担这一事件的责任，并指出和解所提供的赔款"只是出于人道主义方面的考虑"。一名为爱彼迎工作的律师后来对我说，爱彼迎本来没有必要主动选择与对方和解，但是在当时的情况下，切斯基执意于此，并认为这就是爱彼迎应该做的正确的事。然而，对史密斯来说，任何关于爱彼迎展露出了仁慈一面的暗示都是虚假的。"人可能会因为人道方面的考虑而付钱，但公司不会。爱彼迎选择支付赔偿是因为它知道它需要承担法律责任。"他说。

将近两年后，记者扎克·斯通（Zak Stone）在一篇文章中重提余的去世。这篇文章主要讲述的是作者本人的父亲意外死于爱彼迎出租屋一事。这场悲剧发生的起因在于出租屋外挂在树枝上的一个轮胎秋千。树枝因不堪重负意外断裂，不幸刚好砸在了作者父亲的头上，导致其死亡。

在一次对三位爱彼迎创始人的联合采访中，我询问了他们关于这类悲剧的看法。“如果样本足够大的话，即使最不可能出现的事情也会不时发生，这在统计上是有特定概率的。”内森·布莱卡斯亚克这样回答，“事实上，这也是摆在我们面前的一个成长机遇。当有不幸的事情发生时，我们会深入地反省并努力思考我们应该如何改进，让服务做得更好。”

如其所说，2014 年，爱彼迎开始向美国的房主中发放一氧化碳探测器、急救包、烟雾探测器，以及关于房东应如何处理紧急情况的安全提示卡。据称，爱彼迎房主被要求在 2014 年年底前必须完成出租房间内的烟雾和一氧化碳探测器的安装，虽然爱彼迎并没有办法实际确定房东是否真正完成了安装。

余的悲剧是爱彼迎从 2014 年年初开始面临的一系列危机的缩影。爱彼迎希望被视为一个创新的酒店品牌，一个致力于让陌生人聚集在一起，为人们提供真实的、私密的旅行体验的服务平台。但它同时也是一个互联网交易平台，而在这样的平台上，房主的行为不可能得到完全约束，客人面对的实际情况也无法得到全方位的保证。

人们看到的现实往往取决于他们愿意相信什么。监管者、左翼政客、酒店的首席执行官、工会领导人、经济住房倡导者、厌恶喧闹客人的愤怒四邻，这些人都认为爱彼迎只不过是来自一个充斥着傲慢自大的亿万富翁的遥远国度的规则破坏者。而投资人、房东、挣扎于交付每月按揭的贷款人、穷游爱好者和科技迷则更倾向于相信这家企业，以及它试图瓦解已经僵化的传统酒店行业的美好愿景。

尽管爱彼迎出身卑微，还有一个感性的首席执行官，但这家公司在备受公众争议这方面已逐渐向优步靠拢。

史蒂夫·昂格尔（Steve Unger）在2002年互联网泡沫破灭时期失去了硅谷的工作，在这之后，他搬到了俄勒冈州的波特兰。他摇身一变成为一家旅店的业主，和他的妻子达斯蒂（Dusty）开始一起经营这间名为“狮子与玫瑰”的旅店。这是一栋有百年历史的维多利亚式建筑，有8间卧室可供旅客住宿，有拱形窗户和环形门廊，旅店的三层还竖立着一座塔楼。年景好的时候，昂格尔每年可以接待2000位旅客。

为了成为波特兰登记在册的食宿服务业者，昂格尔必须花费4000美元取得市政府的许可，而许可条例中部分规定设立的目的就是保护住宅区免受太多商业行为的干扰。因此，昂格尔对那些突然出现在波特兰而没有营业资格的爱彼迎业主颇有微词。而且，自2012年波特兰走出经济衰退以来，他的生意并未有明显起色，受到这些爱彼迎业主的影响，其旅店的业绩始终增长缓慢。

2014年年初，当地的旅店业主恳求市政府减少食宿服务从业者的注册费用，希望政府严格执行以往贯彻不足的分区法规，并在接到社区居民针对爱彼迎民宿的投诉后能及时处理，予以关停处罚。昂格尔出席了市政委员会关于这一问题的协商会议，也见到了爱彼迎和它的拥护者们。他对爱彼迎能够召集来这些积极为其服务辩护的业主感到惊讶。他们提供了令人同情的证词，说明他们只有通过在爱彼迎出租空余的客房或公寓隔间才能赚得糊口的钱并支付贷款而不至于无家可归。昂格尔把这种情况称为“好的爱彼迎”。而“坏的爱彼迎”则指的是那些拥有多处房产并且实际上常年不在那里居住的业主。在一年中的大部分时间里，他们都会将房屋通过网络交易平台出租，而非供给房地产市场。而这种类型的房主并没有被要求在这次协商会上给出证词。

尽管遭到了社区组织的反对，但爱彼迎和它的民宿业主成功地改变了法律。2014 年夏天，波特兰成为美国第一个与爱彼迎达成协议的城市。市政府合法化了市民对其主要住宅进行短期租赁的行为，但对业主空置房产的出租行为进行了限制——业主一年内不在其出租屋出现超过 90 天则其出租行为即属于违法行为。食宿服务从业者的注册费用由 4000 美元减至 180 美元，而爱彼迎的业主被要求对房屋进行安全检查，并且需要履行对周边邻居的告知义务，以及在市政府登记注册。作为回报，爱彼迎同意为其业主代收 11.5% 的住宿税，并将这些收入转交给市政府（在不提供业主姓名和地址的前提下）。爱彼迎还在城里开设了客户服务呼叫中心。

波特兰的这场谈判进展顺利，但史蒂夫·昂格尔并不高兴。“我认为房东一年必须出现 90 天的规定几乎是不可能遵守的，除非爱彼迎自愿做出这样的限制，但它从来没有承诺过会这样做。”他对我说，“爱彼迎说，作为协议中的一部分，房东一年内出现 90 天这项条款是很重要的。他们希望让人们外出度假，并出租他们的闲置房屋。然后，他们就可以从整套房屋的出租中赚更多的钱。”

对于爱彼迎来说，波特兰谈判是公司执行新战略迈出的第一步，整个新战略意在提升公司的正面形象，以及平息越来越严重的监管矛盾。切斯基在波特兰公告发布的同一时间发布了一篇博文，称公司发起了一个新的倡议，“共享城市”，倡议内容包括爱彼迎承诺通过一系列行动，比如引导有慈善意愿的房东进行捐赠，并帮助他们匹配当地的捐赠接收对象，让城市变得更加美好。

这一提议的核心所在，是爱彼迎将为城市提供经济方面的支持，这同优步用强力手段武装其客户群来对抗政治对手的做法形成了鲜明对比。酒店税（临时占用税）是其中的关键。早些时候，爱彼迎曾表示其只作为线上交易平台运营业务，所以没有收取酒店税的责任。而房主本人通常不太可能自愿支付酒店税。现在，爱彼迎认同了接纳政府方面提出的这一条件的好处，因为它可以通过在征税方面提供便利，换取法律对其短期租赁业务的批准。“我们帮助政府简化了征税方面的烦琐流程，代我们的业主将税款交给波特兰的市政部门。”切斯基写道，“这对我们来说也是新的尝试。如果事实证明这项举措对我们的社区和城市是有益的，我们就可以在美国的其他城市中复制推广这个模式。”

这一提议在后来被证明是极有预见性的。一周后，公司公开表示计划开始在旧金山向业主征收 14% 的酒店税，甚至同意支付高达数千万的未偿欠税（但这笔欠税的具体数额始终没有公布）。第二年，用代征税款换取业务合法化的计划继续展开，并相继在芝加哥、华盛顿特区、凤凰城、费城和其他一些城市落地。阿姆斯特丹成为欧洲第一个批准短期租赁的城市，政府相关规定允许居民在一年内可以将他们的房子出租不超过两个月的时间，并且单次出租限定最多接纳 4 名客人。法国也承认了自住房短期租赁的合法性，并授权城市政府颁布相关条例对非自住房租赁业务进行额外的限制。

当我们在 2015 年讨论这一问题时，切斯基乐观地认为，在这场监管危机中，爱彼迎已经扭转了形势。“以往，每个城市都会参照纽约的做法决定如何行动，”他告诉我，“而现在，我认为每个城市都已经开始自行决定什么做法对它们而言才是最好的了。”

但纽约市仍然是一个关键点。正是在这里，爱彼迎最大的市场之一，这家公司终于发现自己轻视了强大的政治力量，这股力量正随着公司的成功而被迅速调动起来。2014 年春，爱彼迎与纽约总检察长艾瑞克·施耐德曼进行了多次磋商，以期打破关于爱彼迎在纽约运营业务合法性问题的长期谈判僵局。据三位知情人士透露，在这次谈判中，双方已接近达成协议、调和矛盾，市政府已准备好授权爱彼迎代为向房东征收税款。但随后，事情的发展急转直下，纽约市政府再次拒绝与爱彼迎达成协议。一夜之间，爱彼迎在纽约市成了一个烫手山芋。

据当时参与谈判的人说，有两个因素导致剧情发生了逆转。爱彼迎刚刚完成了一轮融资，并将公司估值提升到 100 亿美元，甚至超过了像凯悦酒店和温德姆集团这样的大型国际连锁酒店。鉴于此，传统酒店行业幡然醒悟，意识到它们已经身处于潜在的威胁之中。该消息发布的 10 天之后，美国酒店与住宿协会——全美酒店行业 190 万名员工的主要行业组织——发表了一份声明，宣布将开始监控爱彼迎及其他提供短期租赁服务的网站，并密切关注它们在税收、遵守《残疾人法》、遵循居民区安全防护规定和保障社区停车位等方面存在的问题。

与此同时，爱彼迎则接触了服务业雇员国际公会的纽约分会，希望打通渠道，让爱彼迎的房东可以根据需要雇用持有协会资格认证的家政清洁工。但这一举动又惹恼了另一个酒店联盟——强大的酒店行业协会，后者担心这样的协议一旦达成将进一步加速爱彼迎业务的合法化进程。于是，协会也发起了一场抵制短期房屋租赁的运动，并出资建立了一个名叫“更好的共享”（Share Better）的纽约本地的游说团体。

爱彼迎现在面对着两个劲敌：酒店联盟及其强大的工会组织。二者皆组织有序，财力雄厚，并且都与地方政府有很深的交情。一位在此期间服务于爱彼迎，致力于帮助公司与纽约市政府达成和解的律师告诉我，酒店联盟及其代表们在 24 小时内否决了爱彼迎与市政府之间任何可能达成的协议，并坚持认为这个城市不应该让爱彼迎的业务经营合法化。“那一刻，大家都慌了手脚，认为我们可能暂时不能推进这个计划了。”这名律师说道。

爱彼迎试图将民意转向自己这一边，但它并不具备优步所拥有的民粹主义工具来实现这个目标。那些一年仅出租几次公寓的房东不太可能出现在下午 3 点整的针对市政厅的抗议活动中。所以，那个夏天，爱彼迎雇用了比尔·海尔斯（Bill Hyers），曾帮助德布拉西奥成功当选市长的竞选团队经理。他下令在纽约地铁投放大量宣传广告，配以微笑的纽约市居民使用爱彼迎的服务实现收支平衡的照片为卖点。（用史蒂夫·昂格尔的话来说就是“好的爱彼迎”。）“纽约人同意：爱彼迎很适合纽约”，地铁海报上的标语这样写道。但不少海报很快就变成了涂鸦的目标，比如有些海报上的标语就被涂改为“爱彼迎不承担责任”以及“共享经济是个谎言”等。

到2014年年底，爱彼迎在纽约达成合法化协议的机会看起来已十分渺茫。正如纽约总检察长艾瑞克·施耐德曼在秋天的一份报告中透露的，城市中2/3以上通过爱彼迎平台进行的出租行为都违反了严苛的《多户住宅法》。陈钧源早在2010年就对此项法案提出过异议，这项法案规定，纽约市民不可以在租期不满30天的情况下将房屋出租给他人。此外，该市6%的房东在爱彼迎网站上出租了多套住房，为爱彼迎的纽约分公司贡献了总营收的37%。

这种势头也在其他城市发展起来。正如史蒂夫·昂格尔所担心的那样，与波特兰一样达成了“共享城市”协议的其他城市，其在此前已经通过的法律条款也开始被无视。市政府要求房东在其所在的城市注册登记，但事实上，很少有人真正遵守了这一规定。面对这个问题，爱彼迎拒绝了强制用户执行规定的要求，这些规定包括要求房东提供有效的市政登记码，或禁止房东出租多处房产。公司高管在接受采访时也指出，法律的执行不是一个私人公司应该涉及的领域，并反过来抱怨房东的登记注册流程过于复杂和费时（比如，旧金山的房东必须提前预约并亲自携带有效证件前往市政大厅办理手续）。但是，让市政府亲自监管使用房屋共享网站的成千上万名匿名用户的行为是否合规根本不切实际，而且爱彼迎显然也并不想帮忙。

爱彼迎曾表示希望与各个城市的政府部门进行坦诚的交流，遵守规则，成为合作伙伴。但最终，事实证明，切斯基的行为模式不可避免地与“斗士”特拉维斯·卡兰尼克越来越相似。他坚信他的公司肩负着重要使命，他会为此寸土必争。

2015 年 7 月，我跟随切斯基和他的几个同事前往肯尼亚的内罗毕，参加一个名叫“全球企业家峰会”的会议。这个会议由美国国务院发起，从 2010 年开始每年举行一次。这是一个关于创新和私营企业的庆祝活动，切斯基将作为全球创业大使与奥巴马总统会面，于会议中上台发言，并与非洲的创业者们进行交流。对于爱彼迎，参加这场会议还有一个额外好处：这是一个中立地带，距离爱彼迎最近在欧洲和美国面临的监管危机有数千英里的距离。

这次旅途十分漫长，内罗毕的安全措施也很严密。爱彼迎一行人并没有像往常一样住在当地的爱彼迎民宿，也没有与该市 788 个爱彼迎房东中的任何一个会面，而是选择待在戒备森严的费尔蒙特酒店，酒店的正门车道由金属门和安全检查站包围。因为这是奥巴马就任美国总统以来首次访问肯尼亚，所以肯尼亚首都进入全面封锁状态。士兵手持自动武器把守在从机场到市内的街道旁，居民拥挤在十字路口，急于一睹奥巴马和其他来访政要的风采。到处都是印有美国总统形象的标牌，上面写着“欢迎回家，奥巴马总统！”

这是一个历史性的时刻，对切斯基来说，这也是一个施展其外交手段的机会，因为这里没有来自美国和欧洲的监管威胁和运营挑战。他的表现令人印象深刻。很少有硅谷高管能够在对话中进行如此高效的角色切换——先是探究企业运营的复杂性，然后同政客们进行协商谈判，最后将前面的一切抛诸脑后，以亲切的口吻与学生、其他创业公司的创始人以及普通大众进行交流。切斯基从容地完成了使命，这也让我们再次注意到，正是他超强的个人能力引领他的公司达到了如此惊人的高度。

切斯基和其他全球创业大使在会议的非公开场合会见了奥巴马。后来，我听说奥巴马给了他一个“哥们儿式的拥抱”，并提到了爱彼迎新一轮融资的消息（这家公司当时的最新估价是 240 亿美元）。“看起来你做得很不错。”奥巴马说。这意味着连美国总统都在关注新一代的创业独角兽。在奥巴马讲述了关于他的肯尼亚家族的发展史的感人故事以及促进非洲经济发展的种种机遇之后，总统先生邀请了一位同样来自肯尼亚的企业创始人一同上台，并对后者表示：“爱彼迎的创始人也在这里。你可以和他谈谈，他干得不错。”台下的观众们哄堂大笑。

当天晚些时候，在与其他 5 位科技公司首席执行官的座谈中，切斯基轻松成为众人瞩目的焦点。他按部就班地开始演讲，通过挖掘爱彼迎早期的历史向观众分享他的商业经验和创业启示：“几年之前，我还是一个充满抱负的创业者，和我的室友乔一起住在一间公寓里进行头脑风暴。那时我们甚至不知道拿什么来付租金。直到有一天，我们听说有一个设计会议要在旧金山召开。当时，所有的旅店宾馆都被预订一空。于是我们就想，我们能不能用我们住的这所公寓为来参加会议的旅客提供食宿呢？我们将这个最初的计划命名为‘空中食宿’。”

所有的创业故事最终都会变成神话传说。爱彼迎的发展路径已演变成一段口述历史，以供人们在主题演讲、新员工入职培训或公司团建活动中复述。“当我与乔和内森开始创业时，我从他们身上看到的是他们作为成功企业家的未来，而我并不属于这一类。”切斯基说，“我认为他们是公司真正的根基。他们看起来比我更聪明，也更成功。”

第二天，我们驱车前往位于市中心以西 20 英里处一个叫 iHub 的创业孵化园。即使在处于亚热带的非洲，创业公司的创始人们仍然在寻求集群效应，希望协作工作并制定顺应时代浪潮的战略。当时，有超过 200 人挤在了 iHub 四楼的一个公共休息室里，没过多久，室内就开始变得闷热潮湿，令人窒息。而切斯基穿着一件灰色的紧身 T 恤，前身印着 Belo 的标志，丝毫不受环境影响地做了 90 分钟的演讲。“在金融危机时期，人们开始使用爱彼迎来谋生。对我们来说，这是一个转折点。时间很快来到今天，6 年后，我们的 150 万间民宿遍布世界各地，这个数字与希尔顿和万豪酒店加起来能提供的酒店房间总数相差无几。在这个夏天最繁忙的那个夜晚，我们让将近 100 万个住客在晚上得到了一处落脚的地方。”演讲结束后，台下所有那些有幸亲眼一睹硅谷王者风采的观众爆发出了热烈的掌声。

现场观众提了很多问题。一位身穿黄色夹克的肯尼亚人询问了爱彼迎的监管问题。这么看来，内罗毕距离这家公司所面临的监管危机也并没有那么遥远。

切斯基的答案是坦诚和乐观的——也许是过于乐观了。“当互联网上出现了一个很酷的、新的商业模式时，那很好，”他说道，“但当互联网进入你的社区，来到你的公寓楼，而你对此一无所知时，人们往往会对这种突然的变化做出最坏的判断，特别是产生很多的恐惧。”

“所以，有一系列的事情需要你去完成。第一件要做的事就是让你的业绩增长得非常、非常快。你要么选择低调行事，不宣不表，要么选择做大到自成一套体系。最糟糕的状态是介于两者之间。你所有的对手都对你了如指掌，而你却没有足够多的追随者选择听从你的决定。

“你必须达到我称之为‘逃逸速度’的水平。火箭在起飞后、进入轨道前会经历一个非常颠簸的过程，但在这之后，它就会进入平稳上升期。

“第二件事是，你必须主动与城市合作，坦诚讲出你的故事。我们发现最重要的事情就是要去会见城市的政府官员。如果人们不喜欢你或者讨厌你，通常而言，你可能会忽略他们、逃避他们，或者像他们厌恶你一样厌恶他们。而唯一真正的解决办法就是去见那些讨厌你的人。有句老话说，接近会让仇恨却步。事实证明确实如此。当一个人就站在你面前的时候，你是很难去厌恶他的。”

在酒店税和房东注册方面的争议发生激化的前两年，在旧金山北海滩的一个社区，彼得 · 关（Peter Kwan）开始在爱彼迎上出租他那漂亮的爱德华七世风格的家中位于首层的阳光充足的空闲卧室。他此前的长期室友刚刚搬往德国，而五十多岁的关和海利（Haley）——一只十分活泼的西高地白梗猎犬，一起住在这里。他是一位教授宪法的退休返聘老师，渴望结识新的朋友，不过他并不想招募另一个长期室友，而是准备用这间空闲的卧室招待偶尔回来拜访他的妹妹和侄子。所以，他决定试试爱彼迎。

爱彼迎在各方面给他带来的回报都超过了他的预期。在几年的时间里，他接待了来自美国几十个州以及不同国家的旅行者，并与他们中的许多人一直保持联系。他表示，使用爱彼迎的体验是“从他未想到或期望过的好”。他说：“在满足个人情感的同时，我还得到了经济上的回馈。”

但作为一位接受过专业法律培训的教师，在经过几个月的外客招待后，关开始纳闷：如果有客人受伤，他有相应的责任保险吗？他是否应该将酒店税纳入向客人收取的租赁费用？所有这一切真的都是合法的吗？他查阅了爱彼迎的网站，但是并没有从中发现问题的答案。他认为，这家初创公司需要一个相当大型的律师事务所来帮助其引导教育房东，向房东传授这项业务所覆盖的数千个城市和国家涉及的各种不同的相关条例。关自己做了些调查，然后得到了他最后一个问题的答案——严格来说，答案是否定的，至少在旧金山是如此，因为提供食宿服务的业主需要在政府部门登记认证并支付各种相关费用，就像波特兰的业主需要做的一样。但是，当然，相关的法律并没有被严格执行。

关决定召集一些房东共享信息，共同面对住宅共享经济凸显出的复杂性。2013 年，他在克雷格列表上宣布他的俱乐部成立，并在他家的客厅里举行了第一次旧金山“共享之家”成员会议。这个小组最终吸引了 2500 名成员。为了避免任何可能发生的利益冲突，关规定他们的组织不允许爱彼迎员工或城市和州的政府工作人员加入。

关所创立这一组织规模越来越大，最终不得不开始在公共图书馆中集合议事，而放弃了一开始的家庭客厅。在会议上，他们会分享房东的经营心得，谈论诸如保险之类的问题，并交换关于糟糕客人的故事（这通常是最令人快乐的讨论）。但在这之后不久，爱彼迎关于经营业务合法化的推进变得越来越严肃正式。随着爱彼迎认同代收酒店税的协议条款，城市监事会也开始考虑将短期租赁业务合法化。共享之家呼吁保护房东个人信息方面的隐私，并最大限度地提高每年他们可以出租房屋的天数。

该议案由监事会主席大卫·邱（David Chiu）、爱彼迎的长期政治同盟兼投资者罗恩·康韦和雷德·霍夫曼共同起草。议案于 2014 年 10 月通过，并于 2015 年 2 月被正式确立为法规条款。根据新法，政府允许房东在在场的情况下出租他们的房屋，期限在 30 天之内，而在不在场的情况下一年内最多将房屋出租 90 天。经营租赁业务的房东需要在城市政府进行登记并承担责任保险。市政府同意成立一个新的负责短期租赁事务的办公室来进行相关的管理和执法工作。市长艾德·李签署了这项法案。而后，爱彼迎在一篇博客文章中对此项协议的达成进行了庆祝，并称此项协议包含了“明智的管理规则”，“对每个愿意分享他们的家园和他们所爱的城市的人而言，这是一次伟大胜利”。

虽然这看起来的确像是一场胜利，但实际上，它正是爱彼迎下一场战斗的开端。

当时，旧金山居民似乎对他们正身处科技复兴浪潮之中这一事实感到越发的矛盾。这座以放荡不羁的过去和与众不同的社区而闻名的城市，正处在几种趋同趋势的交会点：互联网经济加速发展，硅谷的初创公司正沿着 101 号公路逐步迁移至旧金山，而千禧一代也随之涌入这座城市。这些变化带来的结果就是旧金山房价飞涨，城市的高档化迅速改变了为原住民所熟悉的旧街区，比如拉美裔聚居的教会区。

这一切都激发了一种难以表述清晰的集体性愤怒。一些最明显的导火索包括：负责接送谷歌、脸书和苹果员工的频繁堵塞街道的双层通勤巴士，这些科技公司本身，以及一大批“科技理工男”——以经常发送夹带种族主义、性别歧视或普遍对这些问题麻木不仁的言论的推特或博客为标志，正是这些人代表了整个高科技行业的从业者形象。

“第五条：49 人，”某家企业的创始人彼得·施（Peter Shih）在一篇被痛批的名为“我讨厌你的十件事，旧金山版”的博文中写道，“不，我不是在说那个橄榄球队，他们很棒。我指的是所有那些明显只有 4 分却装得像个 9 分美女的女生。”

另一个典型靶子就是爱彼迎。虽然没有进行过明确的统计，但是爱彼迎确实对旧金山和其他城市的可租用房间及住宅的数量产生了实际的影响。在这些城市中，像彼得·关这样的房东选择了把他们的客房短租给临时游客，而不是将其长租或者售卖给工作生活在这座城市的常住居民。

旧金山面临的问题使城市新居民与城市原居民、工程师与对科技不感冒的人、中间派民主党人士与改革派人士站在了对立面。爱彼迎则是这场对抗中一个十分诱人的楔子问题，它以一个光鲜的词语——负担能力——为旗号，激起了居民对城市高档化浪潮的反对。尽管有关短期租赁经营合法化的新法只实行了几个月，但反对者已经开始试图推动立法机构加强对爱彼迎的限制。而当这一尝试失败时，他们又在 2015 年秋季旧金山市长竞选时期征集到了 15000 个签名，请愿实行一项被称为“F 提案”的新举措。此外，改革派还希望夺回监事会的主持权，让自己人取代温和的民主党市长艾德·李。

F 提案的内容包括：将每年房东在缺席情况下的可租天数从 90 天减少到 70 天，将出租整套含隔间的公寓排除在合法经营的范围之外，以及允许公民起诉居住在 100 英尺内违反此项法规的邻居。这些强硬的措施很可能会令城市陷入邻里诉讼纷争的泥沼之中。而提案的支持者，由纽约市租户协会和公寓协会支持的三名当地的活动人士，则认为原先的法律没有得到有效的执行，约束力不足，部分原因是爱彼迎的房东不太可能自愿登记，而市政府也没有足够的资源让他们遵守规则。

而彼得·关和他的房东伙伴们则发起了对抗 F 提案的活动。他们成立了一个独立的小组，叫作“共享住宅民主俱乐部”，代表房东们在这场斗争中发声，并通过召开记者招待会、组织电话宣传活动向纽约市民宣传这项提议的荒谬之处。“我们被当成了住房危机的替罪羊。”关那年在他家的餐厅里对我说。我当时正在享用他为我烹饪的新加坡风味的面条，而海利就在我的脚边。他继续说道：“是的，我们确实存在严重的住房短缺和市民住房负担无力的问题，而且，没错，共享住宅在加剧该问题的严峻程度上的确起到了一定的推波助澜的作用，但我认为没有人能真正说清楚这一影响的程度到底有多深。”

爱彼迎也为反对这项提案做出了努力。尽管爱彼迎在旧金山的业务对爱彼迎日益增长的全球业务贡献不多，但作为公司的发源地和家乡，爱彼迎认为在旧金山取得胜利对公司而言意义很大。公司资助了一个名为“大家的旧金山”（San Francisco for Everyone）的组织，向其提供了超过 800 万美元的资金进行宣传活动。那年秋天，该组织在城市中到处张贴以反对 F 提案为内容的海报和户外公告牌（“你的邻居正准备告发你”），以“好的爱彼迎”的典型代表为卖点的广播电视广告也无处不在，其中一则广告以一对依靠出租房屋获得固定收入的老年夫妇的口吻向大众表明：“共享住宅让我们得以维持生活。”

与此同时，支持 F 提案的一方则提出有很多租户因为贪婪的房东（“坏的爱彼迎”的典型代表）急于用短期租赁来提高自身收益而被赶出住所。他们也开始在城市中四处张贴海报，要求“爱彼迎收拾自己带来的烂摊子”。在市长竞选投票日的前几天，75 名示威者占领了爱彼迎气派的总部大楼的天井，他们一边敲锣打鼓一边高呼“不要让这座城市的居民无家可归”。他们在那里抗议了 90 分钟，发表了愤怒的演讲，在天井放飞了一串串的黑色氦气气球，这些气球上写有诸如“驱逐”和“解除协议”这样的字句。爱彼迎员工们所在的三楼阳台则成为观看这场骚乱的绝佳观景台。

民调数据显示出了这场对抗的激烈程度，支持爱彼迎的一方暂时取得微弱的领先优势。切斯基在这场运动的一开始并还没有发声，但后来还是代表公司发表了对民调结果的看法。“你可以拿下 10 个欧洲城市，但如果你在你的家乡失手，那看起来你就是彻底失败了。”他在一个科技播客的访谈中说道，“这是一场非常、非常重要的战斗。”

在选举日之前，彼得·关一直对投票结果感到焦虑，直到 11 月 3 日选举日当天，他终于看到了他想要的结果：反对提案的一派以 55% 对 45% 的惊人票数胜出。爱彼迎赢了。关和其他组织成员聚集在绿洲夜总会庆祝胜利。但出于某些原因，爱彼迎在当时并没有加入这场狂欢。

在选举日的前几周，爱彼迎面向全市在公告板和公交车站广告牌上投放了新一轮的广告，以一种炫耀的口吻吹嘘了其对税收产生的积极影响。此为一例：“致公共图书馆系统：我们希望你们可以借助爱彼迎所缴纳的 1200 万美元酒店税中的部分资金让图书馆的开放时间延长。”这是另一例：“亲爱的教育委员会：欢迎您借助爱彼迎所缴纳的

1200万美元酒店税中的部分资金继续开办校内音乐课。”

广告公司TBWA\Chiat\Day受雇于爱彼迎以宣传其在促进城市税收增长方面做出的努力。但是，这些宣传活动在脸书、推特上遭到了广泛的奚落，在一些全国媒体上更是被批评为傲慢、不合时宜以及虚张声势。爱彼迎似乎在为了它应该不计后果努力做到的事情而自吹自擂。在遭到强烈反感之后，爱彼迎迅速终止了此次宣传活动并为此道歉。切斯基后来表示，他从没有看到或同意投放那些广告。但无论如何，损害已经造成了。F提案的出现已经让爱彼迎站在了反派角色的一边，虽然最终它在投票上赢得了胜利，但因为这个莫名其妙的自毁性的宣传活动，在某种意义上，它主动承认了自己就是那个反派。

投票结束后，切斯基召开了全体会议，并邀请了部分来自城市各地的房东一同参加。彼得·关也带着海利参加了这次会议。公司员工和来访的客人聚集在公司五层的餐厅。切斯基和杰比亚分别发表了演讲，负责广告发行工作的首席营销官乔纳森·米尔登霍尔也在会议上发言，为此次宣传活动造成的负面影响向大家道歉。据关回忆，当时有些员工几乎要流泪了，不仅是因为受到宣传广告事件的影响，还因为自F提案出现以来累积的愤懑情绪，以及各路媒体对公司的指责。“我认为他们很可能产生了某种背叛感，”他告诉我，“整场关于F提案的辩论让很多人为自己所做的事情感到不安。而就在这个时候，公司又遭到了接二连三的批评，这让很多人不由自主地打开了宣泄情感的闸门。”切斯基本人看起来也很苦恼。“他坦率地说：‘我们搞砸了。’”关回忆道。

爱彼迎为否决F提案付出的高昂代价在除投票结果之外的其他方

面也并未得到与之相匹配的好结果。虽然市长艾德·李赢得了连任，F 提案也遭到了否决，但要求改革的民主党人控制了市议会，而他们将在 2016 年通过一部更严厉的反爱彼迎法案。

旧金山只是一个开始，没过多久，类似的抵制潮就在美国的其他城市乃至全球各地发酵起来。在爱彼迎大本营看似不可能出现的抵制者联盟相继在波特兰、洛杉矶、芝加哥、波士顿以及更多的城市出现。作为美国前总统比尔·克林顿和前副总统阿尔·戈尔曾经的强硬派政治幕僚，爱彼迎当时的全球政策及传媒主管，克里斯·勒哈恩（Chris Lehane）料想到了这一发展趋势，并在市长选举后召开了记者招待会。他宣布爱彼迎将出资建立 100 个基层政治社团来支持共享住宅。他说：“我们将借助此次投票胜利的势头，在全球各地做我们在旧金山做的事情。”

爱彼迎并没有如切斯基在肯尼亚所希望的那样，以任何形式达到那个“逃逸速度”。事实上，似乎反而是这家公司自己释放出了某些可怕的政治力量。

关于 F 提案的投票结束的一周后，切斯基和他的 600 名员工前往巴黎为公司举行第二届爱彼迎大会做准备。此次会议召开的地点是拉维特公园有着铸铁玻璃装饰的展会大厅，这座风景如画的公园位于巴黎第 19 区的运河旁。这又是一次公司在矛盾的现实之中突然完成转变的例子。在短短几天之内，公司就走出政治危机的泥沼，而将重心转移到了一年一度的社区庆典。

从 120 个国家前来的 5000 名房东自己购买了价值 300 美元的门票

来参加这个为期三天的活动。整个庆典如同篝火晚会一般：演讲者在台上互相拥抱，带领大家唱歌跳舞；一位太阳马戏团的表演者在她打开的手掌中立起一支巨大的棍状物，表演平衡节目。在场的还有像阿兰·德波顿（Alain de Botton）这样的名人，他是一位瑞士作家和哲学家，他说道："精神上的款待远远胜过物质上的款待，无论何时何地。"所有人都兴奋不已、情绪激动，每当听到有人喊出类似"你们是真正的革命者！"这样的口号，大家就会欢呼着做出回应，就像有人在用口号指挥着他们一样。

偶尔，观众也会被拉回另一个现实。"这种共享的理念在巴黎越来越流行了。"负责旅游业的巴黎副市长让-弗朗索瓦·马丁斯（Jean-FranCois Martins）在大会第一天的早晨说道，"但是这类重要的新概念需要一些规定来进行保护，以防它们被一些人以并不能真正体现共享精神的方式来使用。"克里斯·勒哈恩也登台对聚集于此的房东们发表了演讲，就像在对法国海军陆战队的士兵做战前动员一般。"我们将会遭遇更多的挑战，进行更多的战斗，就在今天之后的几天、几个月和几年之内。"他说道，"当这个社区的影响力强大到足以形成一场社会运动时，我们就能立于不败之地。"

整个活动的高光时刻是留给三位创始人的，切斯基、杰比亚和布莱卡斯亚克三人现在已经成为互联网行业中的亿万富翁和领头羊。他们先是一起进行了宣讲，然后切斯基和杰比亚又分别进行了发言；他们回答了人们提出的问题，之后又回顾了爱彼迎的传奇发展史。杰比亚的演讲是最令人难忘的。他戴着羊毛帽子、手套和围巾出现在舞台上，两个同事在他的头上撒假雪花。这场古怪的表演意在重现他于

2009 年冬天在纽约招揽房东的场景。

切斯基宣布了一项新的议题，即“社区协议”，这也是一年前的共享城市计划的后续。社区协议承诺公司将取缔爱彼迎网站上的非法经营者，向政府支付酒店税，并在其最大的市场上公开匿名数据，包括分享自己永久住宅的房东占总数的百分比。“这并不是什么新的承诺，但人们之前一直不愿意相信我们，所以我们决定再说一遍，并把它写在协议中作为存证。”切斯基后来如此表示道。

爱彼迎大会无处不在的公司崇拜令最强硬的记者也感到难以招架。但参加活动的房东们则不一样，他们在展会大厅周围散步，参加有着诸如“真正的热情好客”这类奇怪名字的演讲和研讨会，以放松的心情在此接受同伴的鼓舞。他们是爱彼迎最具说服力的传道者。

这是一个真心热爱爱彼迎及其所代表的核心理念的群体，他们向人们展示了一种忠诚和激情，这种感情是优步永远不会从他们的司机身上看到的。在那一周，我与不少房东进行了交谈，其中一个名叫谭妮·珀尔（Tanny Por）的“超级房东”，在爱彼迎上出租了她在格陵兰岛首都努克的家中的一间空闲卧室。因为她的丈夫换了一份新工作，她于 2013 年从澳大利亚移居格陵兰。出租自家的空闲房屋对她而言是一种结识新朋友的方式，也是一种与外界沟通的渠道，这让他们一家得以在北大西洋冰冷的海岸与大千世界保持连通。“和其他房东相比，我们愿意花更多的时间与我们的客人交流，这只不过是因为在努克这个城市，我们既没有什么可看的，也没有什么可做的事情。”她告诉我。

还有茱莉亚·德拉罗萨（Julia de la Rosa）和西尔维娅·奥特加

（Silvio Ortega），他们是来自古巴的爱彼迎房东。爱彼迎最近才向美国旅客开放了古巴的服务，此举得到了大量媒体的报道和宣传。因为在20世纪90年代早期的经济崩溃中失去了工作，奥特加和德拉罗萨开始将前者在哈瓦那城郊的一间有10个卧室的住所改造为一家提供食宿服务的旅馆。在爱彼迎出现之前，他们只能通过旅行社和零星的线上广告栏来招揽客人。而在爱彼迎的网站上，他们可以查阅客人的信息，发布旅馆的照片和介绍，这让客人们在到达前就对旅馆的住宿条件有了合理预期。

自从开始在爱彼迎上发布房源，这对夫妇已经接待了几十批美国游客，包括一些大学生和他们的教授。他们发现最大的挑战是美国游客都想和他们进行充分的交流。“他们非常友好和开放，并且都很希望了解古巴。这太神奇了。”茱莉亚说。

在那一周，我发现爱彼迎社区的这一面是如此的真实而迷人。也许是因为我喝了太多的酒精饮料，或者应该说是因为爱彼迎在现场提供了太多的酒精饮料，但从这样的一段段对话中，我很难不对爱彼迎所提供的这种服务抱有好感，它的确让人们通过彼此的双眼获得了对世界的真实体验。

这个印象在接下来的几天变得更加难以撼动。2015年11月13日，爱彼迎大会的第二晚，恐怖分子分别在巴黎城内及郊区的一个足球体育场、几家咖啡馆和巴黎巴塔克兰音乐剧院同时发动袭击。这场袭击造成了130人丧生。当袭击发生时，我正在离巴塔克兰音乐剧院不到一英里的地方就餐。切斯基、杰比亚和布莱卡斯亚克当时也正与他们的家人以及40名公司老员工在一间本地的爱彼迎出租屋共进晚餐。

在这个秋天的夜晚，所有人都被迫在原地滞留数个小时，警笛鸣响不停，混乱持续了一整夜。切斯基后来回忆说，他当时走进这栋出租屋的主卫生间，试图寻找一个安静的地方以便联络他的安保团队以及贝琳达·约翰逊以协调应对措施，后者当时正与另一组员工在附近的餐馆用餐。接下来，他们一起确认了每一位当时身在巴黎的员工和爱彼迎房东的安全。幸运的是，所有人都安然无恙。当天晚些时候，公司宣布取消大会第三天的活动。

那天晚上，我在优步上叫了一辆车回到了我所租住的位于巴黎圣母院附近的爱彼迎民宿。一回到住处，我就接到了我那焦虑的房东伊万打来的电话。我虽然没有亲自见过他（他人不在城里，但是给我留下了房间钥匙），但他迫切希望确定我平安无事。第二天早上，他又给我发来邮件，邮件写道："昨天在电话里听到你的声音，我才终于松了一口气。尽管巴黎目前还处在动荡之中，但我希望你今天在巴黎一切安好。"他还表示，如果我需要的话，我可以一直留在那里，直到城里的情况恢复正常。

这无疑是那一周中众多简单善举的一个，或者说，这正是爱彼迎的创始人相信应该在提及爱彼迎对这个危险世界的影响时纳入考量的那种无法量化的重要变量。

更多的战斗接踵而至。爱彼迎既得到过小范围的胜利，也遭遇过颇有启发性的挫折，而这一切共同铸造了其曲折震荡的发展史。2016年，柏林市政府认定短期出租整个房屋或公寓为违法行为，并要求公民匿名举报违规者。违规者可被处以最多10万欧元的罚款。同年，东京也同爱彼迎展开了斗争，并对新出现的房屋租赁行为（在日语中被称为 minpaku）采取了苛刻的限制措施。一位立法者以令人吃惊的坦率向彭博社的中村裕司（Yuji Nakamura）透露了这个国家正在考虑限制 2.6 万名民宿房东出租房屋的原因。“我们的酒店行业对爱彼迎有很深的顾虑，所以我们希望用最低住宿天数这一限制来削弱对方的竞争力。”他说。

2016 年 6 月，旧金山的改革派市议会通过了另一项法令，法令规定只要有爱彼迎的房东违反了当地法律，爱彼迎就需要准备接受处罚。对此，爱彼迎立即向联邦法院提起诉讼，称该法令违反了免除网站因其用户发布不当内容承担连带责任的互联网法令。而当这场官司看上去就要失败的时候，爱彼迎选择了妥协，并同意承担包括确保房东在市政府进行登记，在房东缺席情况下将房屋每年的租赁天数限制在 90 天内等在内的企业责任。同月，纽约州立法院也通过了一项法律草案，草案规定凡在纽约通过爱彼迎出租整套房产而在场天数不到 30 天的房东，将被处以最高 7500 美元的罚款。爱彼迎认为，这项草案所针对的房东范围过大，它将行为良好的爱彼迎房东与那些热衷于钻空子牟利的人予以无差别的对待，而这是不对的。10 月 21 日，纽约州长安德鲁・库莫（Andrew Cuomo）将该草案正式确立为法案。对此，爱彼迎再一次在联邦法院对纽约州总检察长艾瑞克・施耐德曼、纽约市长比尔・德布拉西奥和纽约市政府提起诉讼。

政治浪潮转向了对爱彼迎不利的方向，但切斯基似乎对此并不担心。“我们已经在 34000 个城市落地，因此这项政治实验也将在全球各地同时进行。”他在那年 7 月如此说道，“我们已经与世界上 160 多个城市达成了税收协定，而我很清楚这项计划会继续下去。”遵照此前的承诺，爱彼迎发布了关于其在主要城市社区的房东构成统计报告。报告显示，公司已多次驱逐了那些在爱彼迎网站上同时出租多套房产的房东用户。一些人视爱彼迎此举为一次真诚的努力，即通过业务调整来适应大城市的住房供需现实。而反对者则指责爱彼迎出手取缔非法经营者只是为了拿出一份更漂亮的数据维护自己的形象，他们认为爱彼迎未能履行其之前所承诺的同监管者进行坦诚的交流。“除了尽可能扩大收益外，我没见过爱彼迎展示出了别的什么。”穆雷·考克斯（Murray Cox）说，他是一名“数据活动家”，也是 Inside Airbnb 网站的创始人。这个网站专门用来从爱彼迎网站提取信息，以收集关于爱彼迎房东的独立数据。

2016 年 5 月，来自弗吉尼亚里士满的非裔美国人，格里高利·斯伦登（Gregory Slenden），在华盛顿特区对爱彼迎提起了民事诉讼，指控爱彼迎在其网站上出于种族歧视而忽视了他的申诉。这次诉讼背后有学术依据作为支撑：哈佛商学院副教授本·埃德尔曼（Ben Edelman）曾发表过两篇研究，研究表明，从数据统计上来看，爱彼迎的用户确实存在不愿意接待少数族裔旅客或入住少数族裔所提供的民宿的情况。

斯伦登的指控引起了轩然大波。通过使用标签“# 爱彼迎歧视黑人”（“#Airbnbwhileblack”）发布推特，非裔美国人在社交媒体上分享了自己在爱彼迎网站上遭遇的偏见。许多少数族裔用户用亲身经历证实了可用房间突然无效、房主在其试图预订房间时拒绝回复等情况是普遍存在的。美国国内的媒体开始深究这个问题（如《纽约时报》的

“爱彼迎是否容忍了种族歧视？”一文），并且此案的最终判决对爱彼迎是不利的。

这场争论挑战了爱彼迎的一些最神圣的理想。它本应该致力于消除过去的偏见，而不是让它们在新的土壤重生；用户的照片本应该帮助用户与用户建立信任关系，而不是给予用户进行种族歧视判断的机会。这一次，切斯基发现他无法给出一个简单的答案，因为爱彼迎并不能控制其房东或客人的个人选择。对此感到沮丧的他雇用了前美国司法部部长艾瑞克·霍尔德（Eric Holder）和前华盛顿政府办公室、美国公民自由联盟负责人劳拉·W. 墨菲（Laura W. Murphy），希望他们能够找到一种方法打击网络平台服务中的歧视行为。2016 年 9 月，该公司公布了一份 32 页的计划书来解决这个问题。其中，爱彼迎承诺将降低用户照片在网页上的显眼性，并要求房东和旅客遵循反歧视政策。“我认为我们在这个问题上行动得太迟了。”他在那个夏天说道，“乔、内森和我，我们三个白人在设计这个平台时有太多事情没有考虑到。”

在爱彼迎内部，除了这些光怪陆离的外部纷争，还有几乎无休止的野蛮增长。2015 年的新年前夜，55 万名旅客在爱彼迎的网站上预订了房间；至 2016 年的新年前夕，这个数字来到了 100 万；而到 2016 年年中，仅一晚的房间预订量就达到了 130 万。所有指标的曲线图都呈上扬之势。这家公司正在扭曲整个酒店行业的引力场。为了跟上爱彼迎，在线旅游巨头艾派迪斥 39 亿美元的巨资收购了 HomeAway，一家与爱彼迎竞争的闲置房屋租赁服务商。2016 年，纽约的酒店消费达到了自大萧条以来的最低水平。一些行业观察员将其归咎于新的竞争格局的出现。

爱彼迎有了新的投资者、更高的估值，以及更多的员工。截至2016年年中，爱彼迎共有2600名员工，其中超过一半是在过去的12个月中入职的。有些部门的人数翻了两倍甚至三倍，而这也打破了员工们希望找到规律的工作节奏的希望。一名爱彼迎的员工告诉我，她的团队被改组了4次，她在两年的时间内更换了4个不同的老板。此外，爱彼迎的新任首席财务官，前黑石集团首席财务官，劳伦斯·托西（Laurence Tosi），也针对公司松散无序的支出文化推出并实行了新的控制措施。这是爱彼迎第一次要求各部门制订严格的年度预算并给出在职人数预期，所有有关人员都被要求严格遵守这些规定。几位员工在2016年年末向我描述了公司的情况，他们认为公司变得不那么有趣，也少了很多创业精神。

这些无疑是一家创业公司实现成长的鲜明标志，由此，这家公司摆脱了新来者的身份，向前方的IPO进发。和优步一样，爱彼迎必须首先让它的公众投资者相信，它已经解决了监管问题，并达到了切斯基梦寐以求的逃逸速度。除此之外，作为一家已走出创业初始阶段的企业，它必须确保自身时刻保持继续发展壮大的动力。

12

超级独角兽的死亡行军：优步对抗全世界

让交通如自来水般通畅，处处可得，人人可享。

—— 优步的使命宣言

优步也即将迈入企业发展的成熟期，但在这之前，它必须先挺过它“尴尬的青春期”的最后几年。而在这段时间里，它要比爱彼迎迎接更激烈的暴风雨，面临更多的对抗，经历更多的风波。优步就像一个身材瘦长的运动员，在短短两年内，由于个头猛蹿，原本的衣服已经不再合身，而且一如既往地富有攻击性。坦白来讲，这确实是一个奇迹。

截至 2014 年年初，优步已经在 28 个城市提供 UberX 服务了。截至2016年年底，UberX和其他优步服务已经登陆超过450个全球主要城市。允许非职业司机用私家车载客这一风潮已经席卷全球，这为司机带来了一种新型的弹性工作，降低了交通出行成本，也改变了城市居民的出行方式。

受低价格与高用量的驱动，优步的业务呈爆炸式增长。截至2014年年初，优步处理的出行订单量已累计达到2亿，到2016年年初，这一数字已增长至10亿，仅半年之后，该数字又涨至20亿。在此期间，其雇员从550人的规模扩大到8000人。优步于2014年6月获得富达投资和黑石集团共计14亿美元的投资。融资完成之后，公司估值达到180亿美元。这一估值在当时看来已经很不可思议了，但仅仅两年后，公司估值就又翻了三倍，达到680亿美元，这让优步一跃成为有史以来估值最高的私有科技初创公司。

共享乘车的兴起在世界上几乎所有的主要城市和国家都掀起了新一波冲突。特拉维斯·卡兰尼克在2014年的公关危机中承诺将采用一种更乐观、更成熟的领导风格主持工作。然而，尽管他的言辞有所缓和，他的野心却没有任何收敛，这引发了前所未有的监管挑战和激烈竞争。

伦敦是首先奋起抵抗共享乘车的破坏性影响的欧洲城市之一。这个城市有着令人自豪的出租车体系，在伦敦，这座城市标志性的黑色出租车的司机需要花费3年的时间来熟记伦敦纷繁交错的交通道路网络，并且必须通过一门“知识”测验才有资格上岗。伦敦的出租车司机有很强的职业自豪感，他们技术娴熟，享受着舒适的中产阶级水平的工资。因此，他们强烈反对除车费上涨之外的任何改变，并会定期向负责制定出租车收费标准的监管机构——伦敦交通局提出提价诉求，同时又以罢工威胁作为自己的筹码。

当优步于 2012 年首次进军伦敦时，其向城市居民提供了一项通过电话或亲自前往办事处预订小型出租车和四门汽车的服务。这一服务的迅速普及很快就让传统的黑色出租车司机感受到了威胁。在伦敦，法律禁止小型出租车打表计费或在街上载客。

优步消除了黑色出租车与小型出租车之间的所有差别，而 GPS 的普及则让传统的"知识"测验在一瞬间变得无足轻重。在于伦敦提供了一年的豪华汽车服务后，优步又于 2013 年 6 月在伦敦推出了 UberX 服务。就像小型出租车司机一样，UberX 的签约司机必须拥有出租车执照和商业保险。而与小型出租车司机不同的是，UberX 司机不需要接受"知识"测验的考核，他们会接收来自优步应用软件上的订单，并在路上等待下订单的乘客。优步在伦敦推出 UberX 之前并没有向政府申请经营许可，它只是简单地认为，已实行 50 年之久的古老规章不会考虑到新技术的影响，比如网络叫车服务。

起初，UberX 在伦敦的运营十分低调。但黑色出租车司机已经敏锐地察觉到了这个新的竞争者，并且没有慷慨地放过优步。2014 年 6 月 11 日，他们为了反对伦敦对 UberX 的接纳，于当天中午开始罢工。参加罢工的出租车车队堵塞了泰晤士河上方兰贝斯大桥的交通，令市中心的交通陷入瘫痪状态。

"我这些年一直在开出租车，而争斗从来没有停止过。现在，如果我能在街上碰到一名挥手叫车的乘客，那简直是一个奇迹。"约翰·康纳（John Connor）说。他来自东区，做了 44 年的黑色出租车司机。在这场罢工行动的几个月后，他在把我从希思罗机场送往肖迪奇的路上与我分享他的想法。他是参加罢工的那 1 万名出租车司机中的一员。“我们必须让人们知道，我们不是那么好欺负的！”他说道。

这位司机还指出，很多新签约的 UberX 司机是来自巴基斯坦、孟加拉国、索马里、埃塞俄比亚和厄立特里亚等国家的移民。他们乐于接受低于最低标准的薪资并每天工作 18 个小时，因为他们要养活一大家子人。事实上，移民、全球化和中产阶级焦虑这些问题在 21 世纪初期几乎困扰着所有的西方国家。“我从来没有见过如此翻天覆地的变化。一切都和原来不一样了。”在他说这话的同时，这辆出租车正在城市停滞不前的交通中缓慢向前挪动。

据优步称，罢工行动结束后，优步的注册用户数反而激增了 850%。黑色出租车司机在无意之中让优步出现在了更多的聚光灯下。截至当年秋天，优步在伦敦已经拥有 7000 名司机。与此同时，优步英国地区的“铁腕”总经理乔·伯特伦（Jo Bertram）则受到了恶意的网络攻击，被迫放弃了社交媒体。她曾多次直面好战的英国新闻媒体，但推特上的刻薄言论实在是太多了。“辱骂的声音铺天盖地，”她告诉我，“我的朋友对我说：‘不要再看这些东西了。这一点儿都不健康。’我们最后都是直接将这些言论转交给一位同事去处理的。”

随着优步的 UberX 越来越受欢迎，伦敦对优步的敌意也逐渐升温。2015 年，面对越来越多的出租车司机针对优步的投诉，身陷困局的伦敦交通局开始采取措施压制优步的发展。伦敦交通局提出规定，禁止优步在其应用程序上显示可用车辆的数目，同时强制要求优步司机必须在接受乘客用户的订单前等待至少 5 分钟。这些完全不合理的措施主要是为了削弱优步的吸引力，但出租车行业打压优步的情绪仍然十分高涨。“特拉维斯就是个虚伪的小人，我真想揍他一顿。”执业出租车司机协会的秘书长史蒂夫·麦克纳马拉（Steve McNamara）在接受我的采访时说道。他所在的协会是一个黑色出租车的行业组织。

处于风口浪尖的是当时还留着“拖把头”的保守党市长鲍里斯·约翰逊（Boris Johnson）。此人后来作为英国脱欧计划的忠实支持者引发了国际社会的广泛关注。约翰逊当时的处境很艰难。他在 2008 年市长竞选期间曾赢得黑色出租车司机的支持，甚至把自己的竞选口号印在了出租车的收据上。

首先，约翰逊指出，优步允许其司机在街道上巡游并等待乘客，这已经系统性地违反了关于小型出租车的规定。但他同时也注意到，导航技术的开发已经消除了黑色出租车和小型出租车的区别。在 2015 年 9 月的一个公开问答论坛上，他把挤满礼堂的黑色出租车司机称为“不愿意接受新科技的反科技分子”。这番言论引爆了出租车司机们的愤慨，他们在市政厅制造了一场混乱，并被驱逐出了大楼。

但就像在美国的主要城市一样，优步也在伦敦逐步占据了主导地位，这一切都源于当地居民对优步服务的青睐。优步不仅动员了一大批经验丰富的游说者，还动员了 20 万名用户在请愿书上签名，要求伦敦交通局撤回其针对优步的限制措施。2016 年 1 月，请愿生效了。约翰逊承认交通局出台的规定的确“没有得到广泛的支持”，并称立法者并不能“让时光倒退回没有互联网的时代”。

鲍里斯·约翰逊在欧洲大陆的同行并不一定同意他的观点。在法国，监管机构对优步的抵制也很强烈。2014 年年初，优步在巴黎不断发展壮大（两年前，巴黎就已经是优步的第六大市场了）。法国的立法机构裁定，优步司机必须在乘客用户下单叫车后等待 15 分钟才能接单。法国的行政法院推翻了这一裁决，但它预示着一场即将到来的斗争，同时刺激了法国两家最大的出租车公司展示其所拥有的巨大影响力。在优步之前，这两家出租车公司一直牢牢把控着法国的出租车市场。

优步原本在法国只雇用了有执照的专业司机。但是，出租车驾驶执照价值 3000 欧元，同时，优步还需要遵循那些旨在保护出租车行业的相关规定，比如司机必须要通过笔试才能拿到执照。为了充分释放其按需运转的运输服务的真正潜力，优步需要消除这些障碍，增加司机的供应。2014 年 2 月，在法国政府拒绝放宽执照获取要求的情况下，优步在法国推出了一项新的业务，其允许没有出租车执照的司机使用自己的汽车载客。由于优步在法国的 UberX 服务针对的是拥有执照的司机，于是这项新的业务被命名为 UberPop。优步的法国区总经理皮埃尔 - 迪米特里·戈尔 - 科蒂（Pierre-Dimitri Gore-Coty）与同事一起选择了这个名字，因为这个名字让他想起了“点对点”（peer to peer）一词。

UberPop 业务在法国稳步增长。但好景不长，2015 年夏天，法国的出租车司机对优步进行了联合抗议。他们阻塞公路，掀翻优步的车辆，并在前往戴高乐机场的通行道上设立了路障。负责监管法国的出租车行业并执行法国相关法律的内政部对出租车司机表示了同情，并对传统出租车行业的利益表现出了显而易见的维护态度。优步的巴黎办事处遭遇突击搜查，优步的司机也被处以罚款。2015 年 6 月 29 日，法国当局逮捕了戈尔 - 科蒂和同为法国区负责人的希博德 · 辛法尔（Thibaud Simphal）。他们二人在监狱里待了一宿。几天之后，优步关闭了 UberPop 服务，但仍保留了其由有执照的专业司机所提供的乘车服务。在 2016 年的一次法庭审判上，优步法国区的几位高管和法国分公司被判“误导商业行为罪”，并被处以罚款。

优步在意大利也遭到了同样的抵制。米兰的一位法官在 2015 年 5 月以不公平竞争为由判定 UberPop 服务是非法的。在瑞典，30 名优步司机被判提供非法的出租车服务，优步也被迫在瑞典暂停 UberPop 服务。在西班牙，法官以不正当竞争为由勒令优步暂停运营一年，并命令西班牙互联网供应商在国内关闭优步应用程序的网络通道；而在此之前，西班牙出租车公司及其强大的行业组织马德里出租车协会已正式对优步发出了禁令。在德国，根据法官对出租车行业组织所提诉讼的裁决，优步公司违反了竞争法。根据规定，优步只能雇用那些拥有出租车驾驶执照的专业司机。优步从德国的法兰克福、汉堡和杜塞尔多夫撤出，同时在柏林和慕尼黑保留了其由有执照出租车司机提供的乘车服务。

欧洲各个国家地区对优步的抵制是发人深省的。一方面，它反映了优步毫不委婉的侵略性，它总是气势汹汹地在各个城市攻城略地，而没有试图培养政府监管部门的盟友，因此其在随后面临的各种打压和反抗也是不可避免的。“我们犯了一些错误，”优步的首席运营官瑞恩 · 格雷夫斯说，“我们表现得有点儿过于莽撞了，其实我们完全没必要这样。”

另一方面，优步的扩张也反映了当地政府是否愿意为了公民迫切需要的服务而更新其过时的交通法规。这场扩张行动就像民主的试金石，它揭示了监管者和立法者是更倾向于对他们自己的人民负责，还是更倾向于维护强大的传统出租车行业及其工会的利益。欧洲大陆各个国家地区都在这一考验面前苦苦挣扎。它们遇到了一个充满革新精神的、傲慢的新参与者，后者扰乱了整个停滞不前的出租车行业，而它们的本能反应是极力打压这家新独角兽的崛起。

然而，在世界的另一端，情况却大不相同。不同于欧洲，亚洲对优步气势汹汹的全球扩张行动的反应是——自主创业。实际上，特拉维斯·卡兰尼克即将与一个和他一样充满激情和野心的创业者进行一场面对面的较量。

早在 2012 春天，英国出租车服务公司 Hailo 准备进行融资并进行扩张行动的消息就席卷了各大科技博客。正如我们所见，Hailo 过早的声明促使卡兰尼克迅速在优步豪华汽车服务外增加了多元化车型选择的选项。Hailo 被迫退出美国市场，回到了英国和爱尔兰的出租车利基市场。2016 年，Hailo 被戴姆勒公司收购。

然而，Hailo 于 2012 年夭折的扩张尝试对这个故事的发展产生了深远的影响。

中国电子商务巨头阿里巴巴的总部位于杭州，而其中有一位颇具才华的年轻推销员名叫程维。他在科技博客上知晓了 Hailo 和优步两家公司之间即将到来的殊死较量，并开始计划从中谋取自己的发展机会。

程维出生于中国东部内陆省份——江西省，该省以共产主义革命的发源地而闻名。程维的父亲是一名公务员，他的母亲是一位数学老师。他在高中时期的数学成绩很好，但据他所称，他在参加高考时因为忘了翻到试卷的最后一页，少做了三道大题，因而在那一年高考失利。

他考上了北京化工大学，这所学校与那些一流大学相比略显逊色。程维原本打算主修信息技术专业，但不幸被调剂到了企业管理专业。他在大四那年像其他的中国大学生那样找了一份兼职工作——卖人寿保险。但他没能卖出一份保险套餐。他说，他的一位老师曾告诉他“连他家里的狗都有保险”，但他甚至没能让这位老师从他那里购买一份保险。在一次招聘会上，他应聘了一家自称为“中国著名医疗保健公司”的经理助理岗位。但当他手提行李到达上海准备开始工作时，他才发现那其实是一家连锁的足部按摩店。

程维于2005年从学校毕业，时年22岁。他走进阿里巴巴上海办事处的前台毛遂自荐，并得到了一份入门级的工作。他在公司负责销售业务，每月工资1500元人民币，相当于每月225美元。“我非常感谢阿里巴巴，”程维说，“因为有人向我走了一步，没有把我赶走，反而对我说：‘我们需要的就是像你这样的年轻人。’”

尽管他之前在卖保险这份工作上的业绩表现一塌糊涂，但事实证明，程维很擅长向商家推销网络广告。他得到了职位晋升，开始向一位直言不讳的主管——王刚汇报工作。王刚表示，当他第一次见到程维时，他只知道这个年轻人的销售业绩十分出色，但此后他意识到，程维最擅长的其实是客户活动管理。

2011 年，王刚因没有获得晋升而产生不满情绪，他召集了程维及其他几位下属开会讨论新的商业点子，准备独立出去，创立自己的公司。他们反复讨论了教育、餐馆点评甚至室内装修等行业的商业模式。2012 年年初，他们开始密切关注一个名为陌陌的智能手机应用程序。人们可以通过陌陌上的线上地图识别其他用户的位置信息。在手机上追踪有吸引力的女性这个点子让他们对智能手机的 GPS 功能产生了浓厚的兴趣。也就是在那时，程维了解到 Hailo 即将在美国进行扩张。

对于程维而言，关于 Hailo 的新闻是一个启示。美国和英国都在努力尝试将出租车行业拉进智能手机时代。程维知道中国同样拥有一个庞大的出租车市场，这个市场管制严格、模式传统且高度分散——各大主要城市平均拥有数十家出租车公司瓜分市场。

程维于 2012 年离开了阿里巴巴，并给他的打车软件取名为滴滴打车。他的上司王刚也离开了阿里巴巴，成为程维的主要投资人，为程维的初创公司注资 80 万元人民币，相当于 10 万美元。（据估计，至 2016 年年底，王刚在滴滴所持股权的价值已达到 10 亿美元。）

程维和他在阿里巴巴的几个老同事最初是在北京北部的一个仓库里创办这家公司的。那是一个大约有 100 平方米的破旧、简陋的空间，其中只有一个会议室。而且事实证明，他们希望在中国开发类似 Hailo 的打车应用这个想法并不是那么具有独创性。几乎在同一时间，至少有另外 30 个创业团队看到了 Hailo 的扩张声明，或感知到了互联网出租车行业所蕴藏的潜能和激情，准备在中国创立并发展类似的初创公司。

互联网出租车服务在中国发展得尤其迅速，拥挤的地铁、堵塞的公路和挥散不去的雾霾让人们不愿意选择步行或骑自行车。但一开始，这项服务并不十分为人们看好。首先，行业内竞争非常激烈，各家初创公司都不得不付钱给出租车司机来报销他们购买智能手机的费用。其次，中国因担心运输成本的上涨而禁止这些初创公司从车费中收取佣金，有些城市甚至直接裁定这些应用程序是非法的。尽管如此，司机们仍在使用这些软件，当他们被当地的检查人员拦住时，他们会向对方出示其平时携带的另一部手机，以示清白。程维说，他派出了他的第一批 10 名员工中的两人前往深圳市开拓业务，那是 iPhone 加工厂富士康总部的所在地。他选择深圳是因为相较于中国的其他城市，深圳拥有最宽松的监管环境。然而，滴滴刚进驻深圳不久就被当地叫停了。

程维看起来很年轻，还戴着眼镜，即使出现在凌晨两点钟的电子游戏厅也不会显得格格不入。他后来在位于北京北部宽敞的办公室里回忆这一切，他现在的办公室里摆放着商业书籍和台式金鱼缸。在少见的晴朗的日子里，他可以在办公室看到西北方向起伏的山峦。15 世纪，中国人为了防止外敌入侵曾在那里加固了长城。考虑到即将发生的一切，这一景色如同预言一般贴切。

所有早期的中国共享乘车初创企业都亏本了，那些进入市场较晚，或试图复制优步初始战略（使用更昂贵、更罕见的豪华汽车提供服务）的公司都没能获得成功。但滴滴比它的大多数竞争对手都更有斗志。它的其中一个对手，有硅谷红杉资本支持的摇摇招车，赢得了在北京机场招募司机的独家合同，而面对这一挑战，滴滴选择在北京最大的火车站推广自己的应用。滴滴没有模仿它的竞争对手将智能手机免费送给签约司机，因为对于一家资金紧缺的初创企业来说，这种推广方式过于昂贵了。滴滴选择专注于向那些已经拥有智能手机，并可能为滴滴主动做宣传的年轻司机提供免费的应用程序。

2012 年年末，北京遭遇了一场特大暴风雪。当时，人们在街上根本拦不到出租车，便打算在滴滴打车上碰运气。这是滴滴第一次在一天之内接到超过 1000 个订单。随后，滴滴吸引了北京一家风险投资公司的目光。该公司为滴滴注资 200 万美元，这笔投资让滴滴的市值升至 1000 万美元。“如果那一年没有下雪的话，滴滴可能就不会有今天。”程维说。

2013 年 4 月，其中一家中国的共享乘车初创公司确立了早期优势，但这家公司不是滴滴，而是总部建立在杭州的快的打车。快的打车从程维的老雇主阿里巴巴那里获得了一轮融资。

在中国互联网行业占据主导地位的初创公司，往往至少与三大巨头——娱乐门户腾讯、搜索公司百度、电商巨头阿里巴巴之一有着紧密的联系。这三大巨头控制了中国这个世界上人口最多的国家的网络生态，并能够向它们的合作伙伴输送巨额流量。滴滴已经在北京和广州的科技行业中吸引到了广泛的注意力，但程维意识到，为了让公司继续生存下去，他需要找到一个强大的盟友。在快的获得阿里巴巴融资的几周后，程维从阿里巴巴的竞争对手——腾讯那里筹集到了 1500 万美元。这轮融资让当时规模还很小的滴滴的估值一跃升至 6000 万美元。

在两家互为竞争对手的互联网巨头的支持下，滴滴和快的将矛头瞄准了对方。在那众所周知的一周里，两家公司都遇到了间歇性的技术问题，这让司机和乘客不得不在两个频繁出现故障的应用之间来回选择。程维说，他们的工程师待在一间狭小的办公室里，经历了多个不眠之夜，付出了艰辛的努力才攻克难关，其中一名员工甚至不得不在最后通过手术摘除他戴了太久的隐形眼镜。

最后，程维打电话向腾讯的创始人兼首席执行官马化腾求助。马化腾同意借调给他 50 名工程师和 1000 个服务器，并邀请滴滴的团队借用腾讯更加舒适的办公室继续工作。

然而，滴滴公司到此时仍然没有实现盈利。程维需要募集新的资金。2013 年 11 月，他第一次前往美国，希望在美国募集资金，但结果是被多位投资者拒之门外。“我们已经烧了很多钱，”他说，“而投资人都认为这简直不可思议。”那年的感恩节期间，纽约市也遭遇了一场暴雪，但这场暴雪并没有带给他新的转机。程维搭乘的优步出租车被暴雪堵在去往机场的路上，这让他错过了航班。“我在回国之后感觉十分沮丧。”他说。

2014 年年初，一切都发生了改变。在 2014 年农历新年期间，腾讯推出了一个名为“红包”的手机应用，且一经推出便大获成功。该应用让用户可以很方便地在春节假期期间给朋友和家人发红包——这是一项中国传统习俗。

突然之间，阿里巴巴和腾讯在彼此之间长期的战争中发掘了一个新的战场——移动支付。它们意识到，把握住中国智能手机用户的网络钱包，便能在竞争中占据重要的战略地位。于是，两家公司争相推出自己的支付应用。在这场疯狂的冲刺中，滴滴和快的成为两大巨头的代理人。滴滴被整合到腾讯广受欢迎的聊天应用平台——微信，而快的则允许用户使用阿里巴巴的移动支付子品牌——支付宝进行支付。阿里巴巴和腾讯都开始为旗下的打车应用软件注入大量资金，这让两家共享乘车公司可以为司机提供丰厚的保底收入，并为乘客提供大幅的折扣，以此吸引用户在这两个竞争激烈的移动支付服务中做出选择。

2009 年至 2014 年间，伴随智能手机的超高速普及，优步在美国以迅雷不及掩耳之势实现了扩张。而在中国，共享出行公司的发展在很大程度上要归功于科技巨头之间的激烈竞争，以及它们为推广各自的通信和移动支付产品而实行的种种举措，这让智能手机的普及热潮几乎演变成一场破坏性的海啸。据一位投资者称，2014 年，为了维持面向司机和乘客的慷慨补贴，滴滴在与快的的“代理人之争”中，每天要烧掉大约 10 万美元。滴滴在 2014 年进行了两轮融资，共获得了腾讯和数字天空科技的 8 亿美元的资金。而快的也从阿里巴巴、日本科技集团软银和私募股本巨头 Tiger Global 那里筹集到了几乎等额的资金。程维的确是一个很聪明且适应能力很强的首席执行官，但若继续以这样的速度烧钱，滴滴与快的的战斗将给每个参与者带来无法承受的经济损失。

滴滴和快的的投资者最终意识到，两家公司之间越发惨烈的竞争局面是多么的愚蠢。随着特拉维斯·卡兰尼克将中国市场视为其下一步发展的重大机遇，投资者们开始敦促两家初创公司及各自背后的支持者尽快达成停战协议。

精明的俄罗斯风险投资商尤里·米尔纳来往于阿里巴巴和腾讯总部之间，促成了两家初创公司的合并。由于程维本人斗志昂扬，且得益于滴滴与微信的整合，滴滴拥有更多的订单量，滴滴最终控制了两家公司合并后的新公司的 60% 的股权。“程维在本质上就和特拉维斯一样咄咄逼人，”一位滴滴的投资人说，“他就像是另一个特拉维斯。”

优步在中国低调地发展了两年。在 2013 年夏季完成了 C 轮融资之后，特拉维斯·卡兰尼克与得太投资的高管一起前往亚洲旅行庆祝此事。在他离开之前，他召集了一些同事在北京见面。奥斯丁·盖特、前芝加哥区域经理艾伦·佩恩、居住在亚洲的优步高管萨姆·格尔曼（Sam Gellman）、公共政策部门的负责人科里·欧文斯（Corey Owens）在北京与卡兰尼克碰面，并一起工作了两周的时间。他们的工作地点是“位于北京某个无名角落的几间简陋的公寓，我现在已经找不到那个地方了”，佩恩回忆道。

对于美国的互联网公司而言，开拓中国市场一直以来都是一项几乎不可能完成的艰巨任务。谷歌、易趣、亚马逊、脸书和推特都曾试图打开这个世界第二大经济体的市场大门，但最终都被监管部门的审查或三巨头的本土优势打退，或者遭受了二者的联合打击。但卡兰尼克身上的一个显著特点就是永不退缩。他和同事们一起列出了优步与此前其他的开路者的不同之处，并得出结论：他们有足够的创造力和耐心取得成功。卡兰尼克是一个问题解决者，而他选择了面对这个还没有其他科技企业家真正通过的终极考验。

2013 年的那一周，优步的外派团队在北京分头行动，体验当地的打车软件，会见律师和监管者，并尽可能全方位地了解中国出租车行业的相关规则和现状。卡兰尼克会见了许多创业公司的首席执行官，包括年轻的程维。当时的滴滴刚刚创立了 6 个月，而程维给优步的老板留下了深刻的印象。“特拉维斯在我之前就见过他，”埃米尔·迈克尔说，“他告诉我，在所有的共享出行公司的创始人中，程维是很特别的那个。他比这个行业里的其他人都要优秀。”

优步的高管们切身体会了在北京出行的困难。艾伦·佩恩回忆说，他给自己预留了 90 分钟的时间穿越北京城到达开会地点，但他等了半个小时都没有叫到出租车，最后他只好十分沮丧地回到家里，与同事进行视频电话会议。

他们在那周会见的每个人都告诫优步在中国要审慎行事，并且最好和当地的企业成立合资公司。“要慢慢来，不要急于求成，以往的美国公司就是犯了这样的错误”是这些建议的主要论点，奥斯丁·盖特说。

但正如卡兰尼克在欧洲的强势表现一样，他并不习惯缓慢前进。在这次旅行中的一天，他从行李中取出了几部备用的 iPhone 手机，并分别给它们装上了本地的电话卡。他打电话叫醒了旧金山总部的一名优步工程师，要求他开发一款为中国用户量身打造的优步打车软件。随后，艾伦·佩恩和帕蒂·李（Patti Li）——后者是一位能说一口流利普通话的投资人——找到了一些有意向尝试优步的司机。就在当晚，来访的优步高管成为中国的首批优步乘客。“从 GPS 应用情况的角度来看，这次尝试完全是一团糟。”盖特回忆道。由于许多谷歌产品在中国无法正常使用，谷歌地图无法成为值得信赖的导航依据。

卡兰尼克及其他几位高管又花了一年的时间才正式确定要在中国推出其服务产品。2014 年年初，优步在上海、北京、广州、深圳推出了豪华专车服务。它最初只收取美元作为车费，其定位是为当地的游客和外籍人士提供便利的出行工具。为了少惹麻烦，优步小心行事，特意避免了引起媒体的过多关注。“我们不想过于高调。”盖特说。

在滴滴和快的分别在腾讯和阿里巴巴的支持下相互较量的一年里，优步一直在中国低调发展。2014 年秋天，受到公司在世界其他城市大获成功的鼓舞，卡兰尼克及其高管团队决定在中国推出共享出行服务。埃米尔·迈克尔说：“这里是真正的企业家应该出现的地方。我们想，最坏又能差到哪里去呢？不如赌一把吧。”

2014 年 10 月，优步在广州、深圳、杭州和成都推出了相当于 UberX 的“人民优步”（People’s Uber）服务。这个应用程序允许任何通过了背景审核的司机用自己的私家车载客。与此同时，它找到了一个能够提供资金、先进技术以及与中国官方机构建立合作关系的机会的盟友——三大巨头中的其中一员。这家公司错过了昂贵的出租车应用软件大战，又在移动支付的浪潮中落后了一步。12 月，百度宣布注资优步。优步将通过在中国更值得信赖的百度地图在中国开展业务。

这个战略起初似乎奏效了。滴滴和快的正忙于合并事宜，而优步则借此时机在共享出行服务方面取得进展，并逐步抢占中国交通出行应用市场大约 30% 的市场份额。

但事情往往不会那么一帆风顺。包括长春、南京和成都在内的 6 个城市再一次上演了出租车司机罢工事件。警方突击搜查了优步在广州和重庆的办事处。2015 年 1 月，中国交通运输部规定，私家车车主不能使用打车应用牟利。但奇怪的是，优步及其竞争对手被允许继续运营。中国政府似乎并不打算真的消灭一项能够解决中国交通拥堵问题的服务。

优步现在手握筹码，而特拉维斯·卡兰尼克准备打出手中的这张王牌。卡兰尼克和埃米尔·迈克尔前往北京，访问了新合并的滴滴快的位于北京的公司大楼，会见了公司的管理层，包括程维和新上任的首席运营官柳青——前高盛集团董事总经理。会议进展得很顺利。程维向卡兰尼克表示欢迎，并表示卡兰尼克是他的“灵感之源”，但之后不久，会议气氛就变得有些剑拔弩张。埃米尔·迈克尔还记得他认为那可能是一种心理战术：“他们招待我们的食物可能是我吃过的最糟糕的午餐，”他说，“我们每个人都一边拨弄着我们盘子里的食物，一边想着，这难道是某种竞争策略吗？”（不过事实并非如此，柳青后来为饭菜的不合口味向迈克尔表示了抱歉。）

在会议期间，程维走到一个白板前，并在白板上画了两条线。代表优步的那条线的起点是 2010 年，这条线一直保持急速上升的趋势，表明优步自成立之后业务量飞速上涨。代表滴滴的那条线起始于 2012 年，比优步晚两年，但它的曲线走势更加陡峭，并且上升过程中与优步相交。程维说，滴滴总有一天会超越优步，因为中国市场的规模要大得多，而且很多中国城市为解决交通拥堵与污染问题而对私家车的购买和使用进行了限制。“特拉维斯对此只是笑了笑。”程维回忆道。

据程维说，优步的首席执行官希望投资滴滴快的。他要求获得滴滴快的 40% 的股权。作为回报，他承诺把中国市场让给滴滴。程维后来在一次演讲中提到，卡兰尼克曾威胁说，如果他拒绝优步的收购提议，优步会让滴滴在中国“以失败收场”。“从他们看待我们的方式中，我知道他们认为滴滴只不过是一个四川当地的打车软件，不足为惧。”程维说，“这些外国公司总是将中国视为一片有待征服的领土。”

柳青是北京本地人，能说一口流利的英语，她是滴滴与全球商业界的主要联络人。她说，卡兰尼克给人留下霸凌者的印象。“想象一下，有个人来到你的办公室，告诉你：‘把你公司的这么多股权卖给我，否则我就和你开战。’”优步后来对滴滴的说法进行了反驳，并声称那次会面“超级友好”。

滴滴的高管拒绝了这一提议，并且很快在中国推出了自己的共享出行服务，还包括拼车和通勤巴士。事实证明，滴滴是一个强大的风潮引领者，它有能力筹集数十亿美元的风险投资与优步展开正面交锋，并用优惠折扣吸引中国的司机和乘客。这将是一场全球超级独角兽之间的殊死较量，而双方争夺的焦点就是世界上最大的运输市场。

2015 年 6 月 3 日下午，优步邀请旧金山当地的记者来到其位于旧金山市场街的公司总部，共同庆祝一个重要时刻：优步向司机和乘客发布其应用程序 5 周年。加内特·坎普在开场时感慨地表示，当初的“一个疯狂的点子”竟然已经变成了一场席卷全球的巨浪。奥斯丁·盖特和瑞恩·格雷夫斯则分享了优步当年的创业时光——仅有的几名员工挤在一张狭窄的会议桌上办公，而那间位于泛美金字塔附近的办公室还是借来的。

接着，特拉维斯·卡兰尼克走上讲台，看起来又紧张又激动，他的父母就坐在听众席的第一排。在接下来的 20 分钟里，他十分不熟练地借助提词器发表了这次演讲。他承认，过去 5 年来，他的侵略性和进取精神让优步走上了一条两极分化的道路。“我意识到，我给人的印象就是一个狂热的优步倡导者，”他说，“我也意识到有些人用了一些带有贬义色彩的词来描述我。”

卡兰尼克接着把公司的影响力上升到了政治层面，他此前从未如此巧妙地阐述过这一点。他说，优步为低收入地区带来了新的出行选择，这些地区在此前无法享受到完善的城市出租车服务。公司还为失业人员、移民和需要自己赚取学费的学生创造了一个十分灵活的工作岗位。此外，优步通过 UberPool 的拼车服务将目的地在同一方向的乘客合并到一起，进一步降低了车费，减少了道路上的车辆数目，从而降低了二氧化碳排放量。他说：“我们相信，这才是真正的游戏规则改变者，也是我们未来几年的努力方向。”

在这次预先准备好演讲稿的演讲中，卡兰尼克试图向大家展示一个更内省、更乐观的形象。它带有由大卫·普劳夫所领导的日臻专业的公关团队的鲜明痕迹。他本人在不久之后就将离开这个职位，而他的继任者是谷歌的前公关与公共政策部门负责人——瑞秋·惠特斯通（Rachel Whetstone）。此次演讲的重要目标受众除了到场的记者，还有来自欧洲以及美国东海岸的监管者和立法者。因为当时，纽约市新一轮针对优步的反对声浪日益高涨，而纽约恰恰是美国最大的出租车市场。

尽管优步在当地取得了初步胜利，得以正常开展出租车方面的业务，但在当时的纽约市长比尔·德布拉西奥的影响下，纽约市对优步仍怀有很大敌意，就像对爱彼迎的态度一样。2015 年年初，纽约市政府与优步就立法限制峰时车费，以及是否应将其出行数据提交给纽约车委会展开了激烈的谈判。当年 5 月，纽约车委会考虑实施更严格的限制措施，这些措施将赋予车委会审查优步对其应用进行的所有变更的权力。

双方都缺乏对彼此的信任。纽约市政府指责优步固执己见，完全不遵守规则。而优步及其代理人则辩称，德布拉西奥只关注他在城市出租车行业的朋友们的诉求，其原因在于后者为他的市长竞选赞助了一大笔钱。双方的指控各有各的道理。而另一个事实是，纽约出租车行业正面临着一个破坏性的变化。2013 年，出租车牌照的价值曾达到超过 120 万美元的峰值，这让它只有那些能够获得银行贷款或找到合作融资的出租车公司才负担得起。而在 2016 年，出租车牌照的价值已降至不到之前的一半。大卫 · 叶斯基（David Yassky），在 2012 年至 2014 年间担任纽约车委会主席，还做过 Lyft 的顾问，他对我说，他认为纽约实施的那些新的限制措施就是“纯粹的保护主义”。

优步方面也组织了抗议，优步的乘客和司机在市政厅聚集，呼吁纽约市政府废除新规定。2015 年 6 月 18 日，纽约车委会似乎做出了让步。双方从冲突中得到了短暂的喘息，并在媒体面前互相对对方表示了赞赏。但就在 24 小时后，叶斯基的继任者，米拉 · 乔希，给优步的公共政策部门负责人迈克尔 · 阿莱格雷蒂（Michael Allegretti）打了一通电话，告诉他市议会准备推行一项新的法案，以限制向优步、Lyft 及其他打车应用发放新的私人出租车牌照的数量，现在只等曼哈顿下城区交通拥堵问题的研究结果正式发表了。乔希告诉阿莱格雷蒂说：“你们无法阻止这项法案的出台，投票结果就明摆在那里。”

该法案于次日提出，它的确就像优步想象的那样糟糕。根据新法案，在交通拥堵问题调查期间，优步和 Lyft 每月增加的司机供应比例不应超过 1%，而这种情况可能会持续一年甚至更久。限制司机供应量是冻结优步增长的关键所在，而且这项法案的颁布很可能会为伦敦、墨西哥城等城市的抵制派提供新的参考。市议会计划在 21 天后就该法案是否通过进行投票表决。在优步的高管们看来，这项工作是个烫手山芋。纽约市中心的街道交通运行速度确实慢到可以用“爬行”来形容，但这是由许多因素共同导致的，包括自行车道的扩张、限速的降低、蓬勃发展的经济、电子商务公司运货车数量的增加、新建筑如雨后春笋般拔地而起，等等。而优步将不得不用古老的方式进行一线战斗。

2015 年夏天，这场以纽约市交通出行为焦点的为期三周的战斗，让人们得以重新审视如今资金充沛、组织严密、运作无情的政治活动。德布拉西奥是左翼进步派民主党人士，优步的抗议活动给他造成了巨大的压力，他必须解决纽约外围行政区的就业问题和交通出行权利平等问题，因为正是这些行政区的支持让他赢得了选民的投票。优步的抗议活动包括发邮件、打电话、在皇后区组织司机集会，以及两个在当月传遍纽约的简洁有力的电视广告。

在其中一则广告中，一些非裔美国人和拉丁裔美国人作为优步司机与一名镜头外的采访者进行了对话，称赞优步为他们提供了工作机会，并对城市出租车行业和纽约市长提出了一些间接的指控。

> 人们可以在看起来绝不可能叫到出租车的地方享受优步的乘车服务。
>
> 这是纽约。我们住在 5 个不同的区！
>
> 市长已经向传统出租车行业屈服了。

他应该知道大多数纽约人的生活有多不容易。接受人们想要找份工作的事实吧！

当市长来到镇上的时候，他承诺会给我们提供就业机会。

少数族裔面孔的出现让这则广告被迅速接受，优步用含蓄的基于种族平等的呼吁击败了德布拉西奥。大卫·普劳夫，现在的优步董事会成员及顾问，反复强调这则信息，频繁在电视上亮相，会见主流报刊的编辑委员会，并与非裔美国社区的领袖在西尔维娅餐厅（Sylvia's）会面，这是一家位于哈莱姆区的标志性非裔美食餐馆。

优步使用了一种巧妙的柔性政治策略：为应用软件增加了一个版本，并称之为"德布拉西奥的优步"。这个版本的优步应用为纽约市 200 万名优步用户展现了一个反乌托邦式的未来，其中，用户必须等待难熬的 25 分钟才能上车。这个主意是凯特林·德克士（Kaitlin Durkosh）提出的，她是优步通信团队的一名新成员。这个点子让关注此事的媒体报道兴奋不已。"如果德布拉西奥市长的优步限制法案通过，那么这将是优步应用的纽约版本。"应用程序会如此告知尝试此版本的用户。在体验结束后，应用软件会邀请用户发送电子邮件至市政厅，表达自己的不满。

Lyft 的游说者也积极参与了抗议，虽然相对而言低调许多。当月，Lyft 的代表会见了市议会代表，并向他们强调了公司的拼车服务 Lyft Line 对缓解纽约的交通拥堵有颇多好处。他们最有力的论点是，限制其私人司机的数量增长只会增强优步的优势。Lyft 的执行主管表示，此论点一经提出便引起了对方的共鸣。"我们会见的政府官员都是这样说的：‘听着，我讨厌优步。他们是最糟糕的。不如帮我们搞清楚怎么做才能只让 Lyft 合法。’”

德布拉西奥与优步的较量结束得既迅速又狼狈。市长竞选投票的前一天，纽约州长安德鲁·库莫宣布反对法案通过，并建议州政府介入此事，他曾与德布拉西奥就诸如特许学校和高收入群体增税等问题进行过公开的交锋。“我认为政府不应该限制那些能够增加就业的事情。”州长如此表示，并毫不留情地对他的政治对手落井下石。

第二天中午，优步公共政策部门的主管阿莱格雷蒂接到了一个电话，对方表示市长办公室想和他谈谈。于是，他便前往位于百老汇 250 号的市政厅，一同前往的还有优步的东海岸地区总经理瑞秋·霍尔特、纽约总经理乔希·莫勒、优步公共事务负责人贾斯廷·金兹（Justin Kintz）。他们会见了纽约市政府的政治委员、市长、副市长以及其他官员。这次谈话很简短：市长表示将取消在交通拥堵问题调查期间实行的限制条款。（后来的调查结果表明：旅游业繁荣、建筑物的增加以及快递运输的增长才是造成曼哈顿下城区交通拥堵的主要因素。）

这是优步赢的另一场漂亮的胜仗。在不到一个月的时间里，该公司就让来自五个行政区的富裕乘客和行政区外围的少数族裔司机联合起来，这是一件很难做到的事。它证实了“特拉维斯法则”在美国仍然拥有不可动摇的影响力：只要人们喜爱优步，他们就会为之奋斗，而传统出租车行业只有很少的支持者。对于在拉斯维加斯、奥斯汀、波特兰、迈阿密和其他美国城市发生的关于共享出行的斗争，这一法则也同样适用。优步会赢得绝大多数的斗争，并证明它仍然拥有资本、政治资源、成千上万的狂热用户，历史的浪潮站在了优步这边。

2015 年秋天，特拉维斯·卡兰尼克为了犒劳优步的 5000 名雇员，请他们在拉斯维加斯享受了为期 4 天的豪华度假，且费用全免。这次度假既是一次全体员工大会，也是一次颇为盛大的庆祝活动，虽然并没有人知道是为了什么庆祝，或许只是为了庆祝而庆祝吧。但优步的公关团队意识到，这次度假可能会给媒体和优步司机留下不好的印象，因此他们一再向参加此次活动的员工强调，不要在社交媒体上发布有关这次度假活动的任何信息。这次活动的保密工作做得极其周全，优步甚至特别为此活动设计了一个特殊的公司标志——一个方框圈着两个字母 X，这样一来，看到此标志的旁观者就无法辨认出这是优步公司了。然而，英国的《每日邮报》仍然刊登了对这次活动的报道，几名优步的现任员工和前任员工后来也与我分享了他们的回忆。

员工分散住在拉斯维加斯大道上的 5 家酒店里，两人一个房间。他们上午要参加关于供应增长、业务发展等主题的研讨会，以及选择性参加对当地食品银行的慈善考察。下午，员工们顶着 90 华氏度（约为 32 摄氏度）的沙漠高温，在酒店的游泳池边尽情畅饮。晚上则有晚宴和讨论会，包括由卡兰尼克和优步未来的董事会成员、媒体企业家阿里安娜·赫芬顿主持的问答会议，以及由优步投资人比尔·格利和施欧文·彼西弗举行的座谈会。之后则是更多的舞会和狂欢，当然，这就不是所有人都能参与的了。“那时我才意识到这家公司有多新潮。”一名在几个月后辞职的前优步员工说。公司内部的工作节奏让他感到疲惫不堪。“我当时已经 35 岁了，不想每天熬到凌晨 3 点。我觉得自已跟不上时代潮流了。”

周二晚上则是压轴戏，这场活动表明了卡兰尼克正努力让优步踏出迈入成熟期的最后一步。好莱坞之星球赌场度假酒店的圆形剧场里坐满了优步公司的员工，卡兰尼克发表了长达两个半小时的演讲，他穿了一件白大褂，向员工公布了这家公司新的文化价值观。

对于大型公司来说，文化价值观就相当于引导行进方向的舵盘，它能让成千上万名员工紧密团结起来，并借助一整套经过严格定义的理念指导公司雇用新的员工。爱彼迎早在 2012 年就确定了公司的六大价值观（包括“让客人感到宾至如归”等），它们帮助爱彼迎打造了一套应对意外危机和监管混乱的行动方案。优步在其发展早期阶段略过了这一步，这种缺失鲜明地体现在它在跨越预料之外的障碍时采取了更为草率和更具侵略性的方式上。

卡兰尼克称他的新价值观为“工作哲学”，并表示他已经与他的同事就此讨论了数百小时，包括与他的首席产品总监杰夫·霍顿。霍顿之前在亚马逊担任高管，是亚马逊帝国的缔造者杰夫·贝佐斯的信徒。优步的许多条价值观都可以在这家广受赞誉的科技巨头那里找到对应。和亚马逊一样，优步的价值观也是 14 条。卡兰尼克在圆形剧场的舞台上讨论了下面列出的每一条（括号内的描述是我的个人看法）：

客户至上（从什么对客户最有利开始。）

创造奇迹（寻求那些经得起时间考验的突破。）

敢于放手一搏（敢于冒险，做那些 5 年至 10 年后才能看到结果的事。）

思维翻转（发现大众的看法与现实之间的差距。）

冠军思维（竭尽全力，克服困难，越过终点线。）

乐观领导（要学会鼓舞人心。）

永远精力充沛（这是卡兰尼克取代瑞恩·格雷夫斯成为优步首席执行官时，格雷夫斯在推特上发表的第一条公告；世界是一个需要满怀热情去解开的谜题。）

主人翁意识（革命的胜利属于坚定的信仰者。）

精英主义和敢于质疑（最棒的想法总是能笑到最后，不要为了维持团结而牺牲真实，要毫不犹豫地向老板挑战。）

让实干家放手做事（必须赋予员工进行建设的权利。）

永远奔忙（要学会事半功倍的做法，工作更长的时间、更努力、更聪明，而不是只做到三个中的两个。）

共建美好城市（我们所做的一切都是为了让城市更好。）

做你自己（每个人都要做真实的自己。）

有原则的对抗（有时，这个世界以及各类官方机构需要做出改变，为未来开路。）

针对每一条价值观，卡兰尼克都展示了几张幻灯片和一个视频，并且，在结束与这条价值观相关的话题之前，他会请一位管理人员用自己的故事或观察来阐释这条价值观。一些在优步发展过程中扮演了重要角色的人物的分享获得了员工的喝彩，其中包括：瑞恩·格雷夫斯、奥斯丁·盖特、瑞秋·霍尔特、艾伦·佩恩以及杰夫·霍顿，他们轮流发言，与公司员工分享了他们在这家公司的个人经历。

对于那些没有沉醉于公司宏大愿景的员工而言，这不过是一场冗长的、自我陶醉式的表演。而其他人则称这是他们进入这家公司后得到的最受启发的体验。“这是我在优步最受触动的时刻之一，”奥斯丁·盖特说，“你可以看到我们的公司有多么强大，有多少来自不同的国家地区、拥有不同背景的人才聚集在这里。简直太棒了。”

随后，员工们排队等候巴士，这几辆巴士会把他们送到另一家夜总会，流行音乐节目主持人 Kygo 和大卫·库塔（David Guetta）正在那里表演。第二天晚上，这些幸运的优步员工又大饱眼福，欣赏了优步投资人之一——超级巨星碧昂斯带来的专场表演。

几个月后，在 2016 年 2 月 1 日，数百名优步司机聚集在优步位于长岛的办公室前，抗议 UberX 最新一轮的车费削减。优步那时在许多城市将车费降低了 15%，它每年都会进行类似的尝试，目的是刺激冬日淡季的乘车需求，增加乘车次数。（当然，这一举措也会向其美国国内的竞争对手 Lyft 施加更大的经济压力。）“没有人能赢得比赛的胜利！”这是抗议行动的其中一条标语。“把车费还给我们。优步太无耻了！”这是另外一条标语。

当天，皇后区的司机怒气冲天，他们对过低的工资、不断上涨的佣金，以及不得不延长工作时间才能维持生计这一事实感到无法忍受。优步向司机承诺，如果他们的收入低于一定水平，优步将按照最低时薪向他们支付工资。但司机们说，公司找到了无数种方法取消他们获得保障工资的资格。他们还抱怨说，与 Lyft 不同，优步一直不允许乘客通过应用程序给司机小费。

他说：“在美国，没有人喜欢工作时间越来越长，而赚的钱却越来越少。”巴基斯坦司机莫西姆（Mohsim）说。他戴着一枚银色徽章，据他说，这枚徽章象征着奥斯曼帝国。“这是现代的奴隶制。”

另一名抗议者，40 岁的安吉尔（Angel）说，他预计自己的薪水会比去年下降 20%。“如果我从你的年薪中扣除 1 万美元，你会怎么想？”他说，“我的工作量是之前的两倍，我赚的钱却变少了。”安吉尔说，优步在城市的广告牌和公交车上登满了广告，用以招募新司机，这使市场过度饱和，司机也更难接到订单。

优步公司则坚持认为，事实将证明车费削减是对司机有利的，并承诺如果这一举措没能让该城市的司机接到更多的订单，实现收入增长，那么在这些城市，车费会恢复原价。但是，这些承诺显得十分空洞而苍白，至少对当天在皇后区进行抗议的司机来说是这样的。他们感到自己无足轻重，因工作时间超长而疲惫不堪，甚至怀念起由政府定价的黄色出租车时代。

如果司机对优步抱有不切实际的期望，那公司至少要负部分责任，因为是它给了司机这些期望。优步创立的一个核心前提就是互联网叫车可以将司机从出租车公司老板的剥削和强制性的 12 小时轮班制中解放出来。“我们和乘客击掌，但我们给予司机拥抱。”这是卡兰尼克经常重复的一句话。在 2014 年发表的一篇博客文章中，优步声称纽约市的司机平均年收入在 90766 美元，而旧金山的司机平均年收入为 74191 美元。但对于专业记者来说，这些数字的漏洞很容易就能找到。调查显示，这些数字有夸大成分，特别是当你将商业保险和汽车租赁费用计算在内时。

优步把签约司机称为小企业主和企业家。但早在多年前，那些富有进取精神的出租车公司就已经发现，想在优步平台上维持任何规模的业务经营都是不可能的。优步无情地淘汰了所有的中间人，强调个人司机和公司之间建立直接的联系。优步司机并不是真正意义上的小企业主，他们最多不过是一些接受老板远程操控的出租车司机，而这个老板的基本目标和其他公司别无二致，那就是尽可能把生意做大。

从这个意义上来讲，优步正是几十年来美国商业趋势的贡献者之一：以营利为目的的公司更倾向于将员工定义为兼职合同工，而不是全职雇员。自 20 世纪 80 年代初以来，美国公司就一直在想办法逃避履行针对全职雇员的最低工资保障及其他保障，也即将应填写 W-2 报税表的全职雇员重新归类为只需填写 1099 报税表的合同工。这些年来，劳工组织和律师多次走上法庭，代表卡车司机、服务员、保洁人员、异国舞女，甚至黄色出租车司机，争取就业公平和就业保障。当然，这些官司基本都没打赢，他们往往会输给资金雄厚的公司。而雪上加霜的是，2011 年，最高法院的一项裁决允许公司强制员工签署仲裁条款，防止员工提起集体诉讼。

而优步、Lyft 及其他共享经济公司为这些原告的律师们提供了一个新的绝佳机遇，让他们得以重申公司雇员们的工作保障正在被剥夺这一事实。2013 年，波士顿的原告律师香农·丽斯 - 赖尔登（Shannon Liss-Riordan）在加州和马萨诸塞州对优步和 Lyft 两家公司提起诉讼，她认为这两个州的法律环境对原告最为有利。此前，她也曾对联邦快递和几家黄色出租车公司提起过类似的诉讼，但结果都以失败告终。优步宣称，惹恼香农律师的是一种全新的、基于互联网的按需工作模式。“但事实上，弹性工作并不意味着从事这些工作的人不应该得到就业福利和就业保障，”香农说，“这正是我们制定这些法律的原因。”

优步和 Lyft 对类似的起诉案件都进行了顽强的抵抗，声称公司的大多数司机并不认为自己是全职司机，而是希望保持独立，在接送乘客的同时自由地接受其他的工作机会。

针对优步和 Lyft 的诉讼案件引起了媒体的广泛关注，并为公众带来了一种不切实际的期望，即认为这些诉讼案件可能会改变共享经济的性质，并且推翻优步的商业模式。（这显然是不大可能的，因为集体诉讼并不会改变法律本身。）但当香农在 2015 年 3 月取得引人瞩目的胜利时，这种期望变得越来越强烈：这两起案件的法官都表示，这些案件可以诉诸陪审团审判。

但一年后，第九巡回上诉法院同意听取优步的说法，认为把此类诉讼定义为集体诉讼是不合理的，违反了针对司机的仲裁协议。香农之前就因为这样的理由输掉了类似的上诉案件，她知道前路困难重重，再次上诉仍然可能失败。因此，她没有重新提起上诉，而是凭借之前的胜利促成了和解。优步同意支付 1 亿美元给数万名司机，并制定新的公司规定，比如当司机违反了某条规则并被禁止使用应用时，公司会给出相应的解释，同时为这些决定设置申诉程序。但优步和 Lyft 的司机仍将维持其合同工的身份。

卡兰尼克发表了一篇名为“发展与成长”的博文公布和解的达成。在文章中，他写道：“我们的司机很珍视他们的独立和自由，他们可以自行打开应用选择接单，而非按时打卡上下班，他们可以同时使用优步和 Lyft 的平台，他们可以一周工作很长时间，或者只开几个小时。”

他承认公司“并不总能很好地处理与司机的关系问题”，但他重申优步提出了“一种全新的工作方式：人们可以自由地开始和停止工作，只要按下一个按钮即可”。

2016 年 8 月，整个和解方案被一位联邦法官否决，他裁定公司需要对司机进行赔付的理由不充足。优步司机是否能得到公平对待，他们是否应被视为全职雇员——通过法院裁决来解决这些问题的希望似乎越来越渺茫。

但在优步合作伙伴支持中心，至少对我来说，一切都变得更加清晰了。这个支持中心位于贫困的芝加哥南区，街对面是一家围有一圈栅栏的废弃商场。罗伯特·戴维斯（Robert Davis）是该中心日常事务的负责人，他曾是一名海军陆战队队员。白天，他主要负责接待新加入的优步司机，并向那些不熟悉新科技的人解释如何使用智能手机和优步应用。他在附近的奥本格雷社区长大，他告诉我，优步为这个社区带来了就业机会和出行便利，这是这个社区的居民在此前从未享受过的好处。

他说，在过去的一年里，他签约的优步司机包括单身母亲、需要额外收入的大学生，还有那些有大把时间却没事做的寡妇。为优步开车有时是这些人的主要工作，但在大部分时间里，他们都把这项工作当作一项兼职工作来做，所得到的收入被用于支撑他们其他方面的人生追求。（事实上，据优步称，60% 的优步司机每周的驾驶时长为 10 个小时甚至更少。）“我能同时看到两方的观点和处境。”戴维斯告诉我，“我不知道这为什么会引发争议。对我来说，优步的目标很明确。它能帮助那些需要额外收入的人。”

与此同时，独角兽巨头之间的真正较量也在中国拉开了帷幕。优步似乎曾经拥有不可逾越的优势。它有更出色的应用程序，采用了更稳定的技术。2015 年年初，优步的估值为 420 亿美元，大约是滴滴估值的 10 倍。“那个时候，我们感觉自己就像是拿着简陋步枪的普通士兵，却遭到了飞机和导弹的轰炸。”程维说，“对方掌握着特别先进的武器。”

程维对“二战”期间的英勇战役尤为感兴趣。优步的高管将其在旧金山的会议室称为“作战室”，而程维则将其核心团队称为“狼图腾”，这个名字的寓意是进攻。狼图腾小组研究了滴滴的每日运营情况，并调整了对司机和乘客的补贴。程维经常警告他的员工：“如果我们失败了，那我们就彻底完了。”

2015 年 5 月，程维继续进攻。滴滴表示会继续发放 10 亿元的补贴。优步的补贴额度和滴滴不相上下。程维和他的顾问团想方设法在其主战场上寻找与这家美国公司抗衡的方法。在滴滴团队的眼中，优步就像一只章鱼，它的触角遍布世界各地，但它的主体部分在美国。早期投资人和董事会的元老级人物王刚在一次会议上提议，滴滴要“刺中优步的要害”。

王刚表示滴滴考虑过拓展美国市场。2015 年 9 月，滴滴向 Lyft 投资了 1 亿美元。随后，它与几家共享出行公司建立了一个反优步联盟，包括 Lyft、印度本土公司 Ola，以及东南亚的 Grab Taxi。这几家公司达成一致，愿意共享技术，整合产品。据王刚称，这一行动的主要目的并不在于削弱优步的影响力，而在于获得谈判筹码。“他们抓住我们的一缕头发，而我们揪住他们的一撮胡子，这并不是要真的把对方置于死地，”他说，“双方都只不过是为了在未来的谈判中掌握更大的话语权。”

在彼此之间的敌对已经到达白热化程度的那段时间里，滴滴和优步在中国每年都要烧掉超过10亿美元，用来为司机和乘客提供超出合理范围的补贴。正如卡兰尼克所预料的那样，中国的共享乘车市场十分巨大。优步订单量排名前十的城市中，中国的城市占了6个。如此规模的补贴战让两家公司都迫切需要新的资金注入。优步在2016年筹集了超过40亿美元，其中一笔35亿美元的融资颇具争议，来自出人意料的沙特阿拉伯公共投资基金。优步推迟了其IPO计划，并将资金注入了优步的中国分公司。

滴滴快的，现改名为滴滴出行，与其竞争对手针锋相对，在2016年募集了70亿美元，并将其员工队伍扩大至逾5000名，其中大约1/4的员工在北京中关村外围的几栋五层办公楼里工作，那里是北京的科技园区。那年夏天，滴滴表示自己在中国占据了85%的市场份额，其业务覆盖中国的400个城市，而优步仅活跃于100个中国城市。优步背后的大型投资机构变得忧心忡忡，开始向卡兰尼克施压，敦促其与滴滴达成休战协议。

程维表示是优步最先发出了和平呼吁，而优步的埃米尔·迈克尔则辩称是沙特基金的资金迫使滴滴坐到谈判桌前，因为有了这笔巨额投资，优步就有了取之不竭的资金来源。不管怎么说，双方均同意停息不断升级的战火，把精力用于谋求盈利和投资新兴技术，比如无人驾驶汽车。“这就像一场军备竞赛，”程维说，“优步在不断筹资，我们也在不断筹资。但在我心里，我知道我们的钱需要花在更有价值的领域。这就是我们最终愿意与优步握手言和的原因。”

埃米尔·迈克尔与柳青在两周内敲定了交易条款。优步同意撤出中国市场，并将其在中国的业务移交给滴滴；作为回报，优步拿到了滴滴 17% 的股权，同时获得了滴滴 10 亿美元的投资；两家公司也在彼此的董事会上拿到了观察员席位。

迈克尔和柳青在北京一家酒店的酒吧会见了卡兰尼克和程维，他们倒上白酒举杯庆祝协议达成。在觥筹交错的间隙，两位首席执行官表达了对彼此在这场竞争中付出的努力的敬意。“我们是这个时代最疯狂的公司，”程维说，“但在内心深处，我们是清醒的。我们知道这场革命是一场技术革命，而我们只是在见证一个开始。”

与优步的首席执行官一样，无论是在投资人会议还是在与竞争对手的谈判中，程维都拼死搏斗，坚持不懈。这位中国的首席执行官最终击退了来自外国的竞争对手，并以互利条款结束了这场全球独角兽巨头之间的殊死较量，为滴滴在新一批独角兽中争取到了一席之地。“程维是一个很难对付的竞争对手。他有一种冠军思维。”卡兰尼克如此对我说，他借用了一条他十分引以为豪的优步文化价值观给出了评价。

这可能是一直以来斗志旺盛的卡兰尼克对其竞争对手的最高赞美了。但它掩盖了一个更为微妙的真相：优步在这场斗争中同样收获颇丰。优步此前在中国投入了超过 20 亿美元，可惜最终没能获得成功。但他在滴滴持有的股权加上获得的 10 亿美元的投资，这笔收益的账面价值大约在 72 亿美元。这是一笔回报率非常可观的交易。优步和滴滴的共同投资人告诉我，凭借其在优步持有的股权，卡兰尼克目前在滴滴持有的股权和程维几乎一样多，因为后者的个人股权由于不断的并购和融资被逐渐稀释了。

据卡兰尼克的同事称，卡兰尼克花了几个月的时间才转变想法，同意在中国认输。此前，他只知道一种模式，那就是进攻。而现在，就像他的公司一样，卡兰尼克也不断变得更加成熟，并从此前那段侵略性过剩的时期汲取了教训。实用主义最终战胜了宗教式的狂热，选择性合作最终战胜了个人冒险。野蛮生长、分散混乱的出租车行业被征服了，但新的挑战和更加危险的竞争对手总会不断涌现。自优步创立的 8 年来，冲突和斗争几乎没有间断的时候。与滴滴达成交易后，这家全球最富有、最有价值、最受关注的独角兽巨头的首席执行官，终于让自己和同事摆脱了束缚，开始直面未来。

后记

截至 2016 年年底，爱彼迎和优步早已不是原来的蹩脚、青涩的初创公司了。它们拥有数千名员工、遍及全球各地的办公室和经验丰富的管理队伍。虽然在许多城市，它们仍然面临严峻的监管挑战，但它们现在拥有强大的政治武器来应对这些问题。与此同时，它们还在为之后不可避免的重磅级的 IPO 小心翼翼地打着基础。

不过，能否准确地认准新机会才是衡量一个创业者是否真正有水平的最佳标准。不出所料，2016 年秋天，布莱恩 · 切斯基和特拉维斯 · 卡兰尼克都开始讨论未来了。

那年 10 月，我访问了爱彼迎位于布兰农街热闹的总部。像往常一样，园艺工人站在剪式升降机上，修剪中庭那面令人印象深刻的三层楼高的绿植墙。正值午餐时间，员工们都聚集在公司食堂。食堂是最近才搬到一层的，边上还有一家新开的高级西班牙餐厅。我在楼上的会议室会见了切斯基，他穿着一件印着 Belo 标志的颜色鲜艳的 T 恤，正摆弄着他已为之奋战了数月的演讲音频。

爱彼迎全面开花，蓬勃发展。8 月，它迎来了其发展史上最美好的一晚，通过爱彼迎网站预订房间的用户已累计达到 180 万人，几乎覆盖了世界上所有的国家。有 100 多万间房间可以直接通过网站的即时通信功能预订，用户不再需要与房东来回发送电子邮件了。这几乎相当于世界上最大的连锁酒店——万豪国际酒店所运营的房间数量。

切斯基正准备把赌注压在一个更雄心勃勃的愿景上：爱彼迎不仅可以共享公寓和家，还可以为旅行者提供独特的体验。在内部讨论中，他把这次尝试称为“神奇之旅”。这个名字来自他的偶像华特 · 迪士尼最喜欢的词之一，9 年前他离开洛杉矶也是因为受到了迪士尼传记的启发。现在，他准备在 9 月于洛杉矶举行的一年一度的爱彼迎大会上介绍这项服务，并将其正式命名为“旅行”（Trips）。

这项新服务的核心是对爱彼迎的应用程序和网站进行一次全方位的优化。爱彼迎将为用户提供一个“家”的类别项，并附带新标签“体验”和“目的地”。点击“体验”，旅行者就可以选购独特的远足旅行产品，比如去佛罗伦萨寻觅松露，去哈瓦那参观文学地标，等等。当地的商人和名人可以自行开发这些旅游项目。一次出游的花费大概在 200 美元。不过，切斯基给我展示的是由一名退役的相扑选手小锦八十吉打造的价值 800 美元的豪华之旅，其中包括参观一节相扑训练课程，与这位相扑选手共进丰盛大餐，以及在前排座位观看一场相扑大赛。

另一个标签也与此类似。点击“目的地”，也就是切斯基所说的“爱彼迎的旅行指南”，用户会看到房东和当地知名人士向游客推荐他们所在社区最值得看的东西和最值得做的事情。在理想情况下，他们会避免让游客去往那些乏味的人工景点，而是建议他们去当地的农贸市场、剧院走走看看，向游客推荐他们自己最喜爱的餐馆以及附近的免费活动。切斯基的设想是，游客最终会在应用程序里预订餐馆、演出和各种交通出行工具，爱彼迎则收取相应的佣金。

新服务中暗含了一个宏大的设想：爱彼迎可以把游客从以往那些拥挤不堪、充满人工痕迹的旅游景点中解救出来，指引他们进入一个更广阔的、能够进行真实互动的社区体验一切。“前罗马市长也在使用这项服务，”切斯基告诉我，“他说，大规模的团体旅行是有问题的。太多人在同一时间涌入罗马竞技场，但这个历史悠久的地标建筑无法容纳这么多人。”

切斯基认为，由他们策划并背书的“旅行”服务可以引导游客绕过那些大城市，去一些他们原本并未计划前往的目的地。“大多数人不会到爱彼迎这里说‘嘿，我想去底特律度假’。”切斯基说，“但我们认为那里其实有很多有趣的文化。它可以是一场很棒的旅行，而且花费会少得多。”

他认为，爱彼迎的愿景一直是在房东和客人之间建立起特别的纽带，或者，正如他所说的，提供一种“人与人之间的文化外交”。切斯基觉得“旅行”会给旅行者提供另一种途径结识当地人——不仅包括招待他们的房东，还有当地的生意人、手工艺者和真正居住在那里的居民。

当然，能向这个充满活力的用户群体销售其他的产品和服务本来也是一笔不错的生意。（过去，这被称为“追加销售”。）但切斯基一如既往地以一个信念坚定的传教士的角度看待这一切。正如之前提到的，他给“旅行”这项服务赋予了十分宏大的意义——它可以在每一天促使上百万的陌生人建立起友谊，为城市重新注入活力，振兴由手工艺者和独立经营者组成的微观经济，甚至在机器人抢夺人类饭碗的时代为人们提供新的有意义的工作机会。

“好消息是，我们并不是生活在人类历史的原始时代，就像刚刚闯进这个星球，对到底能做些什么茫然无知。”他说，“我是个乐观主义者。我真的认为人类可做的事情很多。但我也认为，简单来说，人类应该去做只有人类能做的事。是不是只有人可以开车？我不知道。但只有人能招待人，只有人能关心人。如果你想要的是手工制作的东西，那就只有人才做得到。”

他甚至认为“旅行”这项服务对爱彼迎来说也有着伟大的意义——爱彼迎已经成立 8 年，而这项服务将重新唤起这家越来越专业化的公司的初心，来自劳斯大街 Jam Pad 创始人公寓的那股创业精神。他认为“旅行”之于爱彼迎的重要意义，可以类比为 20 世纪 90 年代末亚马逊从只卖图书变更为也销售其他商品的转型，以及 2007 年苹果第一代 iPhone 问世对手机行业的颠覆。“我想颠覆旅游行业，就像苹果颠覆手机行业一样。”他说。

切斯基对“旅行”的介绍持续了一个小时。和往常一样，他再次讲述了 2007 年爱彼迎的第一名客人阿莫勒 · 舍夫的故事。整个介绍会浸润在他一贯的煽情调性里。但我也不得不承认，这的确是一个诱人的愿景。在一个陌生的城市里体验真实的生活，而非浮光掠影地游览，这是一件多么令人兴奋的事。想想在日本与一位真正的相扑选手一起吃晚餐，这听起来就美味无比。

优步全面撤出中国市场后，我在旧金山总部对特拉维斯·卡兰尼克做了最后一次采访。与切斯基不同的是，他没有向我推介任何东西，尽管优步当时正在积极地重新思考自己的未来。但他以一贯好斗的作风结束了我们之间的最后一轮问答。

还有很多可以说的。优步现在有将近 1 万名员工，其中一半在旧金山。它即将在旧金山的米逊湾区新建一个包括两栋大楼的工作园区，还在奥克兰海湾沿岸买下了有 90 年历史的西尔斯大厦，其附近则是一个复兴中的住宅商业区。

我开门见山地向卡兰尼克询问了有关和中国的独角兽巨头所进行的死亡之战的结果。他说，当他清晰地认识到这场战争会无休止地进行下去时，他就同意出售优步在中国的业务了。“你看，其实我们可以继续前进，双方都可以，这只是时间问题。”他说，“对我们来说，这场共享出行之战正在向全球蔓延。我们的中国竞争对手得到了美国科技资本的注资，我们的全球竞争对手又得到了中国企业的注资。从某种意义上讲，整个局面似乎演变为我们不得不开始共同合作，这一点意义重大。”

但我更想知道的是，在已经目睹美国的互联网公司在中国屡屡受挫之后，他为什么仍然在中国市场投入了那么多的时间和精力。

“因为这个想法很浪漫。”他回想说，“我们想融入这些地方，在那里学习和探索，看看我们能不能做些有趣和美好的事。我不想错过这种学习的机会和独特的体验。除此之外，我们也有经济和商业方面的考量。竞争能让你变得更强大，因为这意味着你必须为乘客和司机提供更好的服务。作为一个创业者，你肯定想知道你所创造的方式是否真的可行。有时候，收购竞争对手的公司可能更容易，但我们并没有那么做。”

那么，对于在过去两年内迅速筹集到超过100亿美元的资金，他又要如何解释呢？这笔资金的数额对任何一家公司来说都过于庞大了，更不用说对于一家私营创业公司了。

“如果你不这么做，在战略上，你就处在了不利地位，尤其是当你正在全球范围内展开运营的时候。”他如此说道。他还指出，滴滴和Lyft等竞争对手也充分利用狂热的资本环境为自己筹集到了充足的资金。“我并不热衷于用这样的方式创建一个公司，但这笔资金是必要的，特别是当融资机会已经摆在你面前的时候。”

那么优步什么时候能够实现盈利呢？“我们已经在一些城市实现盈利几年了。我们筹集了大量的资金投入业务运营。我们可以（在任何我们想要停止的时候）停止这些投入，获得盈利。”他说。但我注意到，有些怀疑论者仍然认为共享出行经济是不可持续的，只能靠风险投资支撑。

“如果这些人的说法没错的话，我们又是如何在今年（2016年）2月在美国市场实现盈利的呢？也许我们在3月还会继续盈利。”他说，“这个事实和他人的说法怎么可能同时成立呢？”

他引用了Lyft的例子。据报道，Lyft在美国的许多大城市正在通过实行疯狂的服务补贴政策抢占优步的市场份额。“我们并不只是和他们一起进入这个领域发展各自的业务，我们还不得不以某种方式与对方互动。”卡兰尼克说，“当你的对手让利免单，在工作日为用户提供5折或6折的价格优惠时，你就必须对此做出回应。”

至于Lyft会在什么时候实现盈利，他表示他已经等不及了。他说："所有的企业都应该严格遵守某些原则行事，以可持续的方式经营业务，这是我作为企业家的本质追求。这就像回到一个能让我感到开心的地方，这就是我作为企业家的最佳状态。"

接下来，我换了个话题：共享出行在欧洲是否已经无力回天？

卡兰尼克并不这么认为。他说："事物的进步终究会找到一条出路的，特别是当人们设想的理想状况和现实状况之间的区别是如此巨大和明显的时候。你知道，我们总是会遇到一些问题和障碍，同时还有一些地方我们尚未涉足，比如日本、韩国和德国等。那么，这是否意味着这些地方就永远不会出现共享出行服务了呢？不，当然不是这样。我最近去了德国一趟，我发现对于这个新的市场，我们唯一需要的就是耐心。"

优步的司机仍在向优步提起诉讼。在西雅图，他们甚至获得了组建工会的权利。那么，优步是否真正公平对待了它的司机呢？

卡兰尼克对此有些模棱两可。他已经放弃了那套当优步的车费下降时司机的收入会得到提高的虚假话术，转而坚持保持车费稳定。但他似乎的确是真心把司机视为优步的客户的。"我认为我们的底线就是想尽各种办法保证司机的收入稳定。"他说，"优步必须以各种方式消除平台给司机带来的压力和焦虑。"

最后，我问他：优步的未来是什么？这幅未来图景我们现在已经看到了多少？

作为来自格拉纳达山高中的数学怪才，卡兰尼克用"对数的平方"回答了这个问题，他认为优步目前只实现了一半的目标。但他接着指出："还有人们尚未感受到的变化即将在未来发生。那种会对我们的城市产生深刻影响的变化，还有95%~98%藏在海面之下。如果我说，5年后，美国的所有大城市都不会再出现堵车问题了，你觉得这个预测怎么样？"

"那你还有很多工作要做。"我说。

"这是肯定的。我认为这很可能会成为现实。相对于这个目标，我们还处于刚刚起步的阶段。但当你察觉到这种变化即将临近时，你就会知道它会产生怎样的影响。"

"这种改变形成的原因会是UberPool和Lyft Line的拼车服务，或者无人驾驶汽车吗？"我问道。几个星期前，优步在匹兹堡的大街上测试了14辆装备了自动驾驶汽车技术的福特汽车。这家公司还在最近宣布要与沃尔沃合作开发无人驾驶汽车技术，并且收购了无人驾驶卡车公司Otto。Otto的总部位于旧金山，其创始人是两位前谷歌工程师。

"所有这一切都将会发生，不管是由人类驾驶的新型交通工具、共享出行、拼车通勤，抑或是无人驾驶汽车。"卡兰尼克说，"城市街道上的汽车会越来越少。这些汽车本身会变得更高效、更安全，其所占用的空间也会越来越少。我们的城市将被归还给我们，我们的时间也将被归还给我们。从城市生活体验这个层面来说，这个世界将会变得截然不同。对于这一远大目标，我们才刚刚踏出了一小步。"

特拉维斯·卡兰尼克和布莱恩·切斯基都做出了一系列重大的承诺：消除交通拥堵问题，提高城市的宜居性，为人们节省更多的时间、提供更真实的体验。如果这些承诺真的都能实现，那么他们在各自的创业之旅中制造的灾难和犯下的错误就是值得的，甚至那些被颠覆的传统行业及其从业者所付出的巨大代价也是值得的。

但是，如果他们不能实现自己的远大目标呢？或者，如果激烈的竞争将他们推向了冷酷无情、不惜一切代价也要赢的极端呢？如果这些假设成立，那么优步和爱彼迎就坐实了批评者对其做出的那些最糟糕的断言——它们只是利用新的技术和精明的商业计划取代了原本处于垄断地位的公司，让自己坐上了宝座，并在这个过程中赚取了惊人的财富。

但我个人还是比这些批评者更乐观的。我相信这些自命不凡的创业者所拥有的力量和潜力，也时常佩服他们的足智多谋和强大的适应力。但是，监督他们履行他们的承诺是我们的责任。他们是 21 世纪的时代构架师，有着和政治领袖一样强大的影响力，但他们现在完全陷入了他们曾经激烈对抗的旧体制的泥沼，甚至有融为一体的危险。

8 年前，他们在巴拉克·奥巴马的就职典礼上见证了一个新时代的到来。彼时，他们还没有真正找到未来创业之路的起点，尚未形成任何成熟的想法，但后来，他们把这些想法磨砺得近乎完美，又通过敏锐、坚毅和纯粹的意志力，争取到了大批用户的支持，并成功说服监管机构做出一定程度的让步。而现在，这些自命不凡的创业者有机会在更广阔的世界里掀动更大的变革。

但在此之前，寒冬即将到来。新一任美国总统的就职带来了新的挑战和巨大的不确定性。从现在起，他们将始终记得披上保暖的外套。

致谢

写一本关于快速增长，以及科技与商业的神奇力量的书对我来说是个十足的挑战。两家公司所处的竞争领域日新月异，写这样两家公司的故事也是一项艰巨的任务。

因此，我要特别感谢本书的编辑们，我的同事以及我的家人，这本书从立论到完成离不开他们的支持。我的经纪人皮拉尔·奎恩是一位绝佳顾问，他善于提供实用的建议，同时帮助我消除焦虑。在利特尔和布朗出版社，我的编辑约翰·帕斯利从一开始就对本书充满信心，并在每一个关键时刻分享了他的深刻见解和智慧。还要感谢利特尔和布朗出版社的首席执行官迈克尔·皮耶什、里根·阿瑟、尼克尔·杜威、崔西·威廉姆斯、迈克尔·奴恩、劳伦·哈姆斯以及加布里埃拉·蒙杰利在成书期间的保驾护航。感谢崔西·罗伊对本书手稿的精细修改。还要大力感谢英国环球出版社的道格·扬在英国对本书的支持。

在此感谢爱彼迎、优步、Lyft 的每个人，他们见证了硅谷历史上一个极为重要的时期。感谢优步的吉尔·哈泽尔贝克、大卫·普劳夫，奈瑞·霍尔达吉安以及特拉维斯·卡兰尼克和他的高管们。感谢爱彼迎的金·鲁比、麦吉·卡尔、摩根·卡里里以及布莱恩·切斯基，乔·杰比亚、内森·布莱卡斯亚克、贝琳达·约翰逊和他们的团队。感谢 Lyft 的布兰登·麦考密克对我种种提问的无比耐心，以及约翰·齐默和洛根·格林付出大量时间来回忆过往的经历。

感谢硅谷的吉娜·比安基尼、马克·凯西、玛吉特·温马彻斯、罗宾·陈以及奥姆·马利克在本书成书过程中提供的洞见和建议。我还要感谢来自安妮·科恩布鲁特、迈克尔·乔丹和伊森·沃特斯的指点，以及一如既往的友谊。

感谢彭博的约翰·米克尔思韦特、莱托·格里高利、艾伦·坡洛克、布拉德·威纳斯、贾里德·桑德伯格和克里斯汀·鲍尔斯为我提供的专业后盾，让我实现了自己对于新闻事业的理想和抱负。我也很幸运能在彭博社与最好的技术团队一起工作。汤姆·盖尔斯、吉里安·沃德、彼得·埃斯特罗姆、内特·兰克松、伊藤亚纪、艾米丽·比索以及阿里斯戴尔·巴尔是令人难以置信的好同事，当我在应付难以捉摸的事实和困扰于如何处理上下文连贯问题的时候，他们给予了我足够的支援。埃里克·纽康姆、艾伦·于特、马克·米立安、吉姆·艾利和麦克斯·查夫金通读了初稿并提出了重要的建议。陈露露帮助我完成了关于滴滴出行的非凡故事。艾米丽·张作为一位富有同理心的知心朋友，在我直面讲述这个故事的挑战时给予了我帮助。我长期共事的同事和朋友阿什利·万斯，在我需要找到立足点时，他总是会给我启发，并引发共鸣。

感谢尼克·桑切斯，我的研究和报道得到了他的鼎力帮助。如果没有他的努力，几个关键章节就有可能不会出现。（当然，那都是我的失误。）戴安娜·苏亚库素玛在部分素材上给予了我帮助，即使身处大洋彼岸，她依然一直坚持用电话与我沟通工作。

在我进行硅谷故事报道和写作本书的过程中，我的家人都对我十分耐心，并且为我提供了很多帮助。卡罗尔·格里克、罗伯特·斯通、卢安·斯通、柏妮丝·亚斯潘、布莱恩·斯通、埃里克·斯通和贝卡·斯通如今已经熟练掌握如何管理我这样一个自行其是的作者了。感谢哈勃·福克斯、马特·西斯勒、安德鲁·约古勒斯库、艾森斯·凯利以及大卫·刘易斯从头至尾真挚的热情鼓励，尽管我们支持的棒球队互为死敌。

我的女儿，伊莎贝拉和卡莉斯塔，尽管她们偶尔会对她们心不在焉的父亲有些抱怨，但也在我写作期间为我提供了十足的动力和鼓励。

最后，如果没有蒂芙尼·福克斯的关爱和无限支持，本书亦不可能完成。